Ingrid J

Gottesmomente *im Mamaglück*

Atempausen für das turbulente erste Babyjahr

SCM
R.Brockhaus

SCM

Stiftung Christliche Medien

Der SCM-Verlag ist eine Gesellschaft der Stiftung Christliche Medien, einer gemeinnützigen Stiftung, die sich für die Förderung und Verbreitung christlicher Bücher, Zeitschriften, Filme und Musik einsetzt.

Internet: www.scmedien.de; E-Mail: info@scm-verlag.de

Umschlaggestaltung und Satz: Miriam Gamper-Brühl I Essen I www.dko-design.de
Illustrationen: © shutterstock
Druck und Bindung: Finidr s.r.o.
Gedruckt in Tschechien
ISBN 978-3-417-26636-8
Bestell-Nr.: 226.636

Für Anna und Joshua,
ihr seid einzigartige Gottesgeschenke
und die größte Herausforderung unseres Lebens.

Inhalt

Monat 6: Vom Baby lernen

Monat 7: Das Besondere im Alltäglichen

Monat 8: Gute Entscheidungen treffen

Monat 9: Durchhalten in Krisen

Monat 10: Über den eigenen Horizont hinaus

Monat 11: Einen langen Atem entwickeln

Monat 12: Familie feiern

Bonus-Track

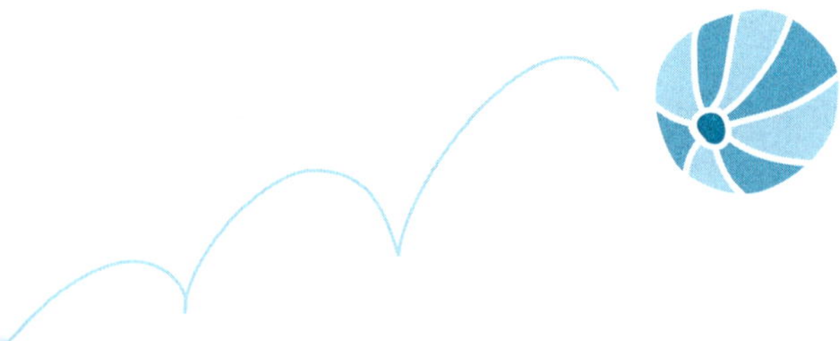

Vorwort

Das erste Jahr mit meinen Babys war jeweils großartig, wunderbar und einzigartig. Es war aber auch schwierig, herausfordernd und hat mich immer wieder an die Grenze meiner Kraft gebracht. Bei beiden Kindern war das erste Jahr ein äußerst intensives Jahr – auf ganz unterschiedliche Weise. Ich erinnere mich an unglaubliche Glücksmomente, aber auch an viele Tränen und Verzweiflung.
Wie gut hätte mir in dieser Zeit ein Begleiter wie dieses Andachtsbuch getan. Ein Buch, in dem ich meine Erfahrungen und Gefühle wiederfinde. Und das meinen Blick richtet auf den, der alles in der Hand hält: das Glück und die Verzweiflung, die Freude und die Angst.
Ein Andachtsbuch wie dieses hätte ich mir gewünscht. Denn von der Idealvorstellung, sich jeden Tag Zeit zum Beten und Bibellesen zu nehmen, war ich im ersten Babyjahr weit entfernt. Deshalb gefällt mir auch so gut, dass es eine Andacht pro Woche gibt. Das finde ich realistisch und lebensnah in einer Zeit, in der man oft nicht mal zum Duschen kommt.
Ich wünsche Ihnen, dass Sie in Ihrem ersten Babyjahr viele Gottesmomente erleben – in glücklichen und in schwierigen Zeiten!

Bettina Wendland
Redakteurin der Zeitschrift Family und Mutter von zwei Kindern.

Mit Gott in einem Boot

Wir verbrachten unseren Urlaub zu zweit auf einem Zeltplatz mitten in der Mecklenburger Seenplatte. An einen Tagesausflug, den mein Mann und ich per Kanu unternahmen, erinnere ich mich noch genau. Zunächst paddelten wir gemächlich auf der Havel durch verwilderte Flusswälder voller Vogelgezwitscher. Dann überquerten wir den Useriner See. Wir machten Mittagspause und ein paar Besorgungen. Als die dunklen Wolken und das aufziehende Unwetter zum Aufbruch mahnten, stachen wir im wahrsten Sinne des Wortes in See, um zügig voranzukommen. Aber der Gegenwind und erste dicke Regentropfen nahmen uns den Atem. Die Wellen schüttelten unser Kanu – und das trügerische Gefühl, überhaupt nicht vorwärts zu kommen, ließ unseren Puls steigen. Wir wechselten kaum ein Wort. Wir gaben unser Bestes und versuchten, den Einsatz unserer Kraft optimal zu koordinieren. So kämpften wir eine knappe Stunde lang um jeden Meter, bis wir wieder die malerische Havel erreicht hatten. Der Rest des Heimwegs war dagegen ein Kinderspiel. In ruhigem Fahrwasser war wieder Luft für ausführliche Gespräche und Lachen. Glücklich genossen wir am Abend unser Essen vom Campingkocher und waren uns einig: Es war eine tolle Erfahrung. Wir hatten es gemeinsam durchgestanden. Wir hatten das Ziel erreicht. Wir hatten erlebt, dass wir an einem Strang ziehen und uns aufeinander verlassen können.

Vor der Geburt unseres ersten Kindes gab es Zeiten in meiner Gottesbeziehung, die waren wie ein Dahingleiten in ruhigem Gewässer. Ich schätzte es, mir ausführlich Zeit nehmen zu können, um zu beten, Tagebuch zu schreiben, Lieder zu singen und Bibeltexte in Ruhe auf mich wirken zu lassen. Stille-Wochenenden waren echte Highlights für meinen Glauben.

Dann wurde nach Jahren des Wartens unser Wunschbaby geboren. Wir waren überglücklich und Gott von ganzem Herzen dankbar. Allerdings veränderte sich damit mein Gebetsleben schlagartig. Es war, als würde ich im Gegenwind über einen großen See rudern. Da war nicht mehr viel Zeit für bedächtige Ausführlichkeit. Ich war völlig erfüllt von meinem Glück, konnte aber kaum einen Gedanken in Ruhe fassen, war ständig müde und fühlte mich rund um die Uhr in Anspruch genommen. Statt geplanter Stille hielten spontane Gebete bei Spaziergängen, Stoßgebete der Erschöpfung und kurze Gedanken aus Büchern oder Predigten meinen Draht zu Gott aufrecht. Ich wusste: Der himmlische Vater ist für mich da. Er ist ganz nah. Und ich brauchte ihn existenzieller denn je! Aber in meinem Alltag war wenig Raum, um mich für das zu öffnen, was er in mein Leben hineinsprechen wollte ...

Genau für dieses stürmische erste Babyjahr ist dieses Buch gedacht. Es will allen Mamas mitten im Säuglings-Stress Gottesmomente schenken. Es will erschöpfte Baby-Eltern einladen, bei Jesus Christus Atem zu holen und im Vertrauen auf seine Kraft die wunderbare und kräftezehrende Aufgabe anzupacken. Der lebendige Gott ist atemlosen Eltern genauso nahe wie jedem anderen, der mehr Zeit und Muße für Gebet und Bibellesen hat. Und gerade die Erfahrung, mit Gott in einem Boot ein Kind ins Leben zu begleiten, kann den Glauben wachsen lassen. Denn man erlebt: Ich kann mich auf Gott verlassen! Gemeinsam mit ihm geht's durch diese turbulente Zeit.

Lassen Sie sich von diesen Atempausen ermutigen und inspirieren. Die Gedankenanstöße reichen für ein ganzes Jahr, für jeden Monat gibt es vier. Sie können einen Impuls am Stück lesen und das Gelesene im Laufe der Woche wiederholen, sodass die Worte länger nachwirken können. Oder Sie nehmen sich einen Text häppchenweise vor, indem Sie pro Tag nur einen Abschnitt lesen. Sie können bewusst das zitierte Bibelwort meditieren. Oft erreicht Gott unser Herz, wenn wir mehrere Tage mit einem Bibelvers leben, ihn im Alltag immer wieder überdenken und bewegen.

Wenn ein Wort Gottes Sie besonders anspricht oder herausfordert, können Sie es an den Spiegel kleben, über das Spülbecken oder gegenüber dem Platz, an dem Sie häufig stillen. Vielleicht deponieren Sie sich ein Kärtchen mit dem Vers im Kinderwagen, um es bei Spaziergängen vor Augen zu haben.

Lassen Sie es praktisch werden, wenn Sie möchten! Die Ideen zum Ausprobieren, die es pro Monat dazu gibt, sind wie hier immer umrahmt.

Sie können die Atempausen in der abgedruckten Reihenfolge lesen oder sich im Inhalts- oder Stichwortverzeichnis ein Thema aussuchen, das für Sie gerade aktuell ist. Finden Sie in Ihrem neuen Leben mit Baby Ihre eigene Art, dieses Buch so zu nutzen, wie es Ihrer Beziehung zu Gott guttut. Der Vater im Himmel liebt Sie und Ihr Kind und Ihre ganze Familie. Mitten im Mama-Glück und Baby-Stress will er Sie mit seinen heilbringenden, hoffnungsvollen und von Liebe erfüllten Worten berühren!

Monat 1

Geborgen in Gott

(1) Das Wunder des Lebens

Diesen Moment werde ich mein Leben lang nicht vergessen. Gerade noch war der Kreißsaal-OP erfüllt vom Gewusel des ungeplanten Kaiserschnitts. Ich lag in Teilnarkose angeschnallt auf der Liege und spürte nur vage, wie der Gynäkologe unser Baby aus seinem kuscheligen Zuhause ans Licht der Welt beförderte. Mein Mann hielt meine Hand und sah mich liebevoll und intensiv gespannt an. Dann hörte ich einen Schrei. Einen Atemzug später hatte der frischgebackene Papa unser Baby im Arm und schob es ganz dicht an mein Gesicht. Als unsere Nasen sich berührten, hörte unsere Tochter auf zu weinen. Wir schauten uns in die Augen und die Zeit blieb stehen. Nun war es an uns „neugeborenen Eltern", dicke Tränen zu vergießen. Wir waren so überflutet von Gefühlen. Dieser Augenblick war so voller Leben. Voller Glück. Und voller Berührung mit dem Geheimnis der Ewigkeit, dem Wunder der Schöpfung. Wie heilig und atemberaubend – in doppeltem Wortsinn – ist die Geburt eines neuen Menschen. In solchen Momenten halten wir eine neu geschaffene Person im Arm, eine einzigartige Kostbarkeit in Gottes Universum. Und über diesem Leben steht die Zusage des heiligen Gottes:

Und Gott schuf den Menschen nach seinem Bild,
nach dem Bild Gottes schuf er ihn;
als Mann und Frau schuf er sie. Und Gott sah alles, was er
gemacht hatte, und siehe, es war sehr gut.

1. Mose 1,27.31 (ELB)

Gottes Idee

Nicht der zufällig gemixte Gen-Cocktail hat Ihr Kind produziert. Nicht Sie als Eltern haben das Kind „gemacht". Es war Gottes Idee. Der Schöpfer des Lebens, der himmlische Vater, der in seinem Wesen vollkommene Liebe ist, hat Ihr Kind ins Leben gerufen. Dafür ist es nicht wichtig, ob Ihr Kind geplant war oder nicht. Es ist nicht wichtig, wie Menschen in Ihrem Umfeld auf die Nachricht von Ihrer Schwangerschaft reagiert haben. Es ist auch nicht wichtig, ob es überrumpelnd

schnell ging oder ob das Nest schon lange fertig ist. Gott hat Ihr Kind gewollt und geschaffen. In dieser Tatsache dürfen Sie geborgen sein – mit all Ihren Empfindungen und offenen Fragen.
Die Geburt eines Kindes geht nicht spurlos an einem vorüber. Man lässt Kraft. Vielleicht macht sich in Ihnen Erschöpfung breit, vielleicht auch ein euphorisches Glücksgefühl. Vielleicht stehen Sie wie in einem Traum neben sich und spüren die Tragweite dieses Lebensmomentes noch gar nicht. Oder Sie sind emotional zutiefst aufgewühlt, weil dieser kleine Mensch, der in Ihnen gewachsen ist, Sie tief in Ihrem Wesen berührt. In welcher Gefühlslage auch immer Sie jetzt gerade stecken, der himmlische Vater möchte Ihnen nahe sein. Er möchte Ihnen seine Liebe ins Herz schreiben. Sein Ja steht über Ihrer Existenz und der Ihres Kindes.

Teil des Wunders

Gott schenkt uns das Leben, damit wir etwas von seinem Wesen in der Welt abbilden. Er möchte, dass wir ihn, den Gott der Liebe, mit unserem Sein widerspiegeln. Eine wesentliche Eigenschaft Gottes ist, dass er aus dem Nichts und aus dem Chaos etwas Gutes erschaffen kann. Diese Fähigkeit, schöpferisch tätig zu sein, ist auch in uns Menschen angelegt. Wir können forschen, mit wissenschaftlicher Arbeit Zusammenhänge entdecken und Neues hervorbringen. Wir können kreativ tätig werden und Kunst erschaffen. Wir können handwerklich Faszinierendes aufbauen, das vorher nicht da war. Und wir sind als Mann und Frau daran beteiligt, wenn Gott neue Menschen entstehen lässt. Sie sind Teil des Schöpfungswunders. Gott vertraut Ihnen dieses Baby an und traut es Ihnen zu, diesen Menschen ins Leben zu begleiten. So wertgeachtet sind Sie in seinen Augen.
Gott möchte uns in seine Schöpferfreude hineinnehmen, die er bei der Erschaffung der Welt empfunden hat. Unser Mama-Glück ist ein Abglanz der Freude Gottes, die er über jeden einzelnen Menschen auf der ganzen Welt empfindet – egal, ob er in Papua-Neuguinea oder am nördlichen Polarkreis geboren wurde. So wie jedes Baby auf der Welt schaut Gott auch Ihr Kind mit seinen liebevollen Augen an und spricht ihm zu: „Dich habe ich gewollt – so wie du bist. Ich freue mich unbändig, dass du das Licht der Welt erblickt hast. Du sollst in Liebe und Geborgenheit

heranwachsen und diese Welt bereichern. Mit dir kommt etwas in die Welt, das vorher nicht da war. Du sollst etwas von meinem Wesen sichtbar machen. Du bist genau richtig und unschätzbar wertvoll."

„Sehr gut"

Egal, welche Schulnoten Ihr kleiner Sprössling später einmal nach Hause bringt – über seiner Existenz steht von Anfang an und unumstößlich das „Sehr gut" des Schöpfers. Es ist sehr gut, dass es dieses Kind gibt. Es ist sehr gut, dass Sie die Mutter dieses Kindes sind. Es ist sehr gut, dass das Kind gerade in Ihre Familie hineingeboren wurde. Gott hat Gutes mit diesem kleinen Menschen vor – und mit Ihnen.

Ob Sie zu Tränen gerührt sind, wenn Sie Ihr Baby im Arm halten; ob Sie sich überfordert fühlen, wenn Sie die Verantwortung spüren; ob Sie sich wie in Trance vorkommen und noch gar nicht fassen können, was mit dieser neuen Dimension von Leben auf Sie zukommt; oder ob Sie vor lauter Müdigkeit gar nichts fühlen – denken Sie daran: Ihr Kind ist Gottes Idee. Und seine Ideen sind sehr gut.

Als Kinder zu Jesus gebracht wurden, hat er sie umarmt und gesegnet. Auch Sie dürfen Ihrem Kind den Segen Gottes zusprechen. Es ist nie zu früh, damit anzufangen. Sie können Ihrem Baby liebevoll die Hand auf den Kopf legen und ihm mit Bibelworten oder Gebetsworten Gottes Liebe und Nähe zusprechen. Wenn Sie immer wieder dieselben Worte verwenden, prägen sie sich in Ihr Herz ein. Und Ihr Baby wird sich an den vertrauten Klang der Worte gewöhnen. Obendrein wirkt Gottes Segen längst, bevor das Baby die Worte mit dem Verstand begreifen kann. So könnte ein Segensgebet lauten, das Sie regelmäßig, z.B. jeden Morgen, über Ihrem Baby beten:
Der himmlische Vater segne und bewahre dich. Amen

(2) Mit Gott im Glück

Einige Tage nach der Geburt nahm ich mir etwas Zeit (während unser Kleines im Tragetuch bei Papa glücklich war), um mit dem Herzen nachzukommen. Ich blätterte in meinem Tagebuch und las, was ich während der Schwangerschaft eingetragen hatte: meine Ängste und Sorgen, meine Vorfreude und das wachsende Vertrauen, dass diese Schwangerschaft gut verläuft. Ich bewegte in Gedanken, wie ich die Entbindung und den Lebensstart unseres Kindes erlebt hatte. Ich spürte dem Wunderbaren, das in meinem Leben passiert war, noch einmal nach und fing an, das Erlebte aufzuschreiben. Da reifte in mir ein Entschluss: Ich legte ein Tagebuch für unsere Tochter an, das wir ihr später an der Schwelle zum Erwachsenwerden schenken werden. Dahinein schrieb ich wichtige Eindrücke und Verheißungen Gottes aus der Schwangerschaft. In Briefform erzählte ich unserem Kind, wie ich die Geburt erlebt habe. Mein Mann ergänzte in einem zweiten Brief seine Erfahrungen. Während des Schreibens war ich mit ganzem Herzen bei unserem Kind und gleichzeitig bei Gott, dem Schöpfer. Die Zeit des Nachdenkens und Festhaltens von Erinnerungen machte mich von ganzem Herzen dankbar. Gott für das neue Leben, für die Bewahrung und für das Wunder zu danken, an dem wir teilhaben durften, war mir ein Bedürfnis. Es war schlicht der Ausdruck meiner tiefen Freude, so wie bei diesem Psalmbeter:

Wir danken dir, o Gott, wir danken dir! Du bist uns nahe!
Wir erzählen von deinen wunderbaren Taten.

Psalm 75,2 (HFA)

Freude zeigen

Gott freut sich, wenn wir ihn mit unserem Glück in Verbindung bringen, wenn wir ihm an unserer Begeisterung Anteil geben. Ich bin überzeugt: Er möchte keinen pflichtschuldigen Dank, den wir ableisten und abhaken, sondern aufrichtig ausgedrückte Freude. Stellen Sie sich ein Kind vor, dem Sie gerade ein Playmobilmännchen geschenkt haben. Wäre es Ihnen lieber, das Kind würde Danke sagen und dann das Geschenkte wie selbstverständlich in seiner Spielzeugkiste versenken? Oder wäre es Ihnen lieber, das Kind würde sich fröhlich mit dem Männchen beschäftigen und Sie anstrahlen, weil es sich so freut? Die Antwort versteht sich von selbst: Ehrliche Freude ist der schönste Dank.

Wir werden in der Bibel aufgefordert: „Dankt Gott, dem Vater, zu jeder Zeit für alles im Namen unseres Herrn Jesus Christus" (Epheser 5,20). Dabei geht es Gott aber nicht um Höflichkeit, sondern um Beziehung. Er liebt uns, er will uns nahe sein. Und er gönnt uns von ganzem Herzen die Erfahrung: Geteilte Freude ist doppelte Freude.

Gott zu danken, bedeutet, ihn als Gegenüber für unsere Freude zu haben. Sagen Sie ihm, worüber Sie glücklich sind:

„Danke, himmlischer Vater, dass du uns dieses Kind anvertraut hast."

„Danke, Gott, für die Mut machenden Bibelworte, die du mir in der Schwangerschaft geschenkt hast."

„Danke für die einfühlsame Hebamme, die uns vor der Geburt so gut betreut hat."

„Danke für das verständnisvolle Personal im Geburtshaus."

„Danke für die kompetente Unterstützung in der Geburtsklinik."

„Danke, dass du da warst, als ich nicht mehr konnte."

„Danke für meinen Mann, danke, dass wir als Paar zusammenhalten und miteinander das Glück des Elternwerdens erleben dürfen."

„Danke für das Teilen unserer Freude mit den Großeltern. Danke für alle Mitfreude von Freunden und Verwandten."

„Danke, dass ich unser Kind stillen kann."

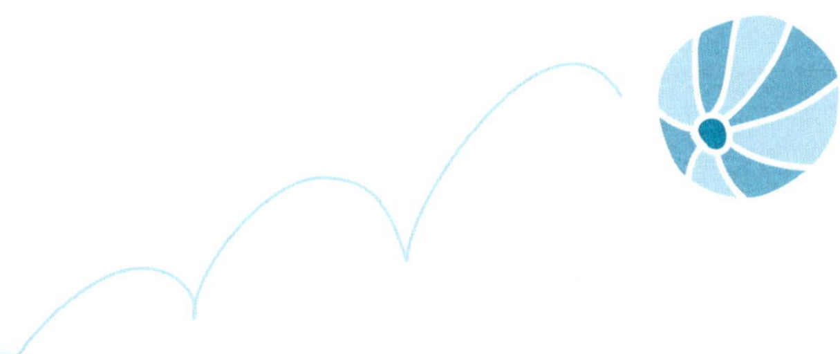

Finden Sie Ihre eigenen Sätze! Oder halten Sie Gott Ihr Herz auch ganz ohne Worte hin – niemand versteht Sie so gut wie er. Und seien Sie gewiss: So groß Ihre Freude über Ihr Kind ist – Gottes Freude über diesen neuen Erdenbürger ist noch viel größer.
Und damit das, was uns mit Dankbarkeit erfüllt, nicht wie so oft bald wieder im Grau der Alltäglichkeit versinkt, hilft es, das Gute zu erzählen. Reden Sie darüber – mit Ihrem Partner, Ihrer Freundin, Ihren Eltern und Geschwistern, Ihrem Tagebuch. Die so lebendig gehaltenen Erinnerungen bereichern unsere Beziehung zu Gott. Und sie machen dankbar und zufrieden.

Nicht selbstverständlich

Das Gegenteil von Dankbarkeit ist nicht immer Undankbarkeit. Manchmal ist es die Selbstverständlichkeit. Wenn wir alles Schöne und Wertvolle, das uns begegnet, für selbstverständlich halten, wird unser Herz für Gottes Geschenke unempfindsam und arm an Zufriedenheit. Wer meint, er habe alles Gute, das ihm widerfährt, einfach nur verdient und sich selbst zuzuschreiben, bleibt dem Gott, der uns mit seiner Güte beschenken möchte, im Herzen fern.
Es ist nicht selbstverständlich, wenn eine Schwangerschaft gut verläuft. Es ist nicht selbstverständlich, wenn wir eine gute medizinische Versorgung haben, die bei Geburtsnotfällen das Leben von Mutter und Kind retten kann. Es ist nicht selbstverständlich, wenn wir in einer liebevollen Paarbeziehung und Familie leben. Es ist nicht selbstverständlich, wenn wir ein gutes Zuhause haben. Nichts ist selbstverständlich. Unser Leben ist geschenkt. Das Leben unseres Kindes ist uns anvertraut. Und wir leben jeden Tag aus der Güte des allmächtigen Gottes. „Immer und immer wieder haben wir den Reichtum seines Segens empfangen" (Johannes 1,16).

In seiner Nähe

Dass wir aus Gottes Güte leben, bedeutet nicht, dass alles immer glattgeht. Vor der Geburt unserer Tochter haben wir drei Kinder im Laufe der Schwangerschaft verloren. Vor der Geburt unseres Sohnes noch einmal zwei. Die enttäuschte Hoffnung, der Abschiedsschmerz, die offenen Fragen – all das kann und will der Vers aus Psalm 75,2 nicht ausklammern. Im Gegenteil, auch und gerade dann, wenn wir Schweres zu verkraften haben, gilt der Satz: „Du bist uns nahe!" Wir, die wir unser kleines Kind in den Armen halten, sind selbst Gehaltene des himmlischen Vaters. Wir sind in ihm geborgen. Das Beste, was uns und unserem Kind passieren kann, ist, dass wir Gottes Nähe suchen und dort zur Ruhe kommen.

Nehmen Sie Gott in den Alltag mit Ihrem Kind mit hinein: Wenn Sie das Kind stillen oder wickeln, wenn sie es im Tragetuch haben oder im Wagen schaukeln, wenn es Sie zufrieden anschaut, wenn es friedlich schläft oder wenn es weint – immer gilt: Gott will das Gegenüber sein für Ihre Freude. Und er ist ganz Ohr für Ihre Sorgen, Ängste und Klagen. Sie ehren Gott, indem Sie ihm für das Schöne danken und ihm auch das anvertrauen, was Sie bedrückt.

(3) Im Baby-Blues

Nicht jeder Sturm kündigt sich mit dunklen Wolken an. Am See Genezareth in Israel beispielsweise gibt es sogenannte kalte Fallwinde, die mit überraschender Heftigkeit auftreten. Sie können Stürme auslösen, die auch erfahrene Fischer in Seenot bringen. Denn sie treten auf wie aus heiterem Himmel.

So kann man sich als frischgebackene Mama schon mal fühlen: wie in einem emotionalen Fallwind. Eigentlich stehen doch alle Zeichen auf „heiter" und „glücklich", und trotzdem steigen einem immer wieder Tränen in die Augen. Man versteht überhaupt nicht, woher diese Traurigkeit kommt. Eine andere hatte sich so aufs erste Kind gefreut und nun empfindet sie keine Liebe für ihr Baby. Wieder eine andere trauert um die verlorene Unabhängigkeit. Die Vorstellung, sich Tag und Nacht um ein Kind kümmern zu müssen, weckt in ihr das Gefühl völliger Überforderung.

Extreme Situation – extreme Gefühle

Die Anlässe sind vielseitig – die Ursachen für diese massiven Stimmungsschwankungen sind es auch. Der Körper hat neun Monate lang zwei Menschen versorgt und den kleineren dabei unglaublich wachsen lassen. Neun Monate waren – körperlich und psychisch – geprägt von Vorfreude, Vorsorge und einer Menge Hormone. Dann kam der kräftezehrende Ausnahmezustand der Geburt. Stundenlange Wehen, körperliche Höchstleistung und oft mehr als eine durchwachte Nacht – das kann alle Reserven aufbrauchen. Vielleicht haben Mutter oder Kind sogar in Lebensgefahr geschwebt. Vielleicht war die Unterstützung durch den Partner nicht in dem Maße möglich, wie es die Frau gebraucht hätte. Vielleicht haben Fehler des Klinikpersonals das ganze Erlebnis unnötig schwer gemacht.
Nach der Geburt ist eine immense Hormonumstellung zu verkraften. Auch dann fehlt der Schlaf, weil Babys ihren eigenen Rhythmus mitbringen und die Erfüllung ihrer Bedürfnisse einfordern. Bei so vielen körperlichen und psychischen Anforderungen ist es kein Wunder, dass extreme Gefühlslagen auftreten. Der sogenannte „Baby-Blues" gehört in gewisser Weise zu dieser allumfassenden Umstellung einfach dazu. Ist das nicht beruhigend? Damit gibt es auch keinerlei Grund dafür, dass sich eine „neugeborene" Mama wegen undefinierbarer Gefühle Vorwürfe macht oder gar als schlechte Mutter fühlt!

(Der normale Baby-Blues ist allerdings von einer ausgewachsenen Wochenbett-Depression deutlich zu unterscheiden. Wenn die traurigen Gefühle gar nicht mehr verschwinden und Sie über lange Zeit an Niedergeschlagenheit, Antriebsarmut und körperlichen Symptomen wie Kopfschmerzen, Schwindel und Schlafstörungen leiden, dann ist es ratsam, sich an Ihre Hebamme oder Frauenärztin, einen Hausarzt oder Psychiater zu wenden. Hilfreiche Tipps gibt es auch bei der Selbsthilfeorganisation Schatten und Licht e.V.: www.schatten-und-licht.de.)[1]

So oder so geliebt

Egal, ob Sie in einem Glücksrausch schweben oder im Tal der Tränen kauern, egal, ob Sie immer noch auf die alles überstrahlende Freude warten und sich über Ihre Coolness wundern oder ob die verschiedensten Emotionen in Ihnen um die Oberhand kämpfen – die wichtigste Wahrheit ist: Sie sind von Gott geliebt, gehalten und unschätzbar wertgeachtet. Er weiß, warum es in Ihnen so aussieht, wie es gerade aussieht.
Vor Jahrhunderten wurde ein König für Israel gesucht, der leidenschaftlich gern bereit war, für sich und seine Untertanen Gottes Willen zu tun. Beim Casting tappte selbst der Handlanger Gottes im Dunkeln, weil er sich vom äußeren Anschein auf die falsche Fährte locken ließ. Da rückte Gott mit diesem Satz seine Maßstäbe zurecht:

„Der Mensch sieht auf das, was vor Augen ist,
aber der HERR sieht auf das Herz."

1. Samuel 16,7 (ELB)

Grenzenloses Verständnis

Es kommt nicht darauf an, dass Sie einem vollkommenen Bild von glücklicher Mutterschaft entsprechen, das Sie sich selbst gemalt haben. Es kommt nicht darauf an, die Erwartungen anderer zu erfüllen. „Jetzt komm mal wieder auf den Teppich!" – „Jetzt hör doch auf zu weinen, du hast doch ein gesundes Kind!" – „Ich weiß gar nicht, was du hast – du wolltest doch so gern ein Baby!" Solche Kommentare können das Gefühl auslösen, nicht „richtig zu ticken". Für andere Menschen mag es unverständlich sein, was Sie empfinden. Vielleicht können Sie niemandem so richtig sagen, wie es Ihnen ums Herz ist. Aber der lebendige Gott ist uns gerade dann, wenn wir uns selbst nicht verstehen, auf geheimnisvolle, tröstliche Weise nah.

Anerkannt und angenommen

Nach hebräischem Verständnis ist das Herz die Mitte unserer Persönlichkeit. Das Herz ist unser Innerstes, unser Charakter, das Eigentliche, das unsere Persönlichkeit ausmacht. In ihm bündeln sich unsere Gedanken und Gefühle, unsere Motivation und unsere Absichten. Diesen Kern unseres Seins nimmt Gott wahr. Er sieht, wie sehr Sie sich über Ihr Kind freuen – auch wenn Sie es nicht fühlen oder ausdrücken können. Er weiß um Ihr Staunen, dass Ihnen dieses Kind anvertraut ist. Er sieht Ihre Sorgen und Ängste, dieser Lebensaufgabe nicht gewachsen zu sein. Er sieht auch Ihr Erschrecken über Gefühle, die Sie vor niemandem aussprechen würden. Ihm ist nicht verborgen, wonach Sie sich sehnen, welche Liebe Sie sich selbst wünschen. Und er sieht die Bedürfnisse Ihres Partners und nimmt Anteil daran, wie es Ihnen als Paar miteinander geht.

Würde irgendein Mensch uns so durchschauen, wäre das bedrohlich. Aber es ist der lebendige Gott, der jeden Menschen von Grund auf liebt und der Sie so ansieht. Bei ihm ist das Sehen und Erkennen unseres Herzens immer mit grenzenloser Annahme und Wertschätzung verbunden. Gott umarmt unser bedürftiges Herz. Er hüllt uns ein in seine Wärme und Zuwendung. Das hebräische Wort für „erkennen" meint nicht wie im Deutschen sachliches Verstehen. Sondern es meint, den anderen auf tiefe Art zu sehen, zu verstehen und gleichzeitig zu lieben. Dass dieses Wort in der Bibel für das Einswerden von Mann und Frau in Liebe verwendet wird, lässt die Tiefe dieser Bedeutung erahnen.

Liebevoller Zuspruch

So sind Sie von Gott erkannt – mitten in den Gefühlsstürmen, die manchmal aus heiterem Himmel über Sie hereinbrechen. Unter diesem liebevollen, verständnisvollen Blick dürfen Sie zur Ruhe kommen, sich ausweinen, Ihr Glück ausdrücken und sich von den Vaterarmen Gottes halten lassen. Die Seelsorgerin Sabine Naegeli fasst diese Geborgenheit in tiefgründige und berührende Worte:

„Wer du auch immer sein magst
in deinen Augen
und in den Augen anderer Menschen:
Gott sieht dich an,
darum bist du zuallererst
ein an-gesehener Mensch."[2]

(4) Ausschlafen – was ist das?

Frischgebackene Eltern sind wahre Weltmeister im Schlafverzicht. Nie hätte ich gedacht, dass ich mit so wenig Schlaf auskommen könnte – bis das erste Baby in unsere Familie kam. Eine gefühlte Ewigkeit lang habe ich nicht mehr ausgeschlafen. Vier Stunden am Stück waren schon „Luxus". In manchen Nächten meldete unsere Tochter alle ein bis zwei Stunden ihren Bedarf an. In anderen Nächten war sie von Bauchweh, Zahnschmerzen oder zu vielen Eindrücken geplagt und weinte stundenlang.

Wer nicht nur einmal, sondern in vielen Nächten zu kurz und zu wenig erholsam schläft, steht irgendwann neben sich. Wir werden vergesslich – manche nennen es spaßeshalber „Still-Demenz". Wir werden antriebsschwach oder fahrig und oberflächlich. Wir werden unkonzentrierter, können oft nur mit viel Kraftaufwand einen klaren Gedanken fassen. Die Beziehung zu anderen Menschen leidet möglicherweise unter unserer Gereiztheit. Wir haben „nah am Wasser gebaut" und kämpfen schon bei kleinen Anlässen mit den Tränen. Wer eher zu Übergewicht neigt, hat es schwerer, die Pfunde der Schwangerschaft loszuwerden. Denn ohne ausreichend Tiefschlaf ist eine gesunde Fettverbrennung gestört. Obendrein hat man insgesamt mehr Hunger, wenn man länger oder häufiger wach ist. Wer tief schläft, verspürt keinen Hunger. Frauen, die eher zu wenige Reserven auf den Rippen haben, können in dieser stressreichen Zeit schnell abmagern. Die babybedingten Schlafstörungen versetzen uns in eine Art Ausnahmezustand. Da ist es kein Wunder, dass sich auch die Beziehung zu Gott verändert.

Zu müde zum Beten

Haben Sie keine Kraft zum Beten? Schweifen Ihre Gedanken ab, sobald Sie über einen Bibelvers nachdenken wollen? Vielleicht fühlen Sie nicht mehr, dass Gott Sie liebt? Oder Sie spüren nicht, dass er da ist? Solche Empfindungen bedeuten nicht, dass Gott sich tatsächlich von Ihnen abgewendet hätte. Im Gegenteil: Er ist ganz für Sie da, auch wenn Ihr Stille-Zeit-Tagebuch im Regal verstaubt. Gerade wenn Sie schlafwandlerisch

Ihre letzte Kraft zusammennehmen, um Ihr Kind zu versorgen – dann schaut der himmlische Vater Sie liebevoll an. Er weicht auch in den anstrengendsten Nächten nicht von Ihrer Seite – dazu müssen Sie keine wohlgeformten Gebete sprechen.

Wenn Ihnen die Konzentration und die eigenen Worte zum Beten fehlen, dann kann es hilfreich sein, auf Worte zurückzugreifen, die andere vor Ihnen schon gebetet haben. Wenn Sie zu müde sind für eine ausführliche Zeit mit Gott oder für ein selbst formuliertes Gebet, dann lade ich Sie ein: Lassen Sie sich fallen in die Gotteserfahrung von Generationen von Christen vor Ihnen, indem Sie zum Beispiel diesen Psalm beten:

Der Herr ist mein Hirte, ich habe alles, was ich brauche.
Er lässt mich in grünen Tälern ausruhen,
er führt mich zum frischen Wasser.
Er gibt mir Kraft. Er zeigt mir den richtigen Weg
um seines Namens willen.
Auch wenn ich durch das dunkle Tal des Todes gehe,
fürchte ich mich nicht, denn du bist an meiner Seite.
Dein Stecken und Stab schützen und trösten mich.
Du deckst mir einen Tisch vor den Augen meiner Feinde.
Du nimmst mich als Gast auf und salbst mein Haupt mit Öl.
Du überschüttest mich mit Segen.
Deine Güte und Gnade begleiten mich alle Tage meines Lebens,
und ich werde für immer im Hause des Herrn wohnen.

Psalm 23

Für Sie da

Mitten in dieser fordernden Zeit mit einem Säugling in der Familie, der die Nächte für sich gepachtet hat, ist Gott für Sie da wie ein guter Hirte für seine Schafe. Er sieht, wie viel Sie Ihrem Baby geben. Er sieht, was Sie brauchen. Er erwartet keine fromme Leistung von Ihnen. Er möchte Sie versorgen mit Kraft, Erfrischung und Hoffnung.

Wenn ein Schaf sich überfordert fühlt, schreit es einfach „Mäh". Es braucht keine bestimmte Form einzuhalten, damit sein Hirte ihm hilft. Sie dürfen sich genauso vertrauensvoll an den himmlischen Vater wenden. Sie dürfen ihn in Stoßgebeten um seine Kraft anflehen. Sie dürfen ihm Ihre Erschöpfung zeigen und mit ganzem Herzen erwarten, dass Gott Sie versteht. Wenn Ihr Baby endlich mal schläft oder ein lieber Mensch Ihren Schatz für eine Weile versorgt, dann gönnt Ihnen Gott, dass Sie einfach mal selbst eine Runde schlafen.

Nicht leicht, aber sicher

Manchmal schleicht sich diese Vorstellung in mein Herz: Wenn ich in enger Verbindung mit Gott lebe, dann müsste mein Leben doch eigentlich „rund laufen". Es müsste möglichst alles funktionieren und ziemlich viel müsste glattgehen. In der Bibel verspricht Gott uns das aber nicht. Sondern: Auch wenn wir auf kraftraubenden Wegstrecken unterwegs sind – wir sind nie allein! Wir haben in Jesus Christus einen Gott, der sich auch in „dunklen Tälern" an unsere Seite stellt. Dieser Gott lässt Sie nie im Stich.

Erwarten Sie daher nicht, dass Gott Ihnen alle Schwierigkeiten aus dem Weg räumt. Diese Erwartung müsste enttäuscht werden. Aber erwarten Sie, dass er Sie auf einem guten Weg leitet, Sie tröstet und Ihnen neue Kraft schenkt, wenn Sie am Ende sind. Dann werden Sie erleben: Gott ist wirklich vertrauenswürdig.

Es werden auch wieder Tage kommen, an denen Sie ausführlich Zeit haben, um in der Stille Gott zu begegnen. Auch wenn Sie es sich nicht vorstellen können: Es werden wieder Nächte kommen, nach denen Sie sich ausgeschlafen fühlen und sich konzentriert mit der Bibel beschäftigen können. Jetzt durchleben Sie eine andere Phase. Aber Gott bleibt der Gleiche.

In diesem schlafarmen Ausnahmezustand können Sie Ihren Draht zu Gott zum Beispiel so aufrechterhalten:

- Lassen Sie die aufgeschlagene Bibel auf dem Tisch liegen und beten Sie immer wieder diesen (oder einen anderen) Psalm laut. Gerade bei Konzentrationsproblemen kann es helfen, laut zu lesen.
- Oder greifen Sie sich einen Satz aus Psalm 23 heraus, der Sie besonders anspricht, z.B.: „Der Herr ist mein Hirte." „Er gibt mir Kraft." „Du überschüttest mich mit Segen." „Deine Güte und Gnade begleiten mich alle Tage meines Lebens."
- Beten Sie diesen Satz immer wieder – beim Stillen, beim Wickeln, bei der Hausarbeit, beim Autofahren, auf dem Weg zum Bäcker …
- Vielleicht hilft es Ihnen, wenn Sie sich durch kleine Klebezettel an verschiedenen Stellen der Wohnung oder am Kinderwagen an den Satz erinnern lassen. Durch stetige Wiederholung kann diese Wahrheit als feste Gewissheit in Ihrem Herzen verankert werden und Sie durch all Ihre Müdigkeit hindurch erreichen: Gott sorgt für Sie und Ihr Baby wie ein guter Hirte.

Monat 2

In einer neuen Wirklichkeit

(5) Auf den Kopf gestellt

Als ich am Morgen nach der Geburt unseres ersten Kindes aufwachte, war mein Leben nicht mehr dasselbe. Ich war reduziert auf die Fragen: Geht es dem Baby gut? Klappt es mit dem Stillen? Wie windle ich das Kleine so, dass die Windel dicht ist, aber am zarten Bäuchlein nicht drückt? Wie kann ich unserem kleinen Schatz helfen, wenn er offensichtlich satt ist und trotzdem weint? Wie finde ich genug Schlaf? Als ich nach den Tagen in der Geburtsklinik nach Hause kam, erkannte ich meinen Alltag nicht wieder. So vieles, was früher große Bedeutung hatte, spielte keine Rolle mehr. Anderes war jetzt wichtig.

Bei den ganz praktischen Dingen war das mit Humor zu ertragen: Ich wollte nur einen Nachmittag mit einer Freundin im Park verbringen, packte aber einen Korb in der Größe einer Reisetasche mit Windeln, Feuchttüchern, Baby-Kleidung zum Wechseln, Spucktuch, einer Decke, Fläschchen, Milchpulver und warmem Wasser. Wochenendtrips mutierten ab sofort zu einem kleinen Umzug. (Hatten Sie geahnt, wie voll ein zusammengeklappter Kinderwagen und ein Baby-Reisebett den Kofferraum eines Mittelklassewagens machen?) Kleine Missgeschicke passierten immer dann, wenn dafür überhaupt keine Zeit war. Gerade hatte ich mir was Schönes angezogen und wollte aus dem Haus. Da verkündet der Duft aus der Windel nichts Gutes. Während ich unseren Sohn sauber machte, machte er mit mir das Gegenteil. Ich musste mich anschließend noch mal umziehen und wir kamen viel zu spät.

Am Rande meiner eigenen Kindheit nistete sich ein Ohrwurm in meinem Kopf ein. Eine ganze Generation von Müttern hörte ihn im sogenannten „Hausfrauenfunk" rauf und runter: den Song „Keine ruhige Minute" von Reinhard Mey. Jahrzehnte bevor jemand an Vätermonate beim Elterngeld dachte, schilderte dieser Papa treffend sein auf den Kopf gestelltes Leben:

„Was habe ich in all den Jahren
ohne dich eigentlich gemacht,
als Tage noch tagelang waren,
wie hab ich sie nur rumgebracht?

…

Du machst dich heut in meinem Leben
so breit, dass ich vergessen hab',
was hat es eigentlich gegeben,
damals als es dich noch nicht gab?
…
Tiefen und Höh'n hab ich ermessen,
Ängste und Glück war'n reich beschert,
das war ein leises Vorspiel dessen,
was ich mit dir erleben werd'!
Denn du kommst und gibst allen Dingen
eine ganz neue Dimension,
und was uns nun die Jahre bringen,
mess' ich an dir, kleine Person!

Keine ruhige Minute
ist seitdem mehr für mich drin.
Und das geht so, wie ich vermute,
bis ich hundert Jahre bin!"[3]

Eine neue Dimension

Durch die Geburt hat sich unser Leben grundlegend verändert. Wir haben Verantwortung für einen kleinen hilflosen Menschen übernommen, der jetzt als Säugling die Erfüllung all seiner Bedürfnisse von uns erwartet. Diese Verantwortung hat keine zeitlichen Grenzen. Es gibt höchstens Pausen, wenn wir uns mal ablösen lassen. Aber es gibt niemanden, der für diesen kleinen Menschen wichtiger ist als wir. Die alles begleitende Frage ist die, wie wir unser Kind am besten ins Leben begleiten. Dieses Bewusstsein beeinflusst einerseits meine Gedanken über die Zukunft unserer Gesellschaft, insbesondere über politische Entscheidungen, die die folgenden Generationen belasten. Andererseits betrifft es mit ganzer Wucht meine kleine, persönliche Welt. Politiker und Medien gaukeln uns oft vor, man könnte Kinder ganztags in Kitas „wegorganisieren" und sein bisheriges Leben weiterleben. Eltern spüren, dass das so nicht geht. Womöglich spüren sie auch, dass sie es gar nicht wollen.

Manche Frau, die vor der Geburt dachte, sie will spätestens nach einem Jahr Elternzeit beruflich wieder voll durchstarten, ändert nach diesem einschneidenden Ereignis ihre Meinung. Mancher Papa korrigiert seine Karrierepläne, weil er entdeckt, wie kostbar die Zeit mit seinen Kindern ist. Viele der Fragen rund um unsere persönliche Zukunft sind nicht einfach zu beantworten: Wo bleiben unsere romantischen Bedürfnisse als Partner? Wo unsere Spontaneität? Wie schaffe ich es, als Familienfrau kein Hausmütterchen mit einem Selbstwertgefühl im Schrumpfmodus zu werden? Wie kann ich mir berufliche Türen offenhalten und gleichzeitig ausreichend Zeit für meine Kinder haben? Ich würde ja gern mehr Zeit für die Familie haben, aber wie schaffen wir das finanziell? Wie kann ich meine beruflichen Möglichkeiten und Begabungen leben, ohne mich im Spagat zwischen Familie und Beruf zu zerreiben? Bei den Antworten auf diese Fragen gibt es kein schwarz oder weiß, sondern ganz viel bunt. Jede Mutter, jedes Elternpaar muss seinen eigenen Weg finden. Aber über diesem Weg steht die Zusage des lebendigen Gottes:

„Denn ich weiß genau, welche Pläne ich für euch gefasst habe", spricht der Herr. „Mein Plan ist, euch Heil zu geben und kein Leid. Ich gebe euch Zukunft und Hoffnung."

Jeremia 29,11

Gott plant Gutes

Auch wenn Sie im Moment keinen Plan haben, wie Ihr Leben sich neu sortieren und gestalten wird: Gott hat Gutes mit Ihnen vor! Wir sehen immer nur einen kleinen Ausschnitt der Wirklichkeit, nur einen Wegabschnitt unseres Lebens. Aber Gott behält das Ganze im Blick. Er weiß, welche besonderen Herausforderungen auf uns warten, aber auch welche unerwarteten Glückserfahrungen. Wenn mein Mann unseren Kindern eine Kleinigkeit mitbringt, sagt er oft: „Augen zu und Hände auf!" Unsere Kinder machen nur zu gern die Augen zu, weil sie wissen: Papa legt mir eine liebe Überraschung in die Hände. Bei Gott müssen wir nicht mal die Augen zumachen. Er lädt uns ein, ihm unsere Hände erwartungsvoll entgegenzustrecken und mit offenen Augen zu entdecken, was er für uns bereithält.

Sein Ziel: unser Heil

Die ersten Hörer, für die diese Zusage bestimmt war, steckten mitten in einer leidvollen Zeit. Und Gott sagt ihnen: Das Leid ist nicht mein Ziel mit euch, sondern das Heil. Gott verspricht uns nicht, dass wir als Eltern von kleinen und großen Kindern vor Leiderfahrungen verschont bleiben. Uns bleiben existenzielle Fragen, Verzicht, Kompromiss und Alltagsstress nicht erspart. Aber er sagt: Sein Ziel für uns und unsere Familie ist, dass sich sein Heil bei uns ausbreitet. Er möchte unsere Beziehung zu ihm heil machen und lebendig halten. Er will uns bei der Bewältigung unserer Alltagsherausforderungen so beistehen, dass wir uns durch sie weiterentwickeln. Er möchte einen Weg mit uns gehen, auf dem wir als Persönlichkeiten immer heiler werden, gesundgeliebt von ihm. So will er uns in ein reifes, liebevolles Umgehen mit unseren Kindern, unserem Partner und anderen Mitmenschen hineinbegleiten. Unsere Fragen, Sorgen, Zweifel und unsere Suche nach guten Lösungen sind damit nicht weggewischt. Sie sollen uns auf Gott zurückwerfen, damit wir mit ihm unseren Weg gehen und sich seine heilsame Kraft und Güte in unserem Leben ausbreiten.

Wenn wir wichtige Entscheidungen zu treffen haben, dann ist das Beste, was wir tun können, Gott nach seinem Willen zu fragen. Das, was sein Wille für unsere Familie ist, wird uns in eine gute Zukunft führen. Ich muss keine Angst haben, dass ich etwas Erstrebenswertes verpasse, wenn ich Gott gehorsam bin. Ich kann Entscheidungen treffen und andere so lange ruhen lassen, bis sie reif sind. Auch wenn ich in Schwierigkeiten stecke, darf ich mich voller Hoffnung an Gott halten. Denn sein Plan für uns ist voller Wohlwollen und Güte. Das gilt besonders für all das, was wir nicht in der Hand haben, was sich unserer Macht entzieht. Gott wirbt darum, dass wir uns ihm anvertrauen. Er hält die Zukunft in der Hand und ist all unser Vertrauen wert. Auch wenn ich nicht weiß, was auf mich zukommt, weiß ich, wer mit mir und mit uns als Familie geht. Das bedeutet unzerstörbare Hoffnung und die Gewissheit, dass Gutes auf uns wartet.

(6) Behütet in Turbulenzen

Es passierte im Sommer 2013 in Schweden[4]: Eine irakische Flüchtlingsfamilie erwartete ihr drittes Kind. Als bei der 33-jährigen Mutter die Wehen einsetzten, rief der Vater einen Krankenwagen. Aber er bekam zur Auskunft, es stehe keiner zur Verfügung. Er solle seine Frau mit dem Privat-Pkw in die 23 km entfernte Klinik bringen. Bis der Vater den Wagen eines Freundes ausgeliehen und betankt hatte, vergingen zwei Stunden. Die Familie startete samt achtjährigem Sohn und einjähriger Tochter die Fahrt ins Krankenhaus. Zu spät, wie sich auf halbem Weg herausstellte. Als die Mutter: „Sie kommt, sie kommt!" schrie und der Vater den Kopf des Säuglings zum Vorschein kommen sah, rammte er die Leitplanke und verlor die Kontrolle über das Fahrzeug. Das Auto überschlug sich und stürzte in den Graben. Die zwei Kinder schrien. Erleichtert stellte der Vater fest, dass sie nicht verletzt waren. Doch das Baby war im ersten Moment nirgendwo zu sehen. Da fand es der Vater unter dem Sitz. Als er es an sich drückte, begann es zu schreien. Es lebte! Der Erste, der zur Unfallstelle kam, war ein Feuerwehrmann. Er alarmierte den Rettungsdienst und half dem Vater und den Kindern aus dem Auto. Als Nächstes kam eine Ärztin zur Unfallstelle, die der Mutter und dem Neugeborenen erste Hilfe leisten konnte. Schließlich schnitten Unfallhelfer das Dach des Wagens auf und befreiten die frisch Entbundene aus ihrer eingeklemmten Position. Stunden später lag sie mit Wunden und Beulen, aber auch mit einem wohlbehaltenen kleinen Mädchen auf der Wochenstation.

Neue Ängste

Wie gut, dass trotz immenser Turbulenzen alles glimpflich abgelaufen ist. Diese Familie war offensichtlich von einer ganzen Legion Schutzengel umgeben. Gott sei Dank – und das meine ich wörtlich – verlaufen die meisten Geburten in „ruhigerem Fahrwasser". Sie sind auch so noch kräftezehrend genug. Wie schön, wenn die Ankunft eines Babys ohne große Sorgen und Befürchtungen vonstattengeht. Wenn das auf Sie zutrifft, dann freuen Sie sich und bewahren Sie diese guten Erinnerungen in Ihrem Herzen.

Dennoch ist es nicht zu leugnen, dass mit einem kleinen Erdenbürger ein neues Maß an Turbulenzen, Ängsten und Herausforderungen ins eigene Leben tritt. Da kann man sich im übertragenen Sinn durchaus auf den Kopf gestellt, eingezwängt und rettungsbedürftig fühlen. Das können körperliche oder seelische Wunden sein, die von der Geburt herrühren. Es kann die Enttäuschung sein, dass vieles ganz anders ist. Unerwartete Schwierigkeiten in der Partnerschaft, gesundheitliche Probleme des Säuglings oder schlicht und einfach der völlig durcheinandergewirbelte Alltag können Baby-Mamas (und Papas) schon mal aus der Bahn werfen.
Da ist es gut, zu wissen, dass wir nie allein sind. Gott, der Schöpfer, der uns den Auftrag gegeben hat, dieses Kind ins Leben zu begleiten, lässt uns bei der Umsetzung nicht hängen. Wir sind eingeladen, seine Nähe zu suchen. Er kümmert sich. Er will uns seine Geborgenheit schenken – mitten in den Turbulenzen, die wir durchzustehen haben:

Wer im Schutz des Höchsten lebt, der findet Ruhe
im Schatten des Allmächtigen. Der spricht zu dem Herrn:
Du bist meine Zuflucht und meine Burg,
mein Gott, dem ich vertraue.

Psalm 91,1.2

Ruhe

Mein Mann und ich haben schon mehrmals unseren Urlaub auf „Drahteseln" verbracht. Da bleiben Schlechtwettertage nicht aus. Ohne eine gute Regenausrüstung hat man nicht viel Freude an langen Radtouren. Wenn es aber wie aus Kübeln schüttet und stürmt, ist man gut beraten, nicht allein auf die Regenausrüstung zu setzen. Es ist schlauer, Schutz zu suchen und erst dann weiterzuradeln, wenn das Wetter sich beruhigt hat. Man verliert dabei keine Zeit, im Gegenteil: Man gewinnt dadurch Zeit und Kraft, und kommt alles in allem besser ans Ziel.
Wenn Sie sich von den Baby-Turbulenzen in Ihrem neuen Alltag herausgefordert oder überfordert fühlen, dann ist es ratsam, sich nicht irgendwie weiterzuschleppen. Es ist gut, wenn wir Ängste, Gefühle von

Hilflosigkeit und Erschöpfung nicht einfach ignorieren, sondern uns bewusst machen: Wir dürfen uns an Gott wenden. Er will uns seine Ruhe schenken. Er will ein Ankerplatz für unsere aufgewühlte Seele sein. Auch wenn sich an den äußeren Umständen im ersten Moment nichts ändert, will Jesus uns begegnen und uns inneren Halt und Kraft für die Herausforderungen geben, die er uns zumutet.

Zuflucht

Sie müssen das, was über Ihre Kräfte geht, nicht allein durchstehen. Wer schutzbedürftig ist und weiß, wohin er sich wenden kann, ist schon so gut wie gerettet. Genau das bietet Gott uns an: Er will für uns ein Ort des Schutzes und der Geborgenheit sein. Wir können ihm sagen, wie es in uns aussieht. „Schütte dein Herz vor ihm aus, denn Gott ist unsere Zuflucht" (Psalm 62,9). Man braucht dafür keine wohlformulierten Worte. Gott versteht auch Tränen ohne Worte.

Wachsendes Vertrauen

Gott tröstet uns, er zeigt uns das Licht am Ende des Tunnels. Er gibt schrittweise Kraft – nicht auf Vorrat, aber spätestens rechtzeitig. Er hält uns aus, wenn wir klagen. Er hat unser Leben in der Hand, auch wenn wir nicht verstehen, wofür das alles gut sein soll. Je mehr wir erleben, dass er da ist und eingreift, desto mehr wächst unser Vertrauen. Desto mehr wird aus einem fernen Gott, der über den Wolken schwebt, mein Gott, dem ich vertraue.

Denken Sie noch mal an die irakische Flüchtlingsfamilie – trotz Beulen und Schrammen haben alle Familienmitglieder die überaus turbulente Fahrt ins Krankenhaus wohlbehalten überlebt. Das soll Ihnen Mut machen: Auch wenn Sie in Ihrer Aufgabe als Mutter Erschöpfung, Ängste, Hilflosigkeit zu spüren bekommen, will Gott Sie behüten und ans Ziel bringen. Bei ihm ist unser eigenes Leben in den besten Händen. Und das unserer Kinder erst recht. Es kommt nicht darauf an, dass nie etwas schiefgeht oder schwierig ist. Sondern darauf, dass mitten in den Fragezeichen und Schwierigkeiten des Lebens unser Vertrauen in diesen Gott wächst, der uns Ruhe und Zuflucht schenkt.

Haben Sie eine Freundin, mit der Sie Ihren Glauben an Jesus teilen? Vielleicht können Sie sie heute anrufen und um Gebetsunterstützung bitten für das, was Ihnen gerade am meisten auf der Seele liegt. Schließlich hat Jesus selbst uns auf diese großartige Möglichkeit hingewiesen, miteinander und füreinander zu beten: „Wenn zwei von euch hier auf der Erde darin eins werden, eine Bitte an Gott zu richten, dann wird mein Vater im Himmel diese Bitte erfüllen."
(Matthäus 18,19)

(7) Göttliche Freude

Der Vormittag ist längst angebrochen, als die Sonne mich wach kitzelt. Neben mir schlummert friedlich unser Baby. Die Nacht war anstrengend, aber im Morgengrauen sind wir alle noch mal eingeschlafen. Während ich das zarte, völlig entspannte Baby-Gesicht betrachte, durchströmt mich ein warmes Gefühl tiefer Freude. Wie wundervoll hat Gott sich diesen kleinen Menschen ausgedacht. Wie glücklich bin ich, seine Mama sein zu dürfen. Als unser Kind aufwacht, sehen wir uns für einen Moment, der wie eine Ewigkeit wiegt, in die Augen.

Glücksmomente im Alltag

Es gibt im Leben mit einem Säugling kostbare Momente, in denen überwältigende Freude jeglichen Stress zur Nebensache werden lässt. Allein der Geruch dieses kleinen Menschen, sein zufriedenes Glucksen und Schmatzen bei jeder Mahlzeit, das fröhliche Strampeln auf dem Wickeltisch! Es hat mich zutiefst berührt, wenn das Kleine sich im Tragetuch an mich schmiegte und in der warmen Geborgenheit zufrieden war. Ich weiß noch, wie wunderbar es sich angefühlt hat, als unser Baby zum ersten Mal seine Hände um meinen Hals gelegt hat. Ich kann mich

genau an den Moment erinnern, als es uns zum ersten Mal anlächelte. Wir Eltern hatten gerade angefangen zu essen. Das Baby lag auf der Krabbeldecke zwischen unseren Stühlen. Wir unterhielten uns und als wir wie zufällig beide in Richtung Krabbeldecke blickten, strahlte unsere Tochter uns mit einem Lächeln an, neben dem jedes Honigkuchenpferd blass ausgesehen hätte.
Solche Glücksmomente, in denen wir nichts als Freude und Liebe fühlen, sind zu kostbar, um sie im Alltag untergehen zu lassen. Es ist gut, wenn wir sie bewusst wahrnehmen und richtig auskosten. Denn sie geben uns Kraft für den ermüdenden Anteil des Mutterseins. Sie geben unserer Elternliebe Nahrung zum Wachsen. Und sie lehren uns etwas Wichtiges über Gott. Denn so wie wir in diesen Momenten empfinden, nur noch intensiver und unerschütterlicher, fühlt Gott, wenn er an jeden einzelnen Menschen denkt.

Der Herr, euer Gott, ist in eurer Mitte; er ist stark und hilft euch!
Von ganzem Herzen freut er sich über euch.
Weil er euch liebt, redet er nicht länger über eure Schuld.
Ja, er jubelt, wenn er an euch denkt!
Zefanja 3,17 (HFA)

Gott freut sich wirklich

Ja, Sie haben richtig gelesen: Gott liebt uns Menschen nicht nur, weil er theologisch dazu verpflichtet ist. Er freut sich über jeden von uns. Er freut sich über Sie, wenn Sie morgens aufstehen – egal, wie unästhetisch Sie Ihre Augenringe finden. Er freut sich, wenn Sie Ihr Baby versorgen, wenn Sie Ihr Kind stillen oder zum x-ten Mal eine volle Windel wechseln. Er freut sich, wenn Sie mit Ihrem Kind reden, mit ihm spielen oder es trösten, weil es vom Kinderarzt gepiekst wird. Er freut sich, wenn Sie freie Zeiten genießen, weil ein lieber Mensch sich um Ihren Nachwuchs kümmert. Egal, wo Sie sind – Gottes wohlwollender Blick ruht auf Ihnen. Und er will die Freude am Leben, an Ihrem Schöpfer, an Ihrem Partner und an Ihrem Kind tief in Ihr Herz pflanzen.

Unzulänglich und unendlich geliebt

Vielleicht schleicht sich beim Lesen dieser Worte aus der Bibel das trügerische Gefühl ein: „Wenn ich einen guten Tag habe und alles rund läuft, wenn ich mich besonders liebevoll verhalte – dann mag das ja angehen. Aber wie sieht es an den Tagen aus, an denen die Erschöpfung jegliches liebevolle Verhalten ausradiert, wenn ich nicht mehr geduldig, sondern genervt und überfordert bin, wie könnte Gott da über mich jubeln?"
Das Volk Israel, dem dieser Satz zuerst gegolten hat, war weder fehlerfrei noch schuldlos. Gott liebte diese Menschen trotz ihrer Defizite. Er vergab ihnen ihre Schuld und liebte sie auf seinen guten Weg mit ihnen zurück. Das hat der lebendige Gott auch heute in unserem Leben vor. Er begegnet uns da, wo wir uns tatsächlich befinden – und nicht erst dort, wo wir gerne wären. Wenn wir Fehler gemacht haben, wenn wir am Maßstab unserer eigenen Erwartungen kläglich gescheitert sind, wenn wir Schuld auf uns geladen haben, dann ändert all das nichts an Gottes aufrichtiger Freude über uns. Gerade in solchen Momenten, in denen wir uns selbst überhaupt nicht ausstehen können, möchte er unser Herz berühren und uns persönlich sagen: „Ich bin begeistert, dass es dich gibt. In meinen Augen bist du wertvoll, weil ich dich liebe!" Gott wünscht sich, dass wir unser Herz bei ihm ausschütten, dass wir ihn um Vergebung bitten und uns dann von seinem Jubel über uns anstecken lassen. Je mehr wir entdecken, wie wertgeachtet wir in seinen Augen sind, desto glücklicher macht uns das – und Gott freut sich mit.

Mittelpunkt statt Randfigur

Im kraftraubenden Baby-Alltag kann es schnell passieren, dass Gott zur Randfigur verkommt. Zeit und Konzentration zum Beten und Lesen in der Bibel sind alles andere als üppig vorhanden. Aber Gott will so fest in der Mitte unseres Lebens verankert sein, dass ihn nichts an den Rand drängen kann. Er will das Zentrum unserer Freude sein. Und er will, dass wir alle Nöte und Schwierigkeiten ganz nah an seinem Herzen durchstehen. In seiner Liebe können wir Kraft schöpfen und innere Ruhe finden. Und in den Glücksmomenten unseres Mama-Seins können wir die Tiefe seiner Freude über uns erahnen.

Nehmen Sie sich – am besten während Ihr Baby schläft oder vom Opa spazieren gefahren wird – einmal bewusst Zeit, um Gottes Freude in Ihr Herz zu lassen. Warum nicht heute? Vielleicht bei einem Cappuccino in der Sofa-Ecke oder einem kühlen Erfrischungsgetränk auf dem Balkon – was immer Ihnen guttut. Machen Sie sich bewusst: Gott freut sich über mich. Er freut sich wirklich. Jetzt und hier. Er jubelt und ist begeistert von mir.
Wenn Ihnen danach ist, können Sie diese wunderbare Wahrheit auch mit einer Freundin teilen, z.B. auf einer Karte: „Hättest du es gewusst? Gott freut sich über dich! Lies mal Zefanja 3,17 in der Bibel."

(8) Dänemark statt Kroatien

Waren Sie schon mal in Kroatien? Ich habe mir erzählen lassen: Das Meer dort ist fantastisch blau und warm, das Wetter fast immer wunderbar und das Wohnen in der Ferienwohnung angenehm erschwinglich. Stellen Sie sich vor: Sie buchen einen Urlaub in Kroatien. Voller Vorfreude checken Sie ein und können die Landung in der Nähe Ihres Urlaubsortes kaum erwarten. Da reißt die Durchsage des Flugkapitäns Sie aus Ihren Träumen: „Liebe Fluggäste, wir nähern uns dem Zielflughafen und setzen zur Landung auf dänischem Boden an." Kurze Zeit später: „Herzlich willkommen in Dänemark. Wir wünschen Ihnen einen angenehmen Aufenthalt!"
Nun ist Dänemark an sich kein schlechtes Urlaubsland. Aber es ist nicht Kroatien! Weder ist hier das Wetter ständig schön noch das Meer türkisblau. Und Sie hatten sich doch so auf Kroatien gefreut.

Wunsch trifft Wirklichkeit

Wie bei einer Flugreise, die unerwartet zu einem anderen Ziel führt, habe ich mich nach der Geburt unserer Tochter gefühlt. Es begann damit, dass besorgniserregend schlechte Herztöne einen Kaiserschnitt nötig machten. So hatte ich mir die Geburt nicht vorgestellt. Auch andere Träume platzten, als ich in der ersten Nacht mein Baby nicht bei mir behalten durfte, weil es an Überwachungsgeräten im Säuglingszimmer liegen musste. Die Enttäuschungen setzten sich fort, als unsere Tochter mit Stillen nicht satt zu kriegen war und wir trotz bester Stillberatung und viel Nähe und Ruhe zum Fläschchen greifen mussten. Später merkte ich, dass der Alltag mit Baby völlig anders verlief, als ich ihn mir ausgemalt hatte. Vieles, so hatte ich mir das gedacht, ginge einfach so nebenbei, wenn ich dann „nur zu Hause" bin. Man könnte ein Baby ja fast überall mit hinnehmen. Aber dann nahm unsere Tochter so viel von ihrer Umwelt wahr, dass sie stundenlang schrie, wenn sie zu vielen Eindrücken ausgesetzt war. Also stellten wir unseren Alltag komplett auf einen festen Rhythmus um. Die meisten anderen Vorhaben schmolzen dahin wie Eis in der Sonne. Mal sind es scheinbar harmlose Dinge, die man sich anders gewünscht hat. Nicht selten sind es auch schwerwiegende: Ein Kind in unserem Bekanntenkreis wurde so früh geboren, dass es die ersten Lebenswochen im Inkubator auf einer Neugeborenen-Intensivstation verbringen musste. Da die Eltern schon ein älteres Kind hatten, konnten sie nicht pausenlos bei ihrem Baby sein, um ihm Nähe und Geborgenheit zu geben. So hatten sie sich den Lebensstart ihres Wunschkindes ganz und gar nicht vorgestellt, auch wenn sie im Nachhinein dankbar sind, dass dieses tapfere kleine Mädchen seinen schwierigen Lebensstart gut gemeistert hat und fröhlich das Leben erobert.

Manchmal sind die Unterschiede zwischen dem „Kroatien" der Wunschvorstellungen in der Schwangerschaft und dem „Dänemark" der Realität minimal. (Auch in Dänemark gibt es warme, sonnige Tage, die das Meer tiefblau färben!) Aber in manchen Situationen sind die Unterschiede immens: Wenn ein Kind schwerwiegende medizinische

Behandlungen zu überstehen hat und die Eltern sich nichts sehnlicher wünschen, als ihm dieses Leid zu ersparen. Wenn vor lauter Babystress die Partnerschaft kriselt. Oder wenn Eltern einfach am Rande ihrer Nerven sind und sich deshalb das Glück der Vorfreude in Luft aufgelöst hat. Was auch immer Ihr persönliches „Dänemark" charakterisiert: Über allem, was Ihnen an der Realität nicht leichtfällt, steht Gottes große Gesamtsicht Ihrer Lage:

„Meine Gedanken sind nicht eure Gedanken", sagt der Herr, „und meine Wege sind nicht eure Wege. Denn so viel der Himmel höher ist als die Erde, so viel höher stehen meine Wege über euren Wegen und meine Gedanken über euren Gedanken. Ihr werdet in Freude ausziehen und in Frieden geleitet werden."

Jesaja 55,8.9.12

Nicht immer logisch

Dass wir Menschen uns nach einer möglichst leidfreien Existenz ausstrecken, ist ganz natürlich. Wer wünscht sich schon Schwierigkeiten und Ungereimtheiten für sein Leben oder das seines Kindes? Aber vieles von dem, wonach wir uns sehnen, entspricht der Begrenztheit unserer Perspektive. Aus Gottes Sicht ist das, was uns in Atem hält, oft anders zu beurteilen. Es macht nicht den Sinn unseres Lebens aus, dass es möglichst reibungslos verläuft. Es ist nicht wichtig, dass alles immer logisch nachvollziehbar ist. Gott mutet uns geplatzte Träume und zerbrochene Idealvorstellungen zu. Aber er hält unser Leben in der Hand und legt seinen Segen gerade in die Situation hinein, in die er uns gestellt hat. Er betrachtet unser Leben aus der Ewigkeitsperspektive. Darum will er das in uns wachsen lassen, was aufs Ganze gesehen wertvoll ist. Gott verwöhnt uns nicht. Er mutet uns Stolpersteine und Durststrecken zu, aber er verliert dabei nie sein gutes Ziel mit unserem Leben aus den Augen. Er weiß, warum „Dänemark" für unsere persönliche Entwicklung jetzt besser ist als „Kroatien".

Nicht Standpunkt, sondern Weg

Leben mit Gott bedeutet nicht, dass wir mit der Bekehrung in ein fertiges Stadium katapultiert werden. Sondern es ist ein Weg, den Gott mit uns und unserer Familie geht. Auf einem Weg kann man stolpern und fallen, sich verlaufen und müde werden. Aber Gott will uns immer wieder aufhelfen, auf den richtigen Weg zurückbringen und mit Kraft und Proviant versorgen, damit wir weitergehen können. Sie müssen keine fertige, perfekte Mutter sein, wenn Ihr Kleines geboren wird. Sie müssen nicht von Anfang an ein Ausbund an Geduld kombiniert mit höchster pädagogischer Kompetenz und unerschöpflicher Problemresistenz sein. Gott will Sie auf einen Weg führen, auf dem Sie all das lernen, was Sie brauchen, um Ihr Kind ins Leben zu begleiten. Wo dieser Weg langgeht und was uns unterwegs begegnet, erschließt sich für uns nicht immer auf den ersten Blick. Aber bei Gott macht es einen Sinn. Darum ist es gut, wenn wir an seiner Hand unterwegs sind und um seinen Beistand für die nächsten Schritte bitten.

Getragen von Freude und Frieden

Große Freude kann große Kraft freisetzen. Wie viel Energie bekommen wir oft für die ersten Tage nach der Geburt! Das Glücksgefühl ersetzt das Schlafbedürfnis. Die staunende und dankbare Liebe scheint eine unerschöpfliche Quelle an Energie zu sein. Aber es kommen Zeiten, in denen die Anfangsfreude als Kraftquelle nicht mehr ausreicht. Wenn wir unglücklich sind über das, was nicht nach unseren Vorstellungen läuft; wenn die Bedürfnisse des Säuglings unsere letzten Reserven aufbrauchen, dann will Gott uns persönlich begegnen. Er will uns behutsam an den Punkt führen, dass wir mit den Umständen, die wir nicht ändern können, unseren Frieden machen. Er lädt uns ein, in all den Fragezeichen und Unsicherheiten, die unseren Weg holperig machen, auf ihn zu sehen. So will er uns mit Frieden erfüllen, uns auf einem guten Weg leiten und uns unterwegs mit seiner Güte überraschen. Das „Dänemark" unserer Realität ist kein Himmel auf Erden. Aber es ist Gottes Weg mit uns als Persönlichkeit und mit unserer Familie.

Im Gegensatz zu Kroatien habe ich Dänemark schon selbst als Urlaubsland kennengelernt. Sein Charme erschließt sich nicht auf den ersten, aber auf den zweiten Blick. Wunderschöne Sandstrände, bunte Kleinstädte, viele Dünen und Natur und nicht zuletzt die allgegenwärtige Meeresbrise machen das Land zu einem lohnenden Reiseziel. Dass das Wetter nicht immer sonnig ist, wird durch die dänische Kinder- und Gastfreundlichkeit bei Weitem aufgewogen. Schauen Sie doch mal, was Ihr „Dänemark" noch zu bieten hat … und schreiben Sie sich selbst eine begeisterte Postkarte von dort!

Monat 3

Der andere Alltag

(9) „Dich kriegen wir schon groß!“

Es war unsere Nachsorge-Hebamme, die uns diesen wunderbaren Satz mit auf den Weg gab. Sie besuchte uns wenige Stunden nach der Geburt. Ich lag völlig erschöpft vom Kaiserschnitt im Klinikbett. Unser Baby war viel kleiner, als wir es erwartet hatten. Es wirkte zierlich, fast zerbrechlich. Beinahe verlor es sich im kleinsten Strampler, den die Säuglingsschwester gefunden hatte. Unsere Hebamme – sie war uns in den Monaten zuvor zu einer liebevollen Begleiterin und Freundin geworden – nahm unser Kleines zärtlich in den Arm und sprach ihm mit warmer Überzeugung zu: „Dich kriegen wir schon groß!“
Wie oft haben mein Mann und ich die Erinnerung an diesen Satz schon als tröstliches und Mut machendes Reden Gottes erlebt. Er richtete uns auf, als unser Baby viel langsamer zunahm, als Statistiken das zu erwarten vorgaben. Er tröstete uns, als die Rotaviren die erreichten Kilos erschreckend dezimierten. Wenn eine Krankheit oder ein anstrengender Entwicklungsschub uns den letzten Nerv kosteten, klammerten wir uns manchmal regelrecht an diesen Satz. Als unsere Zweijährige nach dem Genuss von drei Nudeln überzeugt verkündete, sie sei satt, bekam der Satz einen Kompagnon: „Auch kleine Wenigesser werden groß!“

Zeit für Zuversicht

In der Zuversicht und Gelassenheit, die diese Aussage für uns transportierte, steckt mehr als menschliches Vermögen. Wir Eltern können ein Kind ja gar nicht wachsen lassen – wir können ihm höchstens all das, was es zum Wachstum braucht und in unserer Macht steht, zur Verfügung stellen. Aber unser himmlischer Vater kann und will es. Die ausgedrückte Zuversicht „Dich kriegen wir schon groß!“ lebt vom Vertrauen auf Gott, der unser Leben und das Leben unseres Kindes in der Hand hat. Sie lebt von der Erfahrung, dass auf ihn Verlass ist. Und sie lädt dazu ein, ihm jetzt und in Zukunft zu vertrauen.

Schmecke und sieh, dass der Herr gut ist.
Freuen darf sich, wer auf ihn vertraut!

Psalm 34,9

Bitte probieren!

Wenn ich etwas esse, das unser dreijähriger Sohn noch nicht kennt, fragt er oft: „Darf ich auch?" Und wenn ihm die Kostprobe gut schmeckt, kann es durchaus sein, dass ich von der Köstlichkeit auf meinem Teller nicht mehr viel abbekomme. Wenn er die Erfahrung macht, dass es ihm gut schmeckt, dann isst er sich spontan satt. Der Psalmbeter David hat so wertvolle Erfahrungen mit Gott gemacht, dass er nicht nur selbst satt wird, sondern aus tiefster Überzeugung auch andere einladen möchte: Probiert es selbst aus, wie Gott ist! Worte genügen einfach nicht, um zu beschreiben, wie gut es ist, auf ihn zu vertrauen. Sie können letztlich nur die Neugier darauf wecken, diese grandiose Erfahrung selbst zu machen: „Selbst starke und junge Löwen werden hungrig, aber denen, die auf den Herrn vertrauen, wird es niemals an Gutem fehlen" (Psalm 34,11).

Was für eine Einladung und was für eine Zusage! Wir sollen mit unseren Bedürfnissen und denen unserer Kinder zu unserem himmlischen Vater kommen. Das bedeutet nicht, dass dann alles immer leicht ist und glattgeht. Aber David gibt uns sein königliches Siegel darauf: Wir werden erleben, dass Gott gut ist.

Gottes Güte aufspüren

Schauen Sie auf das kurze Leben Ihres Kindes zurück und suchen Sie darin einmal nach Spuren der Güte Gottes. Wie oft haben Sie und Ihr Kind schon – mehr oder weniger spektakulär – seine Bewahrung erlebt. Allein die Tatsache, dass aus einer winzigen befruchteten Eizelle in neun Monaten ein vollständiges Baby heranwächst, ist ein Wunder. Dass Mutter und Kind die Geburt wohlbehalten überstehen, ist ein Grund zum Danken. Dass ein Kind sich nach der Geburt an sein völlig verändertes Umfeld gewöhnt und weiter wächst – das ist großartig! Was lernt ein Säugling nicht alles in seinem ersten Lebensjahr! Er ist permanent damit beschäftigt, sich weiterzuentwickeln. Ich bin überzeugt: Im Leben jedes Menschen gibt es unzählige Spuren der Güte Gottes.

Wenn wir sie uns „auf der Zunge zergehen lassen", helfen sie uns, Geschmack an seiner Nähe in unserem Alltag zu finden. Genau den möchte David in uns wecken.

An der Entwicklung freuen

Was ich an den Psalmen so schätze, ist, dass sie Gottes Möglichkeiten groß machen und gleichzeitig die raue Realität nicht ausblenden. In Vers 20 betet David: „Wer auf den Herrn vertraut, erleidet zwar vieles, doch der Herr errettet ihn aus aller Not" (Psalm 34,20).

Wir glauben nicht an eine anonyme Macht in der Natur, sondern an den Schöpfer des Universums, der uns in Jesus Christus in unser Menschsein hinein nahegekommen ist. Wer sich und das Lebens seines Kindes diesem lebendigen Gott anvertraut, bleibt nicht von Schwierigkeiten verschont. Aber er erlebt die tiefe, unauslöschliche Freude der persönlichen Gegenwart Gottes mitten in den Höhen und Tiefen des Alltags.

Eine der größten Erfahrungen von Freude ist es, wenn wir erleben, wie ein Mensch aufblüht, weil wir uns an ihn verschenken. An dieser Art Glück Geschmack zu finden – das gönnt uns Gott von ganzem Herzen. Er will uns die Augen dafür öffnen, dass er selbst hinter uns steht und diesen Satz gemeinsam mit uns sagt: „Dich kriegen wir schon groß!"

Geborgen in seiner Nähe und Güte dürfen wir die Erfahrung machen: Wir investieren im Vertrauen auf Gott Liebe und Lebenskraft in unser Kind. Und das Kind wächst und gedeiht und blüht auf. Das ist wahres Glück, wie der Schöpfer es sich gedacht hat.

Welche Spuren der Güte Gottes entdecken Sie in Ihrer Familie?
Vielleicht unterhalten Sie sich mal mit Ihrem Partner, einer guten Freundin, Ihrer Mutter oder mit Gott selbst bei einem Spaziergang darüber …

(10) Bitte mit Ferrari-Aufkleber!

Ich steuere unsere „Familienkutsche" auf den Parkplatz eines Getränkehandels. Während ich unseren Zweijährigen aus dem Kindersitz befreie, rattert auf die Parkbucht neben uns ein kleines rotes Gefährt, dessen Rückseite unübersehbar die Aufschrift „45 km/h" ziert. Auf dem Weg zur Einkaufswagenschlange komme ich an der Motorhaube des Leichtfahrzeuges vorbei. Dort prangt verwegen ein leuchtend gelber Ferrari-Aufkleber. Mir huscht ein Schmunzeln übers Gesicht. Auf der Fahrerseite steigt ein älterer, offensichtlich gehbehinderter Mann aus. Unsere Blicke treffen sich in einem kurzen Lächeln. Ich denke mir: „Der hat Humor!" und „Recht hat er!" Offensichtlich geben diese vier Räder ihm die Freiheit, im Alltag mobil zu sein und seine Besorgungen selbst zu erledigen. Genau genommen bedeutet ihm sein Fahrzeug mehr greifbares Glück als jedem Formel-1-Fan sein Ferrari-Traum.

Wenn unser Lebensmodus von „Jung erwachsen – die Welt steht mir offen" zu „Baby-Eltern – Hilfe, wo ist das Spucktuch" wechselt, dann ist das auf verschiedenen Ebenen ein bisschen so, als würde man von einem flotten Sportwagen in eine lahme Familienkutsche umsteigen. Spontane Unternehmungen erfordern plötzlich Planung. Unkomplizierte Trips mutieren zu Reisen mit umfangreicher Packerei. Allein das Anziehen für den Winterspaziergang dauert länger als der Spaziergang selbst. Die ausgiebige Zeit im Bad fällt weg, die Wäscheberge bleiben unbesiegbar – da wird das Outfit am besten praktisch. Romantik findet zwischen Stillkissen, Zubehör für die Milchpumpe und herumliegenden Ratgebern „Wie lernt mein Kind schlafen?" statt. So richtig hipp und cool fühlt sich das meistens nicht an. Da kann einem beim Baby-Besuch im Büro die gestylte Kollegin auf Stöckelschuhen schon mal wie ein „Ferrari" vorkommen. Aber das Geheimnis liegt in der Betrachtungsweise. Vielleicht sollten wir einfach mal das, was so kleinteilig und alltagsmühsam wirkt – im übertragenen Sinne – mit einem Ferrari-Aufkleber versehen. Ein Lebenstipp aus der Bibel hilft uns dabei:

Dankt Gott, dem Vater, zu jeder Zeit für alles
im Namen unseres Herrn Jesus Christus.

Epheser 5,20

Eine Frage der Beziehung

Oft nehmen uns die Mosaikteilchen unseres Alltags so sehr in Anspruch, dass uns der Blick fürs große Ganze verlorengeht. Die Wahrheit über uns ist: Wir sind Kinder des liebevollen himmlischen Vaters. Er hat uns geschaffen und uns diesen Platz im Leben zugewiesen. Er hat uns unser Baby anvertraut und will ihm durch uns seine Liebe schenken. Er würdigt uns, indem er uns zutraut, für dieses Kind gut zu sorgen. Unser wuseliger Alltag ist zu jeder Zeit in dieser großen Wahrheit aufgehoben. Die Beziehung zum himmlischen Vater gibt unserem Leben die entscheidende Ausrichtung. Wir dürfen alles, was uns beschäftigt, wie klein oder groß es auch sein mag, mit ihm in Verbindung bringen. Er ist sich nicht zu schade, uns zwischen Krabbeldecke, Beißring, Baby-Bett und Geschirrbergen in der Küche nahe zu sein.

Gottes Gegenwart taucht unseren Alltag in ein neues Licht. Die Mühseligkeiten, die uns in Atem halten, sind Teile des großen Glücks: Wir geben Leben weiter und werden selbst vom Leben beschenkt. In diese Bedeutung unseres Elternseins gehört alles hinein – die Glücksmomente und der Kleinkram, das Staunen und die Frustration, das Ergriffensein und das Gefühl von Hilflosigkeit. In allen Facetten unseres Lebens will der himmlische Vater uns begegnen. Er will uns die schönen und schwierigen Erfahrungen zum Besten dienen lassen, auch wenn wir dieses Geheimnis oft nicht auf den ersten Blick ergründen. Und deshalb verdient er für alles, was wir erleben, unseren Dank.

Im Dunkeln danken

Bei spontanen Freudeanfällen und Glückserfahrungen reicht dieser Bibelvers als Erinnerungshilfe, damit wir das Danken nicht vergessen. Bei nervigem Alltagsgewusel kann ein humorvoll platzierter Ferrari-Aufkleber unserer Dankbarkeit auf die Sprünge helfen. Auf wirklich mühsamen Wegstrecken bleibt der spontane Dank uns trotz Erinnerungshilfe oder Humor im Hals stecken. Dann müssen wir uns richtig dafür entscheiden, uns vielleicht regelrecht dazu überwinden, Gott zu danken.

Wenn wir manchmal (noch) nicht dafür danken können, was uns Not macht, kann ein Gebet auch mal so klingen:
Himmlischer Vater,
ich kann nicht mehr.
Ich verstehe nicht, warum das, was wir gerade durchmachen,
gut für uns sein soll.
Aber deine Sicht der Dinge ist so viel größer als meine.
Ich vertraue mich dir an, ohne bis ins Letzte zu verstehen.
Ich danke dir, dass du mich, unser Baby, unsere ganze Familie
keine Sekunde allein lässt,
auch wenn wir dich nicht immer fühlen.
Danke, dass du da bist mit deiner Liebe und Barmherzigkeit,
um uns aufzufangen und zu halten.
Danke, dass ich weiß:
Du hast Gutes mit unserem Leben vor.
Danke, dass von deiner Warte aus gesehen
auch das, was ich nicht verstehe,
einen Sinn macht.
Ich vertraue auf deinen Beistand,
ich bitte dich um Liebe, um Kraft, um deinen Segen,
damit wir diese notvolle Situation durchstehen können.
Amen

Wer sich dazu durchringt, dem himmlischen Vater zu danken, der versöhnt sich mit seinen Lebensumständen, die er nicht ändern kann. So ein Gebet ändert nicht sofort etwas an äußeren Gegebenheiten (so wie aus dem Leichtfahrzeug durch einen gelben Aufkleber kein Sportwagen wird) – aber es verändert etwas an unserer Wahrnehmung. Dankbare Menschen leben im Frieden mit sich und mit dem, was zu ihrem Leben gehört. Das befreit und entlastet.

Jesus macht den Unterschied

„Im Namen unseres Herrn Jesus Christus" – darin steckt: Jesus ist der Grund und die Garantie dafür, dass wir Gottes geliebte Kinder sind. Er hat uns eine völlig neue Qualität von Leben geschenkt, weil er Mensch geworden, für uns gestorben und auferstanden ist. Wer dieses Angebot Gottes für sich annimmt, dessen Leben ist nie klein und unbedeutend – egal, ob er dem Aufsichtsrat einer großen Bank angehört oder Babyfläschchen abkocht und Strampler wäscht. Wenn wir mit Jesus leben, dann machen die Puzzleteile unseres Lebens gemeinsam als Gesamtbild unserer Berufung Sinn. Was uns oft mickrig, unspektakulär oder sogar sinnlos erscheint, kann in Gottes Händen zu etwas Kostbarem werden. Darum vergessen Sie nicht: So beeindruckend ein Ferrari zugegebenermaßen sein kann – in Ihrem Teutonia, Hartan, Gesslein, Knorr oder Hauck liegt ein unvergleichlich größerer Grund zum Danken und Glücklichsein.

(11) Im Tal der Tränen

Eigentlich hatte die Nacht ganz gut angefangen: Einige Stunden Schlaf am Stück, dann eine Still- und Fläschchenmahlzeit und das übliche Prozedere als Einschlafhilfe. Zwei Stunden später meldete sich unser Kleines schon wieder. Aus dem Tiefschlaf gerissen und völlig neben mir stellte ich ein Fläschchen warm und begann zu stillen. Danach das übliche Prozedere …, aber unser Baby kam und kam nicht zur Ruhe. Es hörte nur dann auf zu weinen, wenn ich es schaukelte oder herumtrug. Also tigerte ich gefühlte hundertmal durchs Wohnzimmer und wippte auf dem Gymnastikball, bis die kleinen Augen zufielen. Sobald ich uns beide vorsichtig in eine Ruheposition brachte, flammte das Geschrei wieder auf. Ich windelte das Baby noch mal, massierte den Bauch mit warmem Kümmel-Öl – aber es half nichts. Das rot geweinte Baby-Gesicht fand keine Entspannung. Irgendwann gegen Morgen konnte ich nicht mehr. Ich ließ mich erschöpft aufs Sofa nieder und sagte dem weinenden Baby in meinem Arm: „Ich kann nicht mehr – nicht mehr trösten, nicht mehr schaukeln, nicht mehr auf und ab wandern. Meine Kraft ist zu Ende." Halb saß, halb lag ich in den Polstern, das schreiende Bündel in meinem Arm, und ließ meinen Tränen freien Lauf. Eine gefühlte Ewigkeit später wurde das Weinen leiser und ebbte schließlich ganz ab. Unsere Tochter kam zur Ruhe. Die Erschöpfung hatte gesiegt. Ich schleppte uns beide ins Bett und wir fanden noch eine Mütze Schlaf, bevor sich der nächste Hunger meldete.

Worte voller Trost

Wie das Glück über das Wunder neuen Lebens, so gehören auch Traurigkeit und Tränen der Erschöpfung zur Baby-Zeit. Mich berühren in besonderen Höhen und Tiefen oft die Psalmen in der Bibel. Diese Gebete sind mehr als zwei Jahrtausende alt. Aber sie sind wie ein Blick ins Herz der Beter damals. Und diese ehrlichen, ungeschönten Worte schlagen eine Brücke zu unserem Empfinden heute. In den Psalmen finden wir einerseits echte, ansteckende Freude über Gott, Lobgesänge und Begeisterungsrufe. Und wir können andererseits miterleben, wie sich traurige, niedergeschlagene, erschöpfte und verzagte Menschen an Gott wenden. Aus zwei Gründen sind diese alten Gebete wertvoll für uns: Sie berühren unseren Alltag, weil sie echtes Erleben in Worte fassen. Und sie schaffen eine Verbindung zu Gott, weil die Psalmbeter mit ihrem Glück und ihrer Not nicht bei sich bleiben. Sie ermutigen uns, da wo wir gerade sind, Gott zu suchen. Speziell in solchen Momenten, wenn uns die Tränen überwältigen, kann folgender Psalmvers unser Herz erreichen:

Die mit Tränen säen, werden mit Jubel ernten.
Weinend gehen sie hinaus und streuen ihre Samen, jubelnd kehren sie zurück, wenn sie die Ernte einholen.

Psalm 126,5.6

Das ist keine Verharmlosung von Schmerz oder Leid. Die ersten Beter dieses Psalms steckten mitten im Elend. Sie waren in Gefangenschaft, aber sie hatten das Versprechen Gottes, dass er sie befreien werde. Mitten in Aussichtslosigkeit und Not hielten sie die Hoffnung fest: Gott wird uns nicht im Stich lassen. Diese Gewissheit strahlte schon vor ihrer Erfüllung einen so starken Trost aus, dass der Jubel nur noch eine Frage der Zeit war.

Die große Befreiung

Diese fast mit Händen zu greifende Zuversicht kommt keineswegs aus dem Nichts. Es ist der lebendige Gott selbst, der ihr Schicksal wendet. Wenn man die Aussagen der Bibel im Gesamtzusammenhang sieht, klingt bei dem Thema Befreiung aus der Gefangenschaft schon die noch größere Befreiung an, die Gott später für alle Menschen initiiert. Weil Jesus Christus Mensch geworden, für uns gestorben und auferstanden ist, gilt uns sein Angebot: Der große Graben zwischen Gott und uns wird überwunden. In Jesus wird uns all das vergeben, was zwischen Gott und uns steht: unsere Gleichgültigkeit, unsere Schuld, unser Versagen, unsere Unfähigkeit, das Gute zu leben, zu dem wir geschaffen wurden. Wer dieses Angebot annimmt, gehört zu Gottes Familie. „Die ihn aber aufnahmen und an ihn glaubten, denen gab er das Recht, Kinder Gottes zu werden" (Johannes 1,12 HFA). Gott will uns zu einem neuen Leben befreien. Wir sollen uns nicht mehr um uns selbst drehen, sondern mit ihm und für ihn leben. Und wir sind keinen Augenblick ohne seinen Beistand. „Wenn ihr für ihn lebt und das Reich Gottes zu eurem wichtigsten Anliegen macht, wird er euch jeden Tag geben, was ihr braucht" (Matthäus 6,33).

In Freude und Leid

Dieses große Erlebnis der Befreiung verändert in kleiner Münze, was wir im Hier und Heute erleben. Gott will uns auf einem guten Weg leiten und uns Zukunftsperspektiven eröffnen, über die wir einmal jubeln werden. Er will uns stärken, uns tragen, wenn wir nicht mehr können. Gerade in dem, was uns zu schaffen macht, will er uns begegnen. Er verspricht uns keine leid- und anstrengungsfreie Existenz. Aber er verspricht, dass alles einen Sinn macht und auf ein gutes Ziel zuläuft. Wir sind eingeladen, uns mit dem, was wir fühlen, Gott hinzuhalten. Wir dürfen mit unserer vor Erschöpfung sich ausbreitenden Empfindungslosigkeit zu ihm kommen. Dann werden wir erfahren: „Der Herr ist allen nahe, die verzweifelt sind; er rettet die, die den Mut verloren haben" (Psalm 34,19).

Tränen und Jubel schließen sich nicht aus. Sie folgen aufeinander. Traurigkeit gehört zum Rhythmus des Lebens genauso wie der Regen in den Jahreskreislauf von Saat und Ernte. So wie die Geburt eines Menschen nicht einfach nur lässig und freudestrahlend vonstattengeht, aber das Wunder neuen Lebens hervorbringt, so bringt uns das Muttersein immer wieder an unsere Grenzen. Aber es ist eine unvergleichliche Berufung, die wunderbares Glück in sich birgt. Tränen und Wachsen und die zukünftige Freude über das Gewachsene gehören geheimnisvoll zusammen. Darum müssen wir in Zeiten der Traurigkeit weder verzagen noch allezeit strahlen und vor Kraft strotzen. Wer sein Leben Gott anvertraut, kann aus der Gewissheit leben, dass die Not nicht das letzte Wort hat.

Baby-Tränen erlaubt!

Getragen von dieser tröstlichen Gewissheit können wir die Tränen unseres Babys aushalten. Es darf auch einfach mal weinen. Noch ist es seine stärkste Möglichkeit, sich auszudrücken. Oft zeigt ein Baby durch Weinen ein Bedürfnis nach Nahrung, Pflege, Liebe. Und wir können ihm geben, was es braucht. Manchmal weinen Babys, obwohl wir ihnen alles gegeben haben, was wir können. Dann kann es dran sein, dass wir unserem Baby einfach mal zuhören und seinen Schmerz aushalten. Wir müssen sein Weinen nicht so schnell wie möglich „wegtrösten". Als in unserer Familie das erste größere Fest nach der Geburt unseres Babys anstand, machte unser Kleines den Trubel des Tages noch ganz gut mit. Als es aber ans Einschlafen ging, fing unsere Tochter herzzerreißend an zu weinen. Es dauerte nahezu drei Stunden, in denen sie auf meinem Arm oder neben mir im Bett liegend schrie und schrie, als wollte sie sich den ganzen Tag von der Seele weinen. Ich war bei ihr, habe sie gehalten und ausgehalten und konnte innerlich gelassen bleiben. Als sie irgendwann ihren ganzen Stress „abgearbeitet" hatte, fand sie mit friedlichem Gesichtsausdruck in den Schlaf. Und mich durchströmte ein warmes Glücksgefühl. Wenn Ihr Baby das nächste Mal weint, obwohl es mit Nahrung, Pflege und Nähe gut versorgt ist, dann ist es vielleicht dran, dass Sie ihm bewusst zuhören. Es muss nicht dauernd zufrieden schlafen. Es darf auch mal weinen. Und Sie dürfen gelassen bleiben.

Sollten Sie sich ernsthaft Gedanken machen, weil Ihr Kind sehr oft und sehr lange schreit, dann reden Sie über diese Sorge mit Ihrer Hebamme oder Ihrem Kinderarzt. Oder suchen Sie Hilfe bei einer Beratungsstelle, einer sogenannten Schreiambulanz. Nähere Infos auch unter http://www.schreibaby.de oder www.trostreich.de

(12) Alles andere als banal

Schmunzelnd erzählt uns ein Freund und frischgebackener Vater: „Gestern klingelte der Postbote. Ich machte die Tür auf und war verwundert, dass er mich beim Überreichen des Paketes so angrinste. Da wurde mir erst bewusst: Es war kurz vor Mittag und ich war noch im Schlafanzug." Im Baby-Alltag gehen die Uhren anders. Morgens meldet sich der lebendige Wecker. Dann geht die Säuglings-Pflege-Alltags-Mühle los: Stillen, Windel wechseln, Waschmaschine füttern, zwischendurch frühstücken, wieder windeln, Windeleimer leeren, stillen, duschen, zur Krabbelgruppe gehen oder Lebensmittel und Windelnachschub einkaufen, stillen, windeln, Küche aufräumen und selbst was essen, noch schnell einen Anruf beim Kinderarzt und einen beim Amt machen, einmal mit dem Staubsauger durch die Wohnung jagen, Mails checken, stillen, windeln … und abends fragt man sich: Was habe ich heute eigentlich gemacht?

Ich kenne Mütter, die haben vor der Geburt ihres ersten Kindes in einem Reisebüro Urlaubsreisen verkauft, in der Bank Kreditkunden beraten, Häuser oder Innenausstattung geplant, Schulklassen unterrichtet, internationale Projekte gemanagt und Meetings geleitet, Menschen medizinisch behandelt oder einen Blumenladen geführt. Das hört sich nach interessanten Tätigkeiten an. Zu Hause mit Baby scheint nichts Aufregendes zu passieren – abgesehen von Schreiattacken, die einen hilflos machen können. Während ich diesen kleinen Menschen umhege, geht das gesellschaftliche Leben größtenteils an mir vorüber. Ich bin abends müde, als hätte ich Großes bewegt, dabei habe ich doch nur Wäsche gewaschen, die wieder schmutzig wird, den Windeleimer geleert, der wieder voll wird, und Staub gesaugt, der sich ganz von selbst wieder verteilt. Frühere Kollegen, vielleicht sogar Freundinnen, die selbst (noch) keine Kinder haben, können sich schlecht in diese Realität einfühlen. Man kann es kaum selbst in Worte fassen, wie gewöhnlich und unbedeutend sich das manchmal anfühlt. Aber in die gefühlte Banalität dieser Lebensbedingungen hinein sagt die Bibel uns:

Der HERR denkt an uns und segnet uns. Der HERR segne euch je mehr und mehr, euch und eure Kinder!

Psalm 115,12a.14 (LUT)

Der Gott, der alles, was ist, ins Leben gerufen hat, der „Projektmanager" des ganzen Universums, diese bedeutendste Persönlichkeit aller Zeiten, hat Interesse an uns! Von ihm werden wir liebevoll wahrgenommen. Er sieht, was uns bewegt. Er versteht, wie es in uns aussieht. Er nimmt von Herzen Anteil. Und er hüllt uns ein in seine Liebe – egal ob wir gerade in der Küche wirbeln oder unser Kind trösten, ob wir vor Erschöpfung tief schlafen oder mit dem Kind auf der Krabbeldecke spielen und lachen.

Gott ist da

Sollten Sie manchmal das Gefühl haben: Keiner kann das Glück, das ich empfinde, wirklich verstehen – ganz zu schweigen von den frustrierenden Seiten, die zum Muttersein gehören, –, dann lassen Sie sich aufrichten von diesem Zuspruch: Gott denkt an Sie und an Ihr Baby und an Sie als Paar und Ihre ganze Familie. Er will mit seiner Liebe Ihre Alltagssituation erfüllen. Er würdigt das, was Ihnen so banal erscheint, als kostbare Beziehungsarbeit für diesen einzigartigen kleinen Menschen, den er geschaffen und Ihnen anvertraut hat. Wie wohltuend ist es schon, wenn ein nahestehender Mensch uns mal richtig zuhört und verständnisvoll Anteil nimmt an dem, was uns beschäftigt. Hier ist es nicht nur ein Mensch mit begrenzten Möglichkeiten, sondern der ewige, allumfassende Gott, der uns Verständnis und Nähe schenkt. Er ist für uns da. Wir dürfen mit allem zu ihm kommen. Wir dürfen ihm sagen, was uns unter den Nägeln brennt, wir dürfen wortlos in seiner Nähe sein und ihm unsere Gefühle hinhalten, wir dürfen ihn um alles bitten, was wir brauchen. Er will uns Hilfe und Bewahrung schenken, so steht es im selben Psalm: „Ihr alle, die ihr den Herrn verehrt, vertraut auf den Herrn! Er ist euer Helfer und euer Schutz" (Psalm 115,11).

Sein Segen verwandelt

Die Gegenwart Gottes bleibt nie ohne Auswirkungen. Er beobachtet uns nicht sensationslustig, sondern bewegt und verändert etwas. Er segnet uns. Das bedeutet: Er berührt uns mit seiner heilvollen Kraft. Segen heißt: Ich werde von Gott umarmt und bekomme von ihm etwas geschenkt, das ich mir selbst nicht geben kann.

Vor Jahren hatten mein Mann und ich während eines Fahrradurlaubes fast nur Regenwetter. Wieder einmal lagen wir abends im Schlafsack und der Regen prasselte auf die Zeltwand. Da wurde ich richtig sauer auf Gott und klagte ihn an: „Wir haben den Urlaub so nötig, und jetzt vermiest das Wetter uns alles. Wir beten seit Tagen um Besserung, aber wir ärgern uns nur mit nassen Klamotten und einer Erkältung herum. Jetzt tu doch endlich etwas!" Im nächsten Moment – ich weiß das auch nach Jahren noch, weil es so eindrücklich war – hat sich das Wetter zwar nicht geändert, aber in mir drin geschah etwas. Es fühlte sich an wie ein warmer Luftstrom, der mich mit Frieden und Gelassenheit erfüllte. Draußen prasselte immer noch der Regen und in unsere Sachen kroch die Feuchtigkeit, aber ich konnte entspannt einschlafen. In dem kurzen Moment, bevor ich ins Reich der Träume hinüberglitt, spürte ich: Diese innere Veränderung war Gottes Antwort auf mein Gebet. Das i-Tüpfelchen war: Als wir am nächsten Morgen erwachten, strahlte die Sonne. Wir konnten Zelt und Schlafsäcke zum Trocknen aufhängen, bevor wir unter einem blauen Himmel unsere Drahtesel packten.

Neue Perspektiven

Dass Gott uns segnet, ist nicht immer an den äußeren Bedingungen unseres Lebens abzulesen. Aber er kann uns im Tohuwabohu des Alltags seine Wertschätzung und seinen Frieden schenken. Mal schenkt er uns Kraft und Durchhaltevermögen. Ein anderes Mal einen Perspektivwechsel, damit wir versöhnt mit Widrigkeiten und Hindernissen unseren Weg unter die Füße kriegen. Gottes Gegenwart macht auch den banalsten Alltag bedeutungsvoll. Wenn wir uns für seinen Segen öffnen, wird er durch uns auch unser Baby und unsere ganze Familie segnen.

Dabei kann dieses Gebet helfen:

**„Ich bitte nicht um Wunder und Visionen, Herr, sondern um Kraft für den Alltag. (…)
Hilf mir, das Nächste so gut wie möglich zu tun und die jetzige Stunde als die wichtigste zu erkennen.
Bewahre mich vor dem Glauben, es müsse im Leben alles glattgehen. Schenke mir die Erkenntnis, dass Schwierigkeiten, Niederlagen, Misserfolge und Rückschläge eine selbstverständliche Zugabe zum Leben sind, durch die wir wachsen und reifen. Erinnere mich daran, dass das Herz oft gegen den Verstand streikt. Schick mir im rechten Augenblick einen Menschen, der den Mut hat, mir die Wahrheit zu sagen.
Ich möchte dich und die anderen immer aussprechen lassen. Die Wahrheit sagt man sich nicht selbst, sie wird einem gesagt. Ich weiß, dass sich viele Probleme dadurch lösen, wenn ich nichts tue. Gib, dass ich warten kann.
Du weißt, wie sehr wir der Freundschaft bedürfen. Gib, dass ich diesem schönsten Geschenk des Lebens gewachsen bin. Verleihe mir die nötige Fantasie, im rechten Augenblick Güte zu zeigen. Mach aus mir einen Menschen, der einem Schiff mit Tiefgang gleicht, um auch die zu erreichen, die unten sind. Bewahre mich vor der Angst, ich könnte das Leben versäumen. Gib mir nicht, was ich mir wünsche, sondern das, was ich brauche. Lehre mich die Kunst der kleinen Schritte."**

(Antoine de Saint-Exupéry)[5]

Monat 4

Ein ganzes Ja

(13) Bin ich hier richtig?

Jeder Mensch ist einzigartig und unersetzlich. Für jeden gibt es einen Platz in der Welt, den nur er so ausfüllen kann. Wenn Sie nicht wären, würde etwas fehlen. Wenn Ihr Baby nicht geboren worden wäre, würde eine Lücke klaffen. Gott wünscht sich, dass wir unseren Platz finden, beziehungsweise dass wir uns auf dem Weg befinden, der zu unserer Persönlichkeit gehört. Man kann das auch Berufung nennen. Martin Buber, der bekannte jüdische Religionsphilosoph, drückt es so aus:
„Mit jedem Menschen ist etwas Neues in die Welt gesetzt, was es noch nicht gegeben hat, etwas Ernstes und Einziges (...). Dieses Einzige und Einmalige ist es, was jedem vor allem auszubilden und ins Werk zu setzen aufgetragen ist, nicht aber, noch einmal zu tun, was ein anderer, und sei es der Größte, schon verwirklicht hat."[6]

Zwischen Zweifeln

Zu Ihrer Lebensberufung gehört es seit der Entbindung, Mutter für dieses Kind zu sein. Es ist möglich, dass sich das nicht immer großartig anfühlt. Vielleicht sehnen Sie sich nach der überschaubaren Herausforderung am Arbeitsplatz zurück, nach dem unbeschwerten Austausch mit Kollegen, nach dem Feierabend, der spätestens nach den Überstunden auf Sie wartete. Es gibt Momente, da kann schon mal der Zweifel an uns nagen: Bin ich hier richtig? Warum meckert gerade unser Baby so viel und schläft nachts so schlecht? Warum geht das Elternsein anderen scheinbar leichter von der Hand als mir? Ist das nicht alles eine Nummer zu groß – oder zu klein? Gehe ich mit meinen eigenen Bedürfnissen nicht unter? Schaffe ich das? Bin ich eine gute Mutter? Sind wir gute Eltern, die unserem Kind all das geben können, was es für seine Entwicklung braucht?

Egal, ob Sie ganz souverän Ihren neuen Alltag meistern, oder ob Sie solche Selbstzweifel kennen – es gibt einen, der Ihnen diesen Platz und diesen Auftrag zutraut. Was Jesus, der Sohn Gottes, zu seinen Nachfolgern sagt, gilt auch für Sie in Ihrer Situation:

Nicht ihr habt mich erwählt, ich habe euch erwählt. Ich habe euch dazu berufen, hinzugehen und Frucht zu tragen, die Bestand hat, damit der Vater euch gibt, was immer ihr ihn in meinem Namen bittet.

Johannes 15,16

Kein Zufall

Manchmal vergessen wir, dass es nicht einfach nur eine menschliche Entscheidung ist, Eltern zu werden. Rund um die Entstehung eines Kindes gibt es so viele Faktoren, die wir nicht beeinflussen können. Meine tiefe Überzeugung ist: Hier regiert nicht der Zufall, sondern der Schöpfer allen Lebens. Daraus folgt: Dass Sie Mutter Ihres Kindes bzw. Ihrer Kinder sind, ist der ausdrückliche Wille Gottes. Jesus hat Sie auserwählt, Mutter für gerade dieses Kind zu sein. Das gilt auch für Ihren Partner. Gott hat sich für dieses Kind Sie als Eltern gewünscht. Sie sind das Beste, was Ihrem Kind passieren konnte. So wertgeachtet sind Sie in Gottes Augen, dass er Ihnen diese bedeutende Aufgabe zutraut. Sein Ja steht über all den Herausforderungen, die nun zu Ihrem Leben gehören.

Jesus Christus lädt jeden Menschen ein, ihm nachzufolgen. Wer sich von ihm in Gottes große Ziele mit der Welt einbinden lässt, findet für sein eigenes kleines Leben Sinn und Erfüllung. Jesus hat für jeden einen individuellen Platz. Für Sie ist nun das Mama-Sein ein wesentlicher Teil dieser maßgeschneiderten Berufung. Darum sind Sie am richtigen Platz, auch wenn sich der nicht immer locker und leicht „mit links" ausfüllen lässt.

Weg und Wachstum

Zuerst sagte Jesus diesen Satz zu seinen Jüngern. Nach heutigem Sprachgebrauch würde man sie „Azubis" nennen. Es waren Menschen in Ausbildung. Das gilt auch für uns. Eltern zu sein, wie Gott es sich gedacht hat, gibt es nicht als Fertigprodukt, das pünktlich zur Entbindung geliefert wird. Wir müssen nicht alles, was gute Eltern ausmacht, von Anfang an „aus dem Effeff" beherrschen. Wir sollen „gehen und Frucht tragen". Unsere Berufung ist kein starrer Standpunkt, sondern ein Weg. So gesehen beginnen Baby-Eltern eine Ausbildung. Als Christ und Nachfolger sind wir alle am Wachsen und Werden. Das ist die praktische Umsetzung unserer Erwählung. Nicht umsonst verwendet Jesus hier ein Bild aus der Natur: Frucht entsteht durch Wachstum. Wenn wir bereit sind, uns von Jesus leiten zu lassen, wenn wir mit ihm Entwicklungsschritte gehen, dann wird in unserem eigenen Leben, in unserer Partnerschaft und im Leben unserer Kinder im übertragenen Sinne Frucht wachsen. So eine Frucht ist zum Beispiel, dass unser Kind sich bei uns geborgen fühlt, dass es eine sichere Bindung an uns Eltern und so die wichtigste Grundlage für seine Entwicklung hat. Der Weg besteht darin, dass wir unser Kind als einzigartiges, wundervolles Geschöpf Gottes lieben – egal, ob es uns gerade anlächelt oder mit seinen Bedürfnissen und Emotionen unsere Belastbarkeit trainiert. Frucht wächst auch da, wo wir durch die Pflege und Versorgung unseres Babys selbst geduldigere, liebevollere Menschen werden, wo unsere Fähigkeit zur Selbstlosigkeit und zum Durchhalten in frustrierenden Situationen größer wird. Frucht kann auch darin bestehen, dass Sie gemeinsam mit Ihrem Partner an dieser neuen Berufung wachsen und Sie die Erfahrung zusammenschweißt: „Ich kann mich wirklich auf dich verlassen." Oder: „Die aufwühlende erste Zeit mit Baby haben wir miteinander durchgestanden – wir halten wirklich durch dick und dünn zusammen." Oder: „Wir vergeben einander, wenn wir uns im Eifer des Baby-Trubels verletzt haben, und lernen rücksichtsvoller und feinfühliger aufeinander einzugehen."

Gottes offenes Ohr

Für diesen Wachstumsprozess bekommen wir die fantastische Zusage, dass Gott all unsere Gebete erhört, die wir im Namen Jesu beten. Wer im Namen eines anderen spricht, sagt das, was ganz im Sinne des anderen ist. Im Namen Jesu beten heißt also, für das zu beten, was er auch für uns beten würde. Am besten gelingt das, wenn wir die Nähe Jesu suchen und immer besser verstehen, was ihm für unser Leben wichtig ist, was er in unserem Leben bewirken möchte. Ich habe schon oft um Gesundheit für meine Kinder gebetet und stattdessen erlebt, dass Gott mir die Kraft gegeben hat, die Krankheitszeiten durchzustehen. Wenn wir verzweifelt sind und nicht mehr können, dann dürfen wir Jesus sogar seine Berufung vorhalten: „Du hast mir diesen Auftrag gegeben. Du hast dieses Kind für uns als Eltern ausgewählt. Wenn du uns diese große Aufgabe zutraust, dann bitte gib uns die Kraft, um sie zu erfüllen!" Das ist ganz sicher ein Gebet im Sinne Jesu.

Wie Gott auf unsere Gebete antwortet, entscheidet er in seiner Souveränität. Manchmal spricht uns ein Bibelwort direkt ins Herz und dieses Reden Gottes verändert unsere Situation schlagartig. Manchmal erfahren wir Unterstützung durch andere Menschen, medizinische Hilfe oder praktische Hilfe im Alltag. Ein anderes Mal gibt er uns die Kraft, mit ultrawenig Schlaf auszukommen und trotzdem gesund zu bleiben. Er kann uns auch durch mitgeteilte Erfahrungen von anderen Eltern, durch den Besuch einer Beratungsstelle, durch eine neue Möglichkeit, den Alltag zu organisieren, ermutigen. Oder er stärkt uns durch den wohltuenden Anruf einer Freundin, ein überraschendes Geschenk oder eine zündende Idee für irgendein Problem. Jedenfalls ist der „Deckel" zum „Topf" seiner Erwählung sein Versprechen, dass unsere Nöte und Anliegen bei ihm bestens aufgehoben sind.

Herr Jesus Christus,
ich danke dir, dass nicht der Zufall uns als Familie zusammengewürfelt hat.
Danke, dass dein göttliches Ja über unserem Elternsein steht.
Danke, dass du es bist, der die Kinder liebevoll ins Leben und in unsere Familie hineingerufen hat.
Danke, dass du mir diese großartige Lebensaufgabe, Mutter zu sein, zutraust.
Danke, dass du mich auf diesem Weg an die Hand nimmst und nie allein lässt.
Danke, dass du in unserem Leben und im Leben unserer Kinder Frucht wachsen lassen willst.
Danke, dass ich mit allen Bedürfnissen, die ich auf diesem Weg habe, zu dir kommen darf.
Ich bitte dich:
Lass mich immer besser verstehen, was dir wichtig ist für mich, für mein Kind und für uns als Familie.
Lass mich innerlich stark werden durch deine Wertschätzung.
Gib mir durch deine Annahme und Vergebung die Kraft zum Durchhalten in der Liebe.
Bitte mache mir immer wieder mitten in den Belanglosigkeiten des Alltags bewusst, was so besonders daran ist, diesen kleinen Menschen ins Leben zu begleiten.
Zeige mir die nächsten Schritte, die ich gehen kann, um immer mehr zu der Persönlichkeit zu werden, die du in mir siehst.
Ich danke dir für unsere Ehe und bitte dich: Lass uns als Paar miteinander und aneinander wachsen.
Halte unsere Liebe lebendig und mache sie durch die Stürme und Anforderungen, die wir gemeinsam durchstehen, widerstandsfähig.
Halte mich und uns als Familie auf dem Weg, der deine Berufung für uns ist. Amen

(14) Nicht nur niedlich

„Och, wie süß!" – „Wie niedlich!" – „Die kleinen Händchen!" – „Und diese Augen!" – „Babys riechen so gut!" Wer kennt sie nicht, diese begeisterten Kommentare beim Blick in den Kinderwagen, die gleichzeitig die Seele der Mamas und Papas streicheln. Es stimmt, ja! Diese winzigen Erdenbürger haben etwas so Zartes, Berührendes, Beschützenswertes an sich. Es ist zum Dahinschmelzen.

Nur leider sind Babys nicht immer zuckersüß und goldig. Es gibt Tage, da sind sie es nur, solange sie friedlich schlafen. Wenn ein Baby alles hat, was wir ihm geben können – die beste Nahrung, eine saubere Windel, ein kuscheliges Nest und liebevolle Nähe – und es trotzdem stundenlang weint, dann kostet dieses bezaubernde Wesen schlicht und einfach den letzten Nerv. Wer stundenlang oder nächteweise mit seinem Baby durch die Wohnung tingelt, es schaukelt, ihm beruhigend Lieder vorsummt, hat irgendwann vor lauter Augenringen, Kopfschmerzen und dem unbändigen Bedürfnis, einfach mal wieder ungestört zu schlafen, keinen Sinn mehr für die Niedlichkeit dieses kleinen Geschöpfes. Dann braucht er eine andere Quelle für seine Liebe zu diesem hilflosen kleinen Menschen.

Liebe und Treue tanken

„Liebe auf den ersten Blick ist einfach zu begreifen. Aber wenn zwei Menschen sich jahrelang angeschaut haben, dann wird sie ein Wunder."[7] Das schreibt Sam Levenson über die Liebe zwischen Mann und Frau. In Hollywoods Traumfabrik wird oft die Liebe auf den ersten Blick als das Besondere gefeiert. Bei näherem Hinsehen ist es aber nicht wirklich verwunderlich, dass ein Liebespaar, zwischen dem es knistert, leidenschaftliche Gefühle füreinander hat. Jahre später, wenn man die Macken des anderen zur Genüge kennengelernt hat, wenn Schlaf- und Zeitmangel der Romantik die Luft abschnüren, wenn im Alltagsstress das Reden und Zuhören zu kurz kommt – dann sind Liebe und Treue das eigentliche Wunder.

Das gilt auch für die Liebe zu unseren Kindern. Ein Baby süß zu finden, das ich wieder abgeben kann, sobald es nicht mehr nach Aprilfrische duftet und lautstark seinen Unmut kundtut, ist keine Kunst. Einem Baby verlässliche Geborgenheit und Liebe zu geben, egal, wie sehr es uns fordert, egal, ob es gerade friedlich schläft oder uns mit seinen Bedürfnissen völlig an den Rand bringt – das ist das eigentliche Wunder. Und Wunder haben es an sich, dass sie nicht allein aus menschlicher Kraft produziert werden können. Um meinem Baby bedingungslose Liebe schenken zu können, brauche ich selbst eine nie versiegende Quelle der Liebe, aus der ich schöpfen kann. Die finden wir bei unserem himmlischen Vater, der zu uns sagt:

Ich habe dich je und je geliebt, darum habe ich dich zu mir gezogen aus lauter Güte.

Jeremia 31,3 (LUT)

Das sagt der Erfinder des Universums, der Schöpfer allen Lebens zu Ihnen ganz persönlich. Er hat sich Sie in Ihrer Einzigartigkeit ausgedacht. Er hat gejubelt, als Sie geboren wurden. Er findet Sie einfach umwerfend – egal, ob Sie gerade vor Glück strahlen oder sich mit Kopfschmerzen und Schlabberklamotten durch den Tag schleppen. Er ist glücklich über Ihre Begabungen und er weiß um Ihre Begrenzungen. Er hat Sie bewusst so konstruiert, dass Sie Ergänzung durch andere benötigen. Er hat Sie auf Beziehung hin geschaffen. Denn die Bestimmung eines jeden Menschen ist es, geliebt zu werden und zu lieben.

Die wichtigste Wahrheit

Ursprünglich galt diese Aussage dem Volk Israel, das Gott auserwählt hat. Dennoch haben die Israeliten eine Menge falsch gemacht und Gott den Rücken gekehrt. Sie haben ihrem Schöpfer mehr Misstrauen und Gleichgültigkeit als Vertrauen entgegengebracht. Sie haben oft versagt und hatten es nach menschlichem Ermessen nicht verdient, dass Gott sich ihnen so zuwendet. Aber Gott hat ihnen diese Liebeszusage gemacht, nachdem ihre Unzulänglichkeit zutage getreten war. Er hat sie mit Güte – man kann auch „Gnade" übersetzen – überschüttet. Er hat trotz ihres Versagens zu ihnen gehalten und sie nicht fallen lassen. Seit Jesus Christus gestorben und auferstanden ist, um unsere Beziehung zu Gott heil zu machen, gelten die Zusagen Gottes im Alten Testament für jeden, der an ihn glaubt. Je und je – schon immer und durch und durch liebt Gott nicht nur das Volk Israel, sondern auch uns heute. Wir sind Geliebte. Das ist die wichtigste Wahrheit über uns. Und es ist die Quelle für jegliche Liebe, die wir zu geben haben.

Als Paar aus Gottes Liebe leben

Es tut Ihrer Paarbeziehung gut, wenn Sie sich bewusst machen: Jeder von uns und wir beide zusammen sind unfassbar von Gott geliebt. Ihr Partner – mit all seinen Macken und Schwächen – ist in seiner Einzigartigkeit von Gott wertgeachtet und geliebt. Dieses Bewusstsein kann Ihren Blick auf ihn prägen. Und es verändert die Erwartungen, die Partner aneinander haben: Nicht der andere Mensch ist dazu da, all meine Bedürfnisse zu stillen. Sondern die Quelle, aus der wir beide schöpfen, ist Gott. Ihn dürfen wir um das bitten, was wir brauchen, um als Paar durch alle Krisen hindurch zusammenzuhalten. Erfüllt von seiner Liebe können wir als Partner miteinander unterwegs bleiben, auch wenn das mehr einer mühsamen Wanderung als einem Flug über Wolken gleicht. Das größere Wunder als ein Himmel voller Geigen ist, wenn Sie als Eltern Ihres Kindes sich ergänzen, einander den Rücken stärken und an dieser wunderbaren Herausforderung gemeinsam wachsen.

Die nie versiegende Liebesquelle

Wenn Sie von warmen Liebesgefühlen durchströmt werden, während Sie Ihr Baby im Arm halten, dann genießen Sie diese Momente des Glücks. Diese Gefühle geben Kraft. Aber sie reichen nicht für den ganzen Weg. Wenn Sie nicht mehr können, wenn Sie auf der Stirn Ihres Kindes nur noch die Buchstaben ERSCHÖPFUNG geschrieben sehen, dann schöpfen Sie Kraft und Hoffnung in diesem Versprechen: „Ich habe dich je und je geliebt." Lassen Sie sich davon erfüllen, baden Sie Ihr Herz in diesem Zuspruch Gottes und bitten Sie ihn um die Fähigkeit, Ihr Kind so zu lieben, wie es ist.

Vielleicht können Sie diese Art zu lieben nicht aus Ihrer eigenen Kindheit schöpfen. Dann möchte Gott Ihr Herz heilend berühren und Sie befähigen, Ihrem Baby die Liebe weiterzugeben, die er selbst Ihnen schenkt. Das kann ein langer Weg sein, auf dem Sie kompetente Begleitung brauchen. Aber bei Gott gibt es Hoffnung. Gerade dann, wenn wir menschlich an unsere Grenzen kommen, beginnt das Wunder der Elternliebe: Wir lieben diesen uns anvertrauten Menschen trotz unserer Unzulänglichkeit, weil wir selbst so überwältigend von Gott geliebt sind. Er will uns mit der Geborgenheit beschenken, die wir brauchen, um liebevolle Eltern sein zu können. Denn dazu hat er uns und unser Kind bestimmt: Liebe zu empfangen und zu geben.

(15) Die Jagd nach dem Besten

„Bloß nichts verpassen, was der optimalen Förderung meines Babys dient", denkt sich Sandra. Sie hat alle Ratgeber zu Allergien vorbeugender Säuglings-Ernährung verschlungen, in ihrem Terminkalender geben sich Baby-Massage, PEKIP®, Baby-Schwimmen und der Piepmatz-Musikkurs die Klinke in die Hand.

Cora will ihrem Kind möglichst oft ungeteilte Zuwendung schenken. Es soll sich nie unglücklich fühlen und jederzeit das Gefühl haben: Mama hört und sieht mich. Ihre Hausarbeit erledigt Cora zunehmend erschöpfter immer dann, wenn ihr Baby schläft.
Für Gabi und Rolf ist eine perfekte Baby-Ausstattung mit garantiert schadstofffreien Kinderzimmermöbeln und hochwertigem Holzspielzeug nicht wegzudenken. Mit Argusaugen wachen sie darüber, dass ihr kleiner Schatz nichts in den Mund nimmt, das diesen Ansprüchen nicht genügt.
Franziska achtet penibel darauf, kein Hausmütterchen im Schlabberlook zu werden. Kein Spuckfleck ist auf ihrer Kleidung zu sehen. In Windeseile hat sie wieder ihr „Vor-Schwangerschafts-Gewicht" erreicht. Ihre Garderobe und die ihres Kindes wirken so perfekt wie im Lifestyle-Magazin. Ihr Wohnzimmer ist jederzeit tipptopp aufgeräumt und nach dem neuesten Trend dekoriert. Sie denkt sich: „Wenn schon Vollzeitmama – dann nur nicht nachlässig werden!"
Sonja will sich ihre Freizeitgestaltung nicht einschränken lassen. Sie behält ihr Lebenstempo von vor der Geburt weitgehend bei – mit dem Ergebnis, dass sie immer atemloser wird.

Der Anspruch an sich selbst

Kommt Ihnen irgendwas von diesen Beispielen bekannt vor? Kennen Sie solche oder ähnliche innere „Antreiber"? Es gibt ein gesundes Anliegen, meinem Kind das Beste zu geben. Und es gibt ein berechtigtes Bedürfnis, nicht selbst im Baby-Kram unterzugehen. Aber es gibt auch ein Jagen nach der besten aller Möglichkeiten, das weder den echten Bedürfnissen des Kindes noch dem eigenen Glück dient. Immer dann, wenn Ansprüche uns die Luft nehmen, ist es gut, einmal innezuhalten und unsere Einstellung auf perfektionistische Tendenzen hin abzuklopfen. Was macht mich wirklich atemlos? Vergleiche ich mich mit anderen und denke, ich muss auch alles so perfekt auf die Reihe kriegen wie diese oder jene Mutter aus der Krabbelgruppe? Oder will ich mich von anderen abheben? Die anderen mögen ja mit Mittelmaß zufrieden sein – für mich ist das Beste gerade gut genug! Habe ich schlicht Angst, etwas zu verpassen, das ich später nicht nachholen kann? Bei dieser ehrlichen Bestandsaufnahme ist der beste Freund an unserer Seite Jesus Christus. Er sagt zu Menschen, die sich auf religiösem Gebiet mit Druck der „Marke Eigenbau" die Luft abschnüren:

Kommt alle her zu mir, die ihr müde seid
und schwere Lasten tragt, ich will euch Ruhe schenken.
Nehmt mein Joch auf euch. Ich will euch lehren,
denn ich bin demütig und freundlich, und eure Seele wird
bei mir zur Ruhe kommen. Denn mein Joch passt euch genau,
und die Last, die ich euch auflege, ist leicht.

Matthäus 11,28-30

Aufatmen und gelassen werden

Jesus erwartet uns mit offenen Armen. Bei ihm dürfen wir ganz wir selber sein und sind geliebt mit allem, was uns ausmacht. Wir müssen niemandem etwas beweisen – weder uns selbst noch unserem Partner noch unserer Schwiegermutter noch unseren Freundinnen und am allerwenigsten Gott.

Bei Jesus dürfen wir unsere Erschöpfung und Unvollkommenheit wahrnehmen. Denn gerade dann, wenn wir uns unsere Schwäche eingestehen, kann er besonders wirken: „Meine Gnade ist alles, was du brauchst. Meine Kraft zeigt sich in deiner Schwäche" (2. Korinther 12,9). Jesus macht uns bewusst: Wir müssen nicht alles perfekt auf die Reihe kriegen. Wir können gar nicht garantieren, dass alles optimal läuft. Freundlich und rücksichtsvoll möchte Jesus uns nahe kommen und bewusst machen, wo selbst auferlegter Druck uns die Luft zum Atmen nimmt. Und er möchte uns tiefe Ruhe schenken, die von innen kommt. Wir dürfen unser Leben und das unseres Kindes in seine Arme loslassen. Wer loslässt, wird gelassen. Wenn wir nicht mehr versuchen, alles selbst im Griff zu haben, werden unsere Hände frei, um zu empfangen. In diese freien Hände möchte Jesus seinen Segen mitten in die Begrenztheit unserer Lebensumstände legen. Wenn wir ihm mit ganzem Herzen vertrauen, dass er Gutes mit uns vorhat, wird in unserem Herzen Gelassenheit wachsen.

Mit der Unvollkommenheit versöhnen

Die Realität ist nie perfekt. Wir sind es auch nicht. Und wir müssen es auch gar nicht sein. Denn unser Wert hängt nicht daran, dass wir eine makellose Erziehungsumgebung schaffen. Wir müssen keinen Schönheitspreis gewinnen, wir müssen nicht das bestangezogene Baby, die am tollsten gestylte Wohnung und den reibungslosesten Alltag haben, um liebenswert zu sein. Unser Kind muss nicht immer strahlen oder friedlich schlafen, es muss sich nicht „wie im Bilderbuch" entwickeln und meinen Wunschvorstellungen entsprechen. Wir sind als unvollkommene Eltern genau die richtigen, um unser unvollkommenes Kind ins Leben zu begleiten. „Kinder brauchen nicht perfekte, sondern lernbereite Eltern", schreibt Regula Lehmann[8]. Darum dürfen wir mit dem „Stückwerk" unseres Baby-Alltags unseren Frieden machen. Mal laufen die Dinge richtig gut und wir sind glücklich. Mal läuft alles schief und deshalb ist noch lange nicht alles schlecht. Wir dürfen die Bruchstücke unserer Möglichkeiten Jesus hinhalten und ihm vertrauen, dass er etwas daraus machen kann.

Maßgeschneiderte Herausforderungen

Wenn ein Ochse zur Zeit Jesu ein landwirtschaftliches Gerät zu ziehen hatte, wurde er mit einem zweiten Ochsen zusammen in ein Joch gespannt. Dieses Joch hat genau an der Stelle angesetzt, an der das Tier Kraft zum Ziehen hatte. Und es hat ihn mit dem anderen Ochsen verbunden. Zusammen konnten sie ihre Aufgabe bewältigen. Mit so einem Joch vergleicht Jesus das, was er uns als Herausforderung zumutet. Wir müssen unser Kind nicht alleine großziehen. Wir dürfen diese Berufung gemeinsam als Eltern mit unseren Verwandten und Freunden schultern. Lassen Sie sich von lieben Menschen ergänzen und entlasten – das schenkt wertvollen Freiraum. Und bevor Sie sich mit einer Last abrackern, besprechen Sie diese Herausforderung mit Jesus. Das, was er uns aufträgt, entspricht unseren Kräften und Möglichkeiten. Je mehr Vertrauen wir wagen und innerlich locker lassen, desto besser können wir wahrnehmen, was in Gottes Augen wirklich wichtig ist. Wir sparen viel Energie, wenn wir uns nicht an der falschen Stelle ins Zeug legen und fruchtlos abkämpfen. Ihr Kind braucht nicht die perfekte Umgebung und auch nicht Ihre Fehlerlosigkeit, sondern Ihre Liebe. Es braucht Geborgenheit und barmherzige Eltern, die selbst aus der Vergebung leben.

Wenn es Ihre Zeit zulässt, können Sie ja mal bewusst die Wohnung schön machen. Sie können zum PEKIP® oder Baby-Schwimmen gehen – aber all das ohne den Druck, dass daran das Lebensglück Ihres Kindes hängt.
Und überlegen Sie, wenn Sie sich zu viel vorgenommen haben: Welche Termine sage ich für diese Woche einfach mal ab? Von einer Mutter, die gelassener ist, weil sie sich weniger vornimmt, hat das Kind mehr als von der perfektesten Veranstaltung.
Und sollte Ihnen bei einem nächsten Besuch mal wieder der Zustand Ihres Wohnzimmers peinlich sein, dann besorgen oder basteln Sie sich doch vorbeugend ein Schild mit der Aufschrift:
„Sorry für das Chaos! Unsere ‚Perle' hat heute frei."

(16) Quietschvergnügt voran

Lächeln, glucksen, greifen – fast täglich macht das Baby irgendwas zum ersten Mal. Ist es nicht herrlich, über diese fröhliche Entwicklung zu staunen? Wie schnell ist aus dem Neugeborenen ein Baby geworden, das den Kopf hebt, brabbelt, durch Blicke und Grimassen hingegeben mit uns kommuniziert. Und das alles wie von selbst. Wir Eltern haben lediglich die Aufgabe, Geborgenheit und Pflege zu schenken. Aber das Lernen an sich können wir so wenig produzieren, wie man eine Rose durch Auseinanderzupfen der Knospe zum Aufblühen bringt. Die permanente Ausbildung neuer Fähigkeiten kommt ganz von selbst. Erst fuchtelt das Baby wild mit den Armen, dann bewegt es sie gezielt, schließlich greift es bewusst nach Gegenständen und bald danach kann es einzelne Finger filigran einsetzen, um kleine Krümel vom Boden aufzusammeln. Das Sprechenlernen beginnt mit dem ersten Schrei und geht weiter mit Schmatzen, lustiger „Mundgymnastik", ausgerufenen Begeisterungslauten, vielfältigem Quietschen bis hin zum ersten Wort. Auch Hören und Sehen, Verstehen, Beziehung aufnehmen, sich den Weg vom Liegen über Sitzen und Krabbeln zum Gehen erarbeiten – all diese Bereiche entwickeln sich im ersten Lebensjahr am stärksten.

Wachstumsfreude

Das hat der Schöpfer in jedem kleinen Menschen wunderbar angelegt, dass er unverdrossen trainiert und übt und wächst. Jedes Kind hat dabei seine eigene Reihenfolge und sein eigenes Tempo. Die einen laufen früher, die anderen lernen das Reden schneller. Manche sind in allem etwas gemächlicher, andere haben es von klein auf eilig. Es ist wertvoll, wenn Eltern sich Zeit nehmen, um ihr Kind wahrzunehmen. Dann lernen sie, ihm die Zeit zu lassen, die es braucht. Manche lieb gemeinte schnelle „Hilfe" bewirkt das Gegenteil, wenn das Baby z.B. hingesetzt wird, bevor es sich die Sitzhaltung selbst erarbeitet hat. Eigentlich will es die nächsten Lernschritte selbst machen und ist dann sichtlich stolz, wenn es etwas Neues kann.

Diese Freude an der eigenen Entwicklung können wir von unseren Kindern lernen. Wachstum ist nicht nur was für kleine Leute, sondern gehört zu Gottes guten Absichten für unser gesamtes Leben. Das macht auch dieser Satz von Paulus deutlich:

Ich bin ganz sicher, dass Gott, der sein gutes Werk in euch angefangen hat, damit weitermachen und es vollenden wird bis zu dem Tag, an dem Christus Jesus wiederkommt.

Philipper 1,6

Weiterbildung statt Rückbildung

Natürlich machen Erwachsene nicht mehr so viele äußerlich sichtbare Entwicklungsschritte wie neue Erdenbürger. Aber an unserem inneren Menschen haben auch wir „Großen" noch viel zu wachsen. Das spielt eine umso größere Rolle, wenn wir uns entschieden haben, mit Jesus Christus zu leben. Die Bibel macht klar, dass Christsein kein Standpunkt, sondern ein Weg ist. Wenn wir so leben wollen, wie Jesus es uns vorgelebt hat, dann geht das nur, wenn durch den Heiligen Geist solche Früchte in unserem Leben wachsen: Liebe, Freude, Frieden, Geduld, Freundlichkeit, Güte, Treue, Sanftmut und Selbstbeherrschung (vgl. Galater 5,22.23). Wer kann schon von sich sagen, in diesen Disziplinen ausgewachsen zu sein? Wenn wir Mamas werden, intensiviert sich unser persönlicher Reifungsprozess, weil Kinder uns umfassender fordern als alle anderen Umstände, in denen wir bisher gelebt haben. So gesehen ist die vielzitierte „Rückbildung" nach der Geburt genau genommen eine Weiterentwicklung. Es geht nicht darum, dass unser Körper so schnell wie möglich „der alte" wird, sondern dass er den neuen Herausforderungen gewachsen ist. (Vielleicht tun dafür sogar ein paar Pölsterchen als Reserven für besonders stressige Baby-Zeiten gut.) Noch viel weniger geht es darum, dass wir als ganze Menschen dahin zurückkehren, wo wir vor der Entbindung waren. Die faszinierenden und anstrengenden Seiten des Elternseins wollen uns vielmehr auf unserem Reifungsweg voranbringen. Gott hat etwas mit unserem Leben vor. Er lädt uns ein, dass wir uns auf seine Absichten mit unserer Persönlichkeit einlassen.

Das beste Lernumfeld

Im richtigen Umfeld kommt das Lernen ganz von selbst. Bei Kindern ist das die Erfahrung: „Meine Eltern sorgen für mich und sind für mich da. Sie geben mir Freiraum, sie halten und trösten mich, wenn mich der Mut verlässt und freuen sich über jeden Fortschritt." Das beste Lernumfeld für die Reifung unseres inneren Menschen ist die Nähe Gottes. Er will uns seine Liebe und Fürsorge, seine Hoffnung und seinen Trost schenken. Wir wachsen am besten dann, wenn wir unser Leben mit allen Höhen und Tiefen mit Gott in Verbindung bringen. Wir dürfen im Alltag in Stoßgebeten Kontakt zu ihm aufnehmen, unsere Begeisterung mit ihm teilen, ihm unsere Lasten klagen.

Wenn wir zu müde und beschäftigt sind, um ausführlich in der Bibel zu lesen und zu beten, können wir uns über mehrere Tage einen einzelnen Bibelvers ins Bewusstsein rufen. Dazu kann man die Bibel oder dieses Buch aufgeschlagen liegen lassen, oder den Bibelvers auf „Post-it"-Zetteln in der Wohnung platzieren und ihn so nebenbei auswendig lernen.

Eine besondere Verheißung Gottes liegt darauf, wenn wir ihn gemeinsam mit anderen Menschen suchen. Vielleicht können Sie mit Ihrem Ehepartner oder einer guten Freundin zusammen beten und über das reden, was in Gottes Augen wichtig ist. Haben Sie eine Gemeinde, in der Sie die Gottesdienste auch mit Baby besuchen können? Vielleicht gibt es einen Hauskreis für Baby-Mütter am Vormittag. Wenn es ihn nicht gibt, können Sie dafür beten, danach suchen und eventuell selbst die Initiative ergreifen.

In fröhlicher Gewissheit

„Ich bin ganz sicher …", schreibt Paulus zuversichtlich und vertraut auf Gottes Wirken. Nicht nur unserem Baby – auch uns selbst dürfen wir Zeit geben. Wir müssen uns nicht verkrampfen. Wir müssen noch nicht fertig sein, sondern dürfen Lernende bleiben. Gott wirkt an uns, und wir dürfen uns ihm anvertrauen. So wie ein Baby sich keine Sorgen darüber macht, ob es eines Tages laufen oder schreiben lernen kann, sondern stattdessen das Kopfheben, Hinsetzen und Krabbeln übt, so dürfen wir im Lebensraum der Liebe und Barmherzigkeit Gottes eine Entwicklungshürde nach der anderen nehmen und ihm das Ziel unseres Lebens anvertrauen.

„Das Leben ist nicht ein Frommsein,
sondern ein Frommwerden,
nicht ein Gesundsein, sondern ein Gesundwerden,
überhaupt nicht ein Wesen,
sondern ein Werden;
nicht eine Ruhe, sondern eine Übung.
Wir sind's noch nicht, wir werden's aber,
es ist noch nicht getan und geschehen,
es ist aber im Schwang.
Es glüht und glänzt noch nicht alles,
es regt sich aber alles.
Wir sind noch nicht daheim,
wir sind aber wohl auf dem Weg."

(Martin Luther)[9]

Monat 5

Beziehungen neu gestalten

(17) Nicht nur am Valentinstag

Es sollte ein ruhiges, romantisches Abendessen zu zweit werden. Der Tisch war gedeckt. Der mittlerweile nicht mehr ganz so „frischgebackene" Papa war auf dem Weg, um beim Griechen um die Ecke eine Auswahl kleiner „Mezze"-Gerichte abzuholen. Ich hatte das Baby wie in der letzten Zeit üblich in den Schlaf begleitet und freute mich auf die lang vermisste Zweisamkeit. Da drang leises Weinen aus dem Schlafzimmer. Ich streichelte unserem kleinen Schatz die Wangen, gab ihm den Schnuller, und als er wieder ruhig atmete, schlich ich mich auf Zehenspitzen zurück ins Wohnzimmer und freute mich weiter auf das Candle-Light-Dinner. Als ich den Wohnungsschlüssel im Schloss hörte, weinte unser Kind wieder. Ich versuchte es noch mal mit Wangestreicheln und Schnuller. Aber noch bevor das duftende Essen ausgepackt war, legte unser Baby dermaßen an Lautstärke zu, dass uns nichts anderes übrigblieb, als es auf den Arm zu nehmen und zu trösten. Stunden später – nach der nächsten Stillmahlzeit, einer tüchtigen Windelfüllung und ausgiebigem Weinen – kam es endlich zur Ruhe. Unser Essen war kalt und alle Romantik verflogen.

Sich nach der Geburt eines Kindes noch als Liebespaar zu fühlen, ist gar nicht so einfach. Wir spüren mehr denn je: Eine lebendige, liebevolle Ehe kann nicht allein von sich spontan einstellenden romantischen Gefühlen leben. Aber in dieser besonderen Familienphase liegt die Chance, tiefer als vorher zu verstehen, wie Gott sich die Partnerschaft von Mann und Frau gedacht hat. Werfen wir dazu einen Blick in den Epheserbrief:

Deshalb sage ich noch einmal, dass jeder Ehemann seine Frau so lieben soll, wie er sich selbst liebt, und dass die Ehefrau ihren Mann achten und respektieren soll.

Epheser 5,33

Liebe und Respekt

Dieser Vers ist der Schlusspunkt eines ganzen Abschnittes, in dem wichtige Eckpunkte für die Ehe ausgeführt werden. Auf den ersten Blick mag er antiquiert klingen, auf den zweiten Blick steckt in ihm das Geheimnis einer stabilen Liebe zwischen Mann und Frau. Ehefrauen werden aufgefordert, ihren Männern Achtung und Respekt entgegenzubringen. Den Männern wird ins Stammbuch geschrieben, ihre Frauen zu lieben. Bei genauerem Hinsehen gelten beide Aufforderungen für beide Geschlechter. Zum Beispiel werden in Epheser 5,2 alle Menschen aufgefordert: „Euer Leben soll von Liebe geprägt sein, wie auch Christus uns geliebt hat" und in Epheser 5,21: „Ordnet euch aus Achtung vor dem Herrn bereitwillig einander unter."

Damals und heute

Dass Frauen ausdrücklicher zur Unterordnung und Männer zur Liebe aufgefordert werden, hat zum größten Teil historische Gründe. Die Männer hatten in den Familien das Sagen, das war in der damaligen Gesellschaft die Norm. Paulus fordert hier die Frauen auf, sich dieser Realität nicht einfach zähneknirschend zu beugen, sondern ihrem Ehemann mit liebevollem Respekt zu begegnen. Sie sollen bereit sein, nachzugeben, zurückzustecken, aufs Rechthaben zu verzichten und Kompromisse einzugehen – aus Achtung vor der Persönlichkeit ihres Partners. Den Männern wird gesagt: Nutzt eure Macht, die ihr habt, nicht rücksichtslos aus. Seid nicht die „Bestimmer" in eurer Ehe, sondern die Liebhaber eurer Frau. Wenn ein Mann seine Frau so sehr liebt, wie Christus uns liebt, dann wird er sie nicht abschätzig von oben herab behandeln, sondern rücksichtsvoll und selbstlos. Diese beiden Verhaltensweisen bieten – damals und heute – der Liebe zwischen Mann und Frau einen festen Stand: Ein Ehepartner ist bereit, auch mal zurückzustecken und muss nicht immer seinen Willen durchdrücken. Der andere ist rücksichtsvoll und sucht aufrichtig das, was dem anderen guttut. Wo diese zwei Seiten aufeinandertreffen, wächst eine tief verwurzelte Liebe, der kein Babystress das Wasser abgraben kann. Wenn beide Aufforderungen letztlich für beide Partner gelten, kann jeder sich selbst

ehrlich fragen: Was muss ich am meisten lernen – selbstlose Liebe, die zu echter Hingabe fähig ist, oder liebevollen Respekt und Wertschätzung für meinen Partner?
So könnte ein Weg aussehen, auf dem unsere Fähigkeit, den anderen zu lieben und zu achten, gerade in der Baby-Phase wächst:

1) Aus Gottes Liebe schöpfen

Empfundene Sympathie und Herzklopfen, spontane Begeisterung und Leidenschaft füreinander sind geeignet als „Kickstart" für eine Beziehung. Sie taugen nicht als verlässliche Basis. In der Ehe sind sie die Sahne-Haube, auf die man zwischendurch auch verzichten kann. Eine verlässliche „Dauernahrung" für unsere Liebe erwähnt Paulus: „Wie Christus uns geliebt hat" (Epheser 5,2). Das ist kein nebensächlicher Zusatz, sondern die Erwähnung der Quelle, aus der wir jederzeit schöpfen können. Jesus Christus hat es sich eine Menge kosten lassen, um uns zum himmlischen Vater nach Hause zu lieben. Er hat unvorstellbare Schmerzen und sogar den Tod auf sich genommen, um uns zu Gottes Kindern zu machen. So viel bedeuten wir ihm. Wenn wir uns bewusst machen, wie sehr wir selbst und unser Partner von Jesus geliebt und geachtet sind, dann gibt das unserer Liebe als Mann und Frau eine feste Basis. Wenn wir uns vor lauter Erschöpfung nur noch egoistisch um uns selbst drehen, ist es gut, unsere leeren Hände Jesus hinzuhalten. Wir dürfen ihn darum bitten, dass er uns mit seiner Liebe erfüllt, die in uns Liebe und Achtung für unseren Partner wachsen lässt.

2) Elternsein gemeinsam „wuppen"

Gerade im Babyjahr kann es ganz schnell passieren, dass sich die Partnerschaft aufgeteilt anfühlt. Einer – meistens die Mutter – ist den ganzen Tag beim Baby, während der andere seinem Beruf nachgeht und für den Lebensunterhalt sorgt. Das kann bei dem Partner, der den größten Teil des Tages weg ist, schon mal Eifersucht aufkeimen lassen. Und es kann bei der Baby-Mama zu Hause das Gefühl wecken, dem Baby näher zu sein als ihrem Mann.

Das Kind ist aus der Liebe der beiden zueinander entstanden. Gott hat sich etwas dabei gedacht, dass Vater und Mutter ein Kind großziehen. Es braucht die Beziehung zu beiden. Und der Partnerschaft von Mann und Frau tut es gut, wenn sie das Elternsein als gemeinsames Projekt verstehen. Zwar hat jeder eine andere Art und ein anderes Maß von Aufgaben. Aber wir als Paar sind das optimale Nest für unser Kind. Keiner kann alles am besten. Wir brauchen die Ergänzung durch ein Gegenüber. Einer ist ruhiger, der andere temperamentvoller, einer ist vorsichtiger, der andere mutiger, einer ist sensibel für die leisen Töne, der andere fordert das Kind mehr heraus. Keiner von beiden kann allein das Kind besser großziehen als beide zusammen. In erster Linie ist es eine Frage der Einstellung: Wir „wuppen" das gemeinsam. Praktisch wird diese innere Haltung, indem wir uns gegenseitig mitteilen und einfühlen, zuhören, miteinander die beste Lösung finden und die Familienarbeit optimal aufteilen. Einander verstehen, ermutigen, sich in stressigen Zeiten gegenseitig den Rücken stärken – das schweißt mehr zusammen, als miteinander eine Romantik-Komödie im Kino zu konsumieren. (Auch wenn das Zweitgenannte zwischendurch zum Lachen und Abschalten vom Alltag guttun kann.)

3) Stolpern, fallen, aufstehen

Wenn aus Ehepartnern Eltern werden, werden sie nicht umhinkommen, an ihren Idealen zu scheitern. Wer besonderem Stress ausgesetzt ist, wird es nicht allezeit schaffen, sein Gegenüber liebevoll zu behandeln. Zwei Menschen, die permanent zu wenig Schlaf und zu wenig Freiheit für die eigene Entspannung haben, geraten im Alltag häufiger aneinander als romantisch Verliebte, die ihre Berufsträume erfüllen. Ein Baby intensiviert die Gefühle in einer Familie in alle Richtungen. Wir erleben das Glück, neues Leben aufwachsen zu sehen. Und wir erleben Erschöpfung, Gereiztheit, Konflikte um Alltagskram, die wir uns vorher nie hätten träumen lassen.

Darum ist in dieser Lebensphase unverzichtbar, was auch sonst unser persönliches Wachstum charakterisiert: Wenn wir stolpern und fallen, ist das Wichtigste, dass wir nicht liegen bleiben, sondern wieder aufstehen. Ganz praktisch heißt das: Wir dürfen Jesus um Vergebung bitten, und können deshalb auch einander vergeben. Und dann packen wir die Herausforderung wieder an und lernen etwas aus dem Fehler der Vergangenheit. Das ist ein demütiger, mühevoller Weg. Aber er lässt uns als Persönlichkeit und als Paar wachsen. Das ist alle Mühe wert. Wenn wir nach Jahren zurückblicken, werden wir über manches, was uns nicht zu bewältigen schien, genüsslich lachen können.

4) Oasen der Zweisamkeit schaffen

Ein Baby kann die Tage und Nächte dermaßen ausfüllen, dass sich schöne Zeiten zu zweit nicht mehr ganz von selbst einstellen. Deshalb ist es gut, wenn Paare sich einen Schutzraum für ihre Zweisamkeit schaffen, in dem ihre Liebe aufblühen kann. Das, was früher unkompliziert spontan ging, muss nun geplant werden. Es muss nicht immer der Valentinstag sein. Am besten plant ein frischgebackenes Elternpaar, sobald das Baby abends früher schlafen geht, regelmäßig ein Ehe-Date. Solange das noch nicht mit Babysitter außer Haus möglich ist, kann man auch prima zu Hause im Wohnzimmer kostbare Zeiten zu zweit verbringen.

Finden Sie miteinander heraus, was Ihnen als Paar guttut. Das kann etwas ganz Einfaches sein: Miteinander kuscheln – bewusst mal wieder den Partner fühlen und ansehen, mich daran erinnern, was ich schon immer an ihm gemocht habe. Vielleicht tut es gut, herumzualbern und zu lachen. Bestimmt kommt das Gespräch aufs Baby – und Sie können miteinander austauschen, was Sie glücklich macht. Sie können in Worte fassen, wie erschöpft Sie sind und wie gut es tut, sich einfach mal fallen zu lassen und zärtliche Nähe zu genießen. Sie können sich einen romantischen Abendessenstisch decken – mit dem üblichen Abendessen oder der Lieblingspizza vom Bestellservice des Italieners. Ihnen fällt bestimmt noch mehr ein!

Wenn wir als Paar solche Oasen planen, zeigen wir einander damit: „Du bist mir wichtig. Ich will mit dir Zeit verbringen, weil ich dich schätze und achte." Da die Bedürfnisse der kleinen Erdenbürger nur bedingt planbar sind, ist es gut, nicht allzu hohe Erwartungen zu haben und flexibel zu bleiben. Wenn es am geplanten Abend nichts wird, klappt es zwei Tage später. Übrigens haben wir seit dem ersten missglückten Versuch schon viele Candle-Light-Dinner zu Hause genossen. Es lohnt sich, dranzubleiben.

(18) Die eigene Kindheit

Wenn das erste Kind in der Familie geboren wird, wechseln die frische Mama und der frische Papa sozusagen die Seite. Vorher waren sie „nur" erwachsene Kinder ihrer Eltern, nun sind sie selbst Eltern. Da kann es passieren, dass die eigene Kindheit neu wichtig wird. Was wir als Kinder erlebt haben, berührt uns womöglich jetzt in der Babyphase tiefer denn je. Und es gehört zum Hineinwachsen in die neue Rolle, dass wir uns mit dem, was sich ins Bewusstsein drängt, noch einmal auseinandersetzen. Wir sind gefordert, unseren Eltern gegenüber eine neue Ebene der Beziehung zu erarbeiten. In einer biblischen Lebensanweisung, die für alle Lebenssituationen gilt, finden wir wertvolle Anhaltspunkte auch für diesen Aufarbeitungsprozess unserer Kindheit:

Ertrage einer den andern und vergebt euch untereinander,
wenn jemand Klage hat gegen den andern; wie der Herr
euch vergeben hat, so vergebt auch ihr! Über alles aber zieht an
die Liebe, die da ist das Band der Vollkommenheit.
Und der Friede Christi, zu dem ihr auch berufen seid in „einem"
Leibe, regiere in euren Herzen; und seid dankbar.

Kolosser 3,13-15 (LUT)

Das Ziel unserer Persönlichkeitsentwicklung im Allgemeinen und der Auseinandersetzung mit unserer Kindheit im Speziellen ist, dass der Frieden in unserem Herzen wächst. Wir sind dazu geschaffen, dass wir im Frieden mit Gott, mit uns selbst (und unserer Kindheit) und mit unseren Nächsten (auch mit unseren Eltern) leben. Folgende Schritte können dabei helfen:

1) Danken

Seit wir uns selbst rund um die Uhr um einen Säugling kümmern, können wir mehr denn je ermessen, was unsere Eltern für uns getan haben. Wie viele Nächte haben sie sich „um die Ohren geschlagen", weil wir Ohrenschmerzen oder Albträume hatten. Auf wie viel Selbstverwirklichung und materielle Annehmlichkeiten haben sie verzichtet, um für uns da zu sein. Was haben sie uns an alltagstauglichen Lebenseinstellungen vorgelebt und mitgegeben. Und hoffentlich haben sie uns mit Worten und Taten vermittelt: Wir sind geliebt und geborgen, was auch immer kommen mag. Manches wird uns spontan bewusst, anderes erst nach längerem Nachdenken. Aber es ist gut, wenn wir genau hinschauen und wahrnehmen. Wir machen uns selbst ein großes Geschenk, wenn wir beim inneren Bewegen dessen, was war, feststellen: Ich hatte eine glückliche Kindheit. Und wir ermutigen und beschenken unsere Eltern, wenn wir sie spüren lassen, wie viel sie uns bedeuten, indem wir ihnen in einer Haltung der Dankbarkeit begegnen.

Wie wäre es, wenn Sie einmal aufschreiben, was Sie Ihren Eltern zu verdanken haben?
Danach könnten Sie um Gelegenheiten beten, diese Dankbarkeit Ihren Eltern gegenüber auszudrücken. Das kann sich spontan ergeben – vielleicht wenn Sie über Ihre eigene Kindheit ins Plaudern kommen. Sie können aber auch sehr bewusst eine Karte schreiben – zum Geburtstag oder ohne besonderen Anlass.

Wenn sich beim Gedanken daran, Ihren Eltern zu danken, etwas in Ihnen sperrt oder Ihnen überhaupt nichts einfällt, das Sie auf Ihre persönliche Dankesliste schreiben könnten, dann ist womöglich der zweite und der dritte Schritt für Sie vor dem ersten dran.

2) Klagen

Es muss in der eigenen Kindheit nicht alles gut gelaufen sein, damit wir heute ein erfülltes Leben führen können. Mein Bekanntenkreis ist voller Menschen, die keine ideale Kindheit hatten, sich aber trotzdem zu tollen Persönlichkeiten entwickelt haben. Entscheidend ist, wie wir mit den Defiziten und Verletzungen aus der Vergangenheit umgehen. Wer ein Leben lang in der Anklagehaltung „Weil meine Eltern versagt haben, darum …" stecken bleibt, unterwirft sich der Macht der Resignation und tritt auf der Stelle. Wer nie klagt und in Worte fasst, was nicht gut war, bleibt im Verdrängen stecken und schnürt damit einem wesentlichen Teil seiner Gestaltungskraft die Luft ab. Aber wer es versteht, seine Klage zu benennen und durch die Kraft Gottes einen inneren Weg der Vergebung einzuschlagen, der erarbeitet sich die Freiheit zur Entfaltung seiner Möglichkeiten.

- **Unter welchen Defiziten litten Sie in Ihrer Kindheit oder leiden Sie bis heute?**
- **Gab es tatsächliches oder von Ihnen empfundenes Versagen Ihrer Eltern?**

Manchmal reicht es, wenn wir uns selbst bewusst werden, was uns das Herz schwer macht. Manchmal brauchen wir einen liebevollen Gesprächspartner, dem wir das anvertrauen können, was uns belastet. Wenn die Verletzungen sehr tief sind, brauchen wir vielleicht Beratung, Seelsorge oder Psychotherapie, um unsere Klage formulieren zu können.

Wenn wir verstanden haben, was uns im Herzen wehtut und was wir vermissen, können wir unseren Schmerz betrauern. Wer trauert, durchlebt den Schmerz, um ihn eines Tages hinter sich lassen zu können. Der einzige nachhaltige Weg aus der Trauer ist der durch die Trauer. Das, worum jemand trauert, kann sehr unterschiedlich sein.

Vielleicht trauern Sie um einen Mangel an Geborgenheit, um versagte Nähe oder das Gefühl des Unverstandenseins in Ihrer Kindheit. Vielleicht um verpasste Chancen, die unwiederbringlich verloren sind. Vielleicht trauern Sie, dass Ihre Eltern schon verstorben sind und es gar nicht mehr miterleben können, wie sie Großeltern werden. Das Ziel der Trauer ist, dass ich mit dem Herzen das annehme, was ich nicht mehr ändern kann. Wenn ich Ja sage zu dem, was ich erlebt habe und in welcher Situation ich infolgedessen stecke, kann der nächste Schritt reifen.

3) Vergebung wagen und Frieden erfahren

Wenn es möglich ist, einen wunden Punkt mit den Eltern ins Gespräch zu bringen, kann das ein wichtiger Schritt in Richtung Frieden im Herzen sein. Wenn so ein Gespräch aber nur zu neuen Verletzungen führen würde, ist es vermutlich besser, den Weg in Richtung Vergebung und Heilung im Gespräch mit Gott und eventuell mit einem verständnisvollen Begleiter zu gehen. Wir sollen die „Liebe anziehen". Das klingt nach bewusster Entscheidung und nicht nach spontan liebevollen Gefühlen. Manchmal können wir Menschen, die uns verletzt haben, nur deshalb lieben, weil wir selbst von Jesus so sehr geliebt werden. Auch unsere Bereitschaft zum Vergeben sollen wir nicht an anderen Menschen messen, sondern aus Gottes Vergebung für uns schöpfen.

Beim Vergeben kann es helfen, wenn ich mir bewusst mache, dass meine Eltern aus ihrer damaligen Perspektive ihr Bestes gegeben haben. Manches haben sie wirklich nicht anders gewusst. Vielleicht hatten sie gelernt, Liebesentzug sei ein guter Weg, um Kinder zu gewünschtem Verhalten zu erziehen. Oder sie haben wirklich gedacht, es sei in Ordnung, ein kleines Kind ohne Mama oder Papa in der Klinik zu lassen.

Wenn wir einen inneren Weg gehen, auf dem wir anfangen, unseren Eltern das zu vergeben, was sie uns schuldig geblieben sind, dann kommen zwei wesentliche Prozesse in Gang:
Erstens wächst eine gesunde Ablösung von den Eltern. Wer nicht vergibt, sondern Groll im Herzen pflegt, bleibt gebunden an den, dem er grollt. Er ist nicht frei, sondern lässt von den Verletzungen der Vergangenheit sein gegenwärtiges Leben blockieren und mit einem Grauschleier überziehen.
Zweitens geben wir, wenn wir selbst vergeben, den Heilungskräften Jesu Raum in unserem Herzen. „Wenn du einem Menschen vergibst, dann lässt du einen Gefangenen frei, aber dann entdeckst du, dass der wirkliche Gefangene du selber warst." (Lewis Smedes)[10] Unsere Bereitschaft zu vergeben schafft Raum in unserem Herzen für den Frieden, den Jesus uns schenken möchte. Wir können uns mehr und mehr für das öffnen, was Jesus in unserem Leben tun wird.

4) Aus der Gnade leben

Vergebung heißt übrigens nicht, dass ich die Schuld des anderen kleinrede. Sie bedeutet, dass ich die Schuld dem anderen nicht mehr vorhalte, sei es „nur" innerlich oder mit Worten und Verhalten. Wenn wir dem anderen vergeben, vertrauen wir ihn und uns selbst der Gnade Gottes an. Auch wir haben Gnade nötig. Ganz sicher werden auch unsere Kinder uns etwas zu vergeben haben, wenn sie einmal groß sind. Je früher wir bewusst aus der Gnade schöpfen, desto verständnisvollere und barmherzigere Eltern können wir werden. Das klingt in diesem Gebet der erfahrenen Seelsorgerin Susanne Scharrer an:

„Irgendwann,
wenn ich Dir
ganz nah sein werde,

wirst Du behutsam
über die Narben
meines Lebens streichen,

und die Falten nachfahren,
die der Kummer
in mein Gesicht gegraben hat.

Du wirst
das Kreuz meiner Tage
in Deinen Händen wiegen,

ob es mich
barmherzig gemacht
oder verhärtet hat.

Ach Herr,
schau mich
gnädig an."[11]

(19) Wenn Eltern Großeltern werden

Es ist noch gar nicht so lange her, da war in unserem Kulturkreis die Großfamilie selbstverständlich: Nicht nur Vater, Mutter und Kind(er) wohnten zusammen, sondern auch Großeltern, zum Teil Urgroßeltern und ledige Verwandte. Ein naheliegender Vorteil dieser Lebensform war, dass die Erwachsenen sich bei der Kinderbetreuung ergänzen und entlasten konnten. Wenn zum Beispiel die Mutter krankheitsbedingt ausfiel, gab es automatisch andere Vertrauenspersonen im Haushalt, die für das Kind sorgen konnten. Bei näherem Hinhören, wenn ältere Menschen aus dieser „guten alten Zeit" berichten, erahnt man allerdings auch die Nachteile. Die mangelnde Unabhängigkeit und großfamiliäre Enge hat mancher jungen Ehe die Luft abgeschnürt. Unterschwellige Machtkämpfe oder Dauerkonflikte konnten den Alltag mühsam machen. Es gab zu viel Bindung an die Familientradition und zu wenig

Freiheit, den eigenen Weg zu gehen. Heute wohnen die wenigsten jungen Eltern in einer Großfamilie. Wenn mit der Geburt eines Kindes eine neue Generation begründet wird, beeinflusst das trotzdem sehr nachhaltig das Miteinander der bisherigen Generationen. Auf die Frage, ob die Beziehung zu den Großeltern der eigenen Kinder eine wichtige Rolle spielt, gibt die Bibel eine eindeutige und zeitlose Antwort:

Ehre deinen Vater und deine Mutter. Dann wirst du lange in dem Land leben, das der Herr, dein Gott, dir geben wird.

2. Mose 20,12

In den Zehn Geboten hat Gott die wichtigsten Eckpunkte für ein gelingendes Leben zusammengestellt. Dieser gehört dazu und ist in erster Linie an erwachsene Adressaten gerichtet: Wer seine Eltern ehrt, gewinnt an Lebensqualität und -stabilität. Von einer wertschätzenden Beziehung zu den Eltern profitiert das eigene Leben. Wie kann das praktisch aussehen? Wie gelingt eine Beziehung zur Generation über uns, die unserem Wohlergehen als Kernfamilie dient?

Die Eltern wertschätzen

Was unsere Eltern in der Vergangenheit für uns getan haben und was sie heute für uns tun und uns geben, ist keine Selbstverständlichkeit. Wir tun gut daran, uns das bewusst zu machen und unseren Dank auszudrücken. Nicht nur ihr Tun, sondern sie als Menschen sind einzigartig und wertvoll. Gott hat in ihr Leben etwas hineingelegt, das in keinem anderen Menschen zu finden ist. Darum hat es auch mit der Ehrfurcht vor unserem Schöpfer zu tun, dass ich meinen Eltern respektvoll begegne. Und es beeinflusst den Kern meiner Persönlichkeit. Durch meine Eltern hat Gott mich geschaffen. Durch den Mix ihrer Erbanlagen und durch ihre Liebe zueinander bin ich als Mensch überhaupt entstanden. Da können meine Eltern noch so fehlerhaft und unvollkommen sein, für diese Tatsache, dass Gott sie gebraucht hat, um mich als unverwechselbaren Menschen zu schaffen, haben sie meine Achtung verdient. Weil mein Leben dem Leben meiner Eltern entsprungen ist, wurzelt im wertschätzenden Respekt für sie auch die Achtung vor mir selbst und meiner Existenz. Ob ich das will oder nicht, ich werde in meinem Leben Anklänge vom Charakter meines Vaters und meiner Mutter finden. Vielleicht werde ich gerade in der Kleinkindphase mehr Ähnlichkeiten in den Verhaltensmustern entdecken denn je. An manchen Stellen können wir schmunzelnd feststellen, an anderer Stelle wehren wir uns innerlich dagegen, dass wir so sind wie sie. Je mehr ich lerne, sie zu ehren, desto besser kann ich mich selbst bejahen. Und das hat befreiende Auswirkungen auf mein eigenes (Familien-)Leben.

Den eigenen Familienweg finden

Die Eltern ehren bedeutet nicht: Ich gebe ihnen in allen Meinungsverschiedenheiten recht und mache alles so, wie sie es für richtig halten. Es bedeutet aber auch nicht, grundsätzlich alles anders zu machen als sie. Ich ehre meine Eltern dann, wenn ich mich als erwachsenes Kind von ihnen löse und eigenverantwortlich den Weg gehe, den ich nach gründlicher Abwägung für richtig halte. Zu einem gesunden Entscheidungsprozess gehört es, die Erfahrungen und Ratschläge der Eltern zu bedenken und gegebenenfalls zu beherzigen. Nicht alle Fehler müssen wir noch mal machen. Aber manche schon. Erwachsen sein heißt auch: Ich suche mir meinen Weg – und wenn ich dabei Fehler mache, lerne ich aus ihnen und korrigiere meinen Kurs. Eltern ehren kann durchaus bedeuten, sich mit ihnen auseinanderzusetzen, z.B. in der Frage, wie man mit einem Baby umgeht. Die Umsetzung des Gebotes bedeutet dann, diese Auseinandersetzung respektvoll zu führen. Wenn ich selbst manches anders mache, heißt das nicht, dass ich den Weg meiner Eltern als den schlechteren abwerten muss. Hilfreicher ist folgende Einstellung ihnen gegenüber: „Ihr habt es damals nach eurem besten Wissen und Gewissen gemacht. Wir machen es heute nach unserem besten Wissen und Gewissen. Ihr habt Dinge gut gemacht und habt auch Fehler gemacht. Und wir werden manches gut machen und auch hier und da versagen." Diese ausgesprochene oder unausgesprochene Haltung lässt die Lebensleistung der Eltern stehen, ohne ihnen alles nachzumachen.

Gutes behalten

Sie als Mama und Papa sind verantwortlich für Ihr Kind. Sie werden neben Ihrer Herkunftsfamilie auch andere Quellen für Tipps und Erfahrungen brauchen, um gute Entscheidungen zu treffen. Ob Sie von den Erfahrungen Ihrer Eltern optimal profitieren können, entscheidet sich daran, wie Sie zu Ihrer eigenen Kindheit stehen. Wer Schmerzhaftes verdrängt oder in der Anklage steckenbleibt, wird meist unreflektiert das Gegenteil dessen tun, was die eigenen Eltern für richtig halten. Wenn ich aber dankbar bin für das, was gut war, und das Schmerzhafte bearbeitet und vergeben habe, dann bin ich frei, mit meinem Partner unseren eigenen Weg als Eltern und Familie zu finden und zu gehen. Der wird manche Unterschiede zum Weg der Eltern aufweisen, aber auch Übereinstimmungen – ganz im Sinne von Paul Watzlawick: *„Menschliche Reife ist, das Richtige zu tun, selbst wenn es die Eltern empfohlen haben."*[12]

Entlastung annehmen

Immer wieder höre ich von Omas und Opas, dass sie die Beziehung zu den Enkeln noch mehr genießen als zu den eigenen Kindern. Sie haben mehr Zeit, sind nicht mehr für alles verantwortlich und auch nicht mehr der Dauerbelastung des Kleinkindalltags ausgesetzt. Auch für die Mamas und Papas, die Unterstützung und Entlastung suchen, sind liebevolle Großeltern oft die beste Lösung. Sie kümmern sich von Herzen um die Kinder, weil es sie selbst glücklich macht, die nächste Generation aufwachsen zu sehen. Jede Familie, in der die Betreuung der Kinder durch die Großeltern unkompliziert möglich ist, sollte das in vollen Zügen genießen. Es gibt genug Familien, in denen Spannungen das Miteinander überschatten, weil gegenseitige Erwartungen einander nicht entsprechen oder unbearbeitete Konflikte eine Generation weiter verschoben werden.

Wo die Beziehung zu den Großeltern problematisch ist, braucht es ein feines Abwägen von Nähe und Distanz. Eine klare Abgrenzung kann helfen, die Beziehung zu den Enkeln trotzdem in gewissen Grenzen zu ermöglichen. Übrigens dürfen Großeltern in der Zeit, während die Enkel bei ihnen sind, ihren eigenen Stil finden. Kinder kommen im Allgemeinen gut damit klar, wenn bei den Großeltern etwas erlaubt ist, was es zu Hause nicht in diesem Maße gibt (zum Beispiel länger aufbleiben oder Süßigkeiten oder täglich das Lieblingsessen). Sie als Eltern sollten klar formulieren, wo für Sie die Schmerzgrenze ist (zum Beispiel „keinen Honig auf den Schnuller", „keine Schokolade vor dem ersten Geburtstag" ...). Unterhalb der Schmerzgrenze dürfen die Großeltern aber selbst entscheiden.

Sie haben Oma und Opa Ihres Kindes im Alltag nicht in der Nähe? Vielleicht weil sie weit weg wohnen oder aus gesundheitlichen Gründen nicht mehr die Betreuung der Kinder übernehmen können? Dann scheuen Sie sich nicht, sich Entlastung und Ergänzung im Bekanntenkreis oder durch bezahlte Babysitter zu suchen.
Die Großeltern zu ehren, kann dann bedeuten, sie zum Beispiel durch Besuche, Telefonate oder Bilder an der Entwicklung ihrer Enkel Anteil nehmen zu lassen. Sie leben im digitalen Kommunikationszeitalter mit Skype, Facebook und Co. – machen Sie sich das zunutze!

Wer das Glück hat, Eltern zu haben, die Christen sind, kann sie bitten, für ihre Enkel zu beten. Das ist ein unschätzbarer Dienst, der Entscheidendes im Leben der Kinder bewegen kann. Ich bin jedenfalls überzeugt, dass ich den Gebeten meiner Oma für mich viel zu verdanken habe.

(20) Kostbare Weggefährten

Zu den besten Freunden von Susanne und Martin zählten Anne und Hans-Jörg. Kurz nacheinander bekamen beide Paare ihr erstes Kind. „Wunderbar", dachten sie sich, „da können wir weiterhin viel gemeinsam unternehmen und einmal im Jahr unseren Urlaub zusammen verbringen." Der erste gemeinsame Trip mit den 3 und 5 Monate alten Babys gestaltete sich allerdings schwierig. Das Baby von Susanne und Martin war sehr stressempfindlich, schrie viel und brauchte einen relativ festen Tagesablauf. Anne und Hans-Jörg fanden ihre Freunde kompliziert und gaben ihnen immer wieder zu verstehen, dass sie auch mit Kind viel mehr unternehmen wollten. Die unterschwelligen Spannungen zwischen den Paaren wuchsen. Irgendwie schafften sie es auch nicht, an den Gesprächsthemen und Interessen anzuknüpfen, die sie früher geteilt hatten. Nach diesem Urlaub wurden Treffen immer seltener. Die Freundschaft driftete auseinander.

Veränderte Freundschaften

Wenn das Leben durch ein Baby auf den Kopf gestellt wird, machen viele Mamas und Papas die Erfahrung: Freundschaften, die vorher bedeutsam waren, verändern oder verlieren sich. Manchmal fehlt schlicht die bisherige Gemeinsamkeit, wenn eine Freundin Mama geworden ist, die andere nicht. Die Themen, die einen bewegen, haben sich so grundlegend verändert, dass man nicht mehr ins stundenlange Klönen hineinfindet wie früher. Manchmal haben zwar beide inzwischen ein Kind, aber der Stil, wie sie Familie gestalten, passt nicht zueinander. Die Auflösung einer Freundschaft kann richtig wehtun, aber sie ist nicht immer eine Katastrophe. Beziehungen müssen nicht ein Leben lang halten, um wertvoll zu sein. Manche bereichern eine Phase des Lebens und danach ist es Zeit, sie in dankbarem Rückblick loszulassen. Das sollte allerdings nicht dazu führen, dass Baby-Eltern irgendwann allein dastehen. Der biblische Grundsatz: „Es ist nicht gut für den Menschen allein zu sein" (1. Mose 2,18), gilt nicht nur für die Ehe, sondern auch für den weiteren Kreis unserer Beziehungen.

Ein Freund steht allezeit zu dir, auch in Notzeiten hilft er dir wie ein Bruder.

Sprüche 17,17 (GNB)

Freundschaften gehören zu Gottes guten Absichten für uns. Aber sie fallen uns nicht einfach in den Schoß. Und sie sind nicht gleichzusetzen mit der Anzahl der Kontakte in der digitalen Welt. Eine Freundin im richtigen Leben, auf die dieser Bibelvers zutrifft, ist wertvoller als hundert sogenannte Freunde bei einem sozialen Netzwerk. Dafür, dass solche strapazierfähigen Freundschaften mein Leben bereichern, kann ich etwas tun.

Persönlicher Einsatz

Bisherige Freundschaften werden durch das „Hereinplatzen" eines Babys ganz schön aus dem Trott gerissen. Manche Beziehungen werden dadurch loser und man ahnt, dass sie in Zukunft weniger wichtig werden. Andere werden durch diese Erfahrung auf ein festeres Fundament gestellt. Für wieder andere Beziehungen müssen wir kämpfen, damit sie überleben.

Der beste Weg, einen guten Freund zu finden oder zu behalten, ist der, selbst ein guter Freund zu sein. Darum erinnert der Bibelvers uns auch daran, dass wir unsere Freunde in Notzeiten nicht hängen lassen sollen. Übrige Zeit fällt uns nie in den Schoß – am allerwenigsten, wenn ein Baby unsere Tage ausfüllt. Aber für eine gute Freundin lohnt es sich, anderes zurückzustellen, um ihr in einer schwierigen Zeit beizustehen und praktische Unterstützung zu schenken. Auch wenn keine akute Notsituation besteht, braucht es bewusste Entscheidungen, welcher Freundin wir in der Knappheit unserer Zeit Raum einräumen wollen. Wenn sie in einer ganz anderen Lebensphase steckt, ist es gut, wenn ich mich in Gesprächen nicht permanent ums Baby drehe, sondern auch hinhöre, was sie bewegt. Das tut nicht nur meinem Gegenüber, sondern auch mir gut. Es bringt Frische und Abwechslung in meine Gedankenwelt. Und es weitet meinen Blickwinkel.

Zu jeder neuen Lebensphase gehören einerseits die wichtigsten der alten Freunde, die durch Hochs und Tiefs mit uns gehen. Andererseits ist es bereichernd, neue Beziehungen zu Menschen aufzubauen, mit denen ich die Gegenwart und Zukunft teile.

Gelegenheiten nutzen

Mit einem Baby ergibt sich eine Fülle von Möglichkeiten, um Menschen in ähnlicher Situation kennenzulernen. Vielleicht hat sich während der Geburtsvorbereitung oder dem Aufenthalt in Klinik oder Geburtshaus nach der Entbindung ein Kontakt ergeben, der sich lohnt, aufrechterhalten zu werden. Man kann im Rückbildungskurs, beim Baby-Schwimmen, bei PEKIP®, in der Krabbelgruppe oder beim Spaziergang mit Kinderwagen Mütter kennenlernen, die „ähnlich ticken". Nicht zuletzt dürfen wir unseren Wunsch, eine gute Freundin zu finden, mit der wir unseren Alltag teilen können, Gott sagen und ihn bitten, dass er uns die richtige Person über den Weg schickt.

Beziehungen bauen

Ein afrikanisches Sprichwort sagt: *„Um ein Kind zu erziehen, braucht es ein ganzes Dorf."*[13] Weil die wenigsten Familien heute in einem solch überschaubaren Dorf leben, bleibt oft nichts anderes übrig, als nach Menschen zu suchen, die uns in der Kindererziehung unterstützen können. Ich kenne Eltern, die haben sich bewusst, weil die Verwandtschaft weit entfernt ist, Paten für ihre Kinder ausgesucht, die in der Nähe wohnen. Wenn schon Oma oder Opa nicht kurzfristig einspringen können, sind die Paten im Alltag greifbar. Es kann bereichernd sein, gerade jetzt die Beziehung zu einem Elternpaar zu suchen, dessen Kinder schon älter sind. Eine junge Familie kann optimal von den Erfahrungen der gewachsenen Familie profitieren. Man kann sich auch mit einem Paar anfreunden, das selbst ein Baby hat. Wenn man sich regelmäßig sieht, ergibt sich die Möglichkeit, sich beim Babysitting abzuwechseln, weil

die Babys mit der anderen Familie vertraut sind. Vielleicht findet sich auch eine Nachbarin, die Zeit hat und als Ersatzoma gern Anteil an einer Familie nimmt, deren leibliche Oma weit weg wohnt.
Als unser erstes Kind geboren wurde, lebte im selben Haus eine junge Single-Frau, mit der wir uns gut verstanden. Sie verbrachte von Anfang an gern Zeit mit unserem Baby. Wenn sie unser Kleines ins Tragetuch band, war ich glücklich, dass es ihm bei diesem liebevollen Menschen gut ging. Und ich konnte die Freiheit genießen, die meine Freundin mir damit schenkte. Wenn Sie zu einer Gemeinde gehören, kann es gut sein, sich bewusst einen Hauskreis zu suchen, der Ihnen guttut. Eins steht fest: Gott will nicht, dass wir die große Aufgabe, einen kleinen Menschen ins Leben zu begleiten, als Einzelkämpfer stemmen.

Zeit geben

Allerdings sind Freundschaften nicht auf Knopfdruck zu haben, auch wenn wir sie suchen, Gelegenheiten nutzen und uns persönlich einsetzen. Sie sind kein Instantprodukt. Manchmal müssen wir warten und beten, bis die Zeit reif ist. Manchmal dauert es Jahre und viel gemeinsam verbrachte Zeit, vielleicht sogar gemeinsam durchgestandene Krisen, bevor ein Freund ein solcher ist, der mir auch in Notzeiten hilft. Wie ein Baum, der in Ruhe Zeit zum Wachsen braucht, bevor er Schutz vor Unwetter bieten kann, so erfordert eine krisenfeste Freundschaft die Zeit, Wurzeln zu schlagen und vertraut zu werden. Die Geduld und Mühe dafür aufzubringen, lohnt sich aber. Denn gute Freunde in schönen und schwierigen Zeiten gehören zu den kostbaren Ideen Gottes für unser Leben.

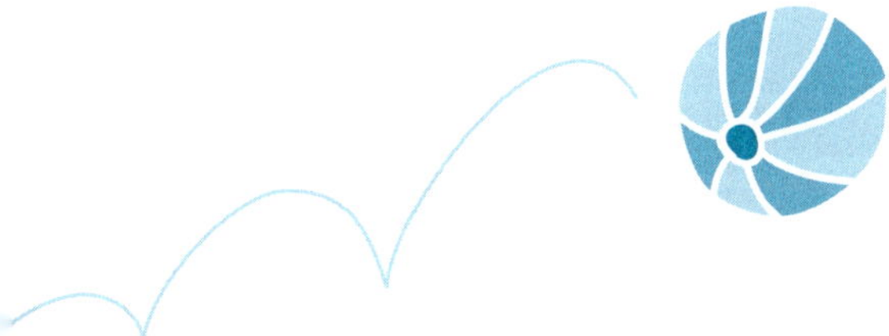

Monat 6

Vom Baby lernen

(21) Aufblicken und strahlen

In der Zeit, als unsere Kinder Babys waren, mochte ich diese Momente besonders: Unser Kind hatte in seinem Bettchen geschlafen und war am Aufwachen. Manchmal fing es an zu weinen, manchmal „erzählte" es, um sich bemerkbar zu machen. Es begutachtete seine Händchen oder betrachtete das schaukelnde Mobile über ihm. Aber in dem Moment, als ich in sein Blickfeld trat, hellte sich das Baby-Gesicht auf. Es strahlte mich an mit dem schönsten Lächeln der Welt. Dieses Strahlen berührte jedes Mal mein Herz. In der Erinnerung ist es noch heute für mich ergreifend, dass allein mein Anblick für diesen kleinen Menschen das größte Glück bedeutete.
Jesus führt uns mehr als einmal Kinder als Vorbild für unseren Glauben vor Augen. Von der kindlichen Art, zu leben und zu vertrauen, können wir für unsere Beziehung zu Gott viel lernen. Zum Beispiel diesen strahlenden Blick.

Wer zum Herrn aufschaut, der strahlt vor Freude,
und sein Vertrauen wird nie enttäuscht.
Psalm 34,6 (HFA)

Auf Gott schauen

Manchmal fällt es uns ganz leicht, zu Gott aufzuschauen und glücklich zum Himmel zu blicken. Wenn wir uns von einem begeisternden Lobpreis-Lied mitreißen lassen, wenn ein Gottesdienst unser Herz berührt, wenn ein Bibelwort uns auf den Punkt genau ermutigt – dann kommt der strahlende Blick zum himmlischen Vater ganz von selbst. Im Alltag drehen wir uns aber oft vor lauter Anforderungen oder Kleinkram so um uns selbst, dass wir nur noch wahrnehmen, was in unserem eingeschränkten Blickwinkel auftaucht: Das zahnende Baby, die volle Spülmaschine, der Behördenbrief, der längst beantwortet sein müsste. In solchen Zeiten, wenn wir uns gefangen von Niedergeschlagenheit und Erschöpfung durch den Tag schleppen, ist die Erinnerung an den

Blick nach oben von besonderer Bedeutung. Es erfordert eine bewusste Entscheidung: Ich will nicht nur auf das schauen, was mich nach unten zieht, sondern ich will zu meinem himmlischen Vater aufblicken. Ich will mich an Jesus wenden und von ihm die Zuversicht erwarten, die ich jetzt brauche. Ich schaue Jesus an und bitte ihn, dass er mit seinem Licht in meine Grautöne hineinstrahlt. Wer sich so nach oben richtet, der wird offen, um das zu empfangen, was Gott geben möchte.

Freude, die bleibt

Es gibt spontane Freude über das Gute, das uns begegnet: schönes Wetter, eine nette Überraschung, ein zufriedenes Baby, ein gutes Gespräch mit einer Freundin, ein Zuhause, in dem wir uns wohlfühlen. Wir pflegen unsere Beziehung zu Gott, wenn wir diese Sonnenzeiten unseres Lebens mit ihm in Verbindung bringen und ihm spontan danken. Einen Partner, mit dem wir unser Leben teilen, unser Wunschkind, gute Freunde – wenn wir diese großen Gaben Gottes nicht einfach selbstverständlich hinnehmen, sondern dankbar von Gott empfangen, sind wir glücklichere Menschen.

Es gibt aber auch oberflächliche Freude, die untergeht, sobald die gute Gabe ausbleibt oder mir nicht mehr bewusst ist: Draußen ist mieses Novemberwetter, die Beziehung zur Freundin wird durch ein Missverständnis getrübt, das Baby hat einen Heultag, ich selbst habe Kopfschmerzen und der Partner, den ich liebe, geht mir auf den Wecker. Auf solch vergängliche Dinge unsere Lebenszufriedenheit zu bauen, wäre eine wackelige Angelegenheit.

Was Gott uns auf Dauer schenken möchte, ist: Freude, die über die Wechselbäder unserer Gefühle erhaben ist. Paulus schreibt in Philipper 4,4: „Freut euch im Herrn." Das meint: Freut euch, dass ihr zu Jesus gehört. Und: Freut euch mit der Freude, die Jesus selbst euch schenkt. Er möchte uns eine Freude ins Herz pflanzen, die durch alle Höhen und Tiefen des Alltags trägt. Wir dürfen uns freuen, dass Gottes Liebe nicht von unserer Leistung abhängt, dass seine Geduld jeden Morgen neu ist. Wir dürfen uns darüber freuen, dass seine Gnade unfassbar groß ist und seine Güte so weit wie die Wolken gehen. Wir dürfen uns freuen, dass er unumstößlich Gutes mit unserem Leben und dem Leben unseres Kindes vorhat – gerade auch dann, wenn nicht alles immer glatt und einfach geht. Auch in den dunkelsten und schwierigsten Zeiten will Jesus selbst uns Hoffnung und Orientierung sein. Diese Freude bekommen wir geschenkt, wenn wir es uns zur guten Gewohnheit werden lassen, zu ihm aufzublicken.

All unser Vertrauen wert

Der Film „12 Years A Slave" erzählt die wahre Geschichte eines freien Mannes, der verschleppt und in den Südstaaten der USA in die Sklaverei gezwungen wird. Jahrelang besteht keine Möglichkeit, sich bei seinen Verwandten und Freunden zu melden. Da entdeckt er in einem weißen, scheinbar verständnisvollen Leidensgenossen einen „Strohhalm", an den er sich klammert. Er bietet ihm all sein Geld, das er sich über Jahre zusammengespart hat, damit der Weiße einen Brief an seine Familie abschickt. Er setzt alles auf diese eine Karte. Wenn der Sklavenhalter von diesem Versuch Wind bekommt, bedeutet das seinen sicheren Tod. Der Angefragte nimmt das Geld und verrät am nächsten Tag den Sklaven geradewegs, um sich selbst Vorteile zu verschaffen. Nur um Haaresbreite entgeht der, der sich anvertraut hat, einem grausamen Foltertod. Wenn wir heute einem Menschen vertrauen, stecken wir Gott sei Dank selten in Lebensgefahr. Aber wirkliches Vertrauen ist immer ein Wagnis. Mein Gegenüber kann mich enttäuschen. Das ist umso schmerzhafter, je mehr ich mich der Person anvertraut habe. Der Vers aus Psalm 34 erinnert uns daran: Der ewige, allmächtige, barmherzige Gott ist all unser Vertrauen wert. Wer sich auf ihn verlässt, wer ihn den Herrn seines Lebens sein lässt, wird erleben, dass Gott ihn nicht hängen lässt. Wer von ihm das erwartet, was er zum Leben braucht, wird zwar nicht all das bekommen, wonach er sich sehnt, aber er bekommt eine Tiefe und Qualität für seine Existenz, die er sich selbst nicht geben kann. Unser Baby kann sich darauf verlassen: Wenn es seine Bedürfnisse anmeldet, bekommt es von uns Nähe, Nahrung und Pflege – einfach, weil es unser

Kind ist. So wie wir unser Kind versorgen und sogar noch verlässlicher, kümmert Gott sich um uns. Das sagt er selbst uns:

Kann eine Mutter etwa ihren Säugling vergessen? Fühlt sie etwa nicht mit dem Kind, das sie geboren hat? Selbst wenn sie es vergessen würde, vergesse ich dich nicht!

Jesaja 49,15

(22) Liebevolle Herausforderungen

Babys leben wie im Schlaraffenland – so könnte man auf den ersten Blick meinen: Sie schlafen, trinken, werden herumgetragen, erkunden in aller Ruhe ihre eigene kleine Welt, und wenn sie etwas brauchen, kümmern sich andere darum. Auf den zweiten Blick finde ich aber: Die Kleinen haben es gar nicht so leicht, wie es scheint. Oft kostet sie die Verdauung ihre ganze Körperkraft. Eindrücke zu verarbeiten, kann sie so müde und fertig machen wie uns ein Arbeitstag mit Überstunden. Wenn sie Schmerzen haben, können sie nur weinen und warten, bis wir es richtig deuten. Unsere Tochter musste als Neugeborene mehrfach aus der Ferse Blut abgenommen bekommen. Es muss ihr schrecklich wehgetan haben. Ich habe sie gehalten, getröstet und mitgeweint. Aber ich habe es zugelassen, weil es für ihre Gesundheit wichtig war. Auch andere Dinge habe ich unserem Baby zugemutet, die es gar nicht mochte. Vorsorgeuntersuchungen beim Kinderarzt mussten sein, auch wenn die fremde Umgebung ihm Angst gemacht hat. Wir haben ihm im Winter trotz seines lauten Protestgeschreis warme Kleidung angezogen, bevor wir nach draußen gegangen sind. Als ersten Brei haben wir ihm Möhre, Kartoffel und Pastinake angeboten, obwohl ihm Schokopudding wahrscheinlich besser geschmeckt hätte. Säuglinge haben in ihrem jungen Leben schon ganz schön was durchzustehen.
Manches würden wir ihnen gern ersparen. Anderes muten wir ihnen zu, weil es besser ist als das, was sie selbst wählen würden. Viele Unannehmlichkeiten und manchmal sogar Schmerzen ersparen wir unseren

Kindern nicht – nicht *obwohl*, sondern *weil* wir sie lieben. Wir wünschen ihnen so viele angenehme Erlebnisse wie möglich. Aber wir muten ihnen schwierige Momente zu, die für ein gesundes Aufwachsen nötig sind. Das macht Gott auch so. Seine Liebe hat nicht das Ziel, uns ein störungsfreies Leben zu bescheren, sondern uns neben all dem Schönen die Reibungspunkte und Herausforderungen zuzumuten, die uns auf unserem Reifungsweg vorwärtsbringen können. Auch die Jünger Jesu haben diese Erfahrung gemacht.

Jesus fragte seine Jünger: „Als ich euch damals ohne Geld, Tasche und Sandalen aussandte, habt ihr da Not leiden müssen?" „Nein, niemals!", beteuerten sie.

Lukas 22,35 (HFA)

Göttliche Zumutungen

Jesus freut sich, wenn wir seine Liebe in den schönen Momenten unseres Lebens spüren und glücklich sind. Aber er weiß auch, dass es zu einem erfüllten Dasein gehört, Schwierigkeiten und mühsame Zeiten durchzustehen. Manche davon veranlasst er direkt. Als er seine Jünger mit der Verbreitung seiner Botschaft beauftragte, schickte er sie ohne materielle Sicherheiten los. Das war kein Traumurlaub, sondern harte Arbeit. Sie war verbunden mit Sorgen, knurrendem Magen, gefühlter Abhängigkeit. Aber als die Jünger ihren Auftrag erfüllt hatten, konnten sie seine Nachfrage mit einem begeisterten „Niemals!" beantworten. Sie haben niemals Mangel gelitten, sondern haben in den Herausforderungen ihres Weges erfahren: Auf Jesus ist Verlass. Es ist gut, in seinem Auftrag unterwegs zu sein und ihm als Herrn und Meister des eigenen Lebens zu gehorchen.

Die Liebe steckt im Detail

Alles das, was uns im Alltag begegnet, ist nicht einfach unpersönlicher Zufall. Es ist eine Mischung aus Gegebenheiten und Umständen, dem Handeln unserer Mitmenschen und unseren eigenen Entscheidungen.

Im Zusammenwirken all dieser Faktoren ist Gott am Werk. Der katholische Theologe und Religionsphilosoph Romano Guardini hat dieses Geheimnis in herausfordernde Worte gefasst:

„Was geschieht, kommt von Gott her, aus seiner Liebe, auf mich zu.
Es ruft mich an. Es fordert mich auf.
Darin soll ich leben und handeln und wachsen
und der werden, der ich nach Gottes Willen sein soll." [14]

Wie gedankenlos nehmen wir es oft hin, wenn uns Gutes widerfährt. Es ist aber keine Selbstverständlichkeit, sondern Gottes Wirken, das uns in wertvollen Begegnungen und wohltuenden Momenten berührt. Wenn wir uns das bewusst machen, können wir unser Herz für seine Liebe öffnen. Wir können uns von ihr erfüllen lassen und sie weiterschenken. Weil wir Gottes Güte und Großzügigkeit erleben, können wir mehr und mehr liebevolle, schenkende Menschen werden.
Aber auch die Hindernisse auf unserem Weg, die Schwierigkeiten, an denen wir leiden und uns reiben, können von Gott kommen. Auch für diese Erlebnisse gilt: Sie sind kein unpersönlicher Zufall, sondern „fallen" aus der Liebe Gottes in unser Leben. Gerade in diesen Herausforderungen sollen wir zu den Menschen werden, die wir nach Gottes Willen sein sollen. In den mühevollen und schmerzlichen Zeiten will Gott an unserem Herzen arbeiten.

Herausgefordert zum Wachsen

Große Bildhauer sprechen von der Erfahrung, dass sie in einem Marmorblock schon das zukünftige Kunstwerk sehen. Sie müssen nur noch das überflüssige Gestein entfernen. Gott sieht in uns die Persönlichkeit, zu der wir im Laufe unseres Lebens reifen können und sollen. Und er wünscht sich, dass das, was in unserem Leben geschieht, uns auf diesem Wachstumsweg voranbringt. Das ereignet sich nicht automatisch. Menschen können sich, wenn sie Mühevolles und Schmerzliches erleben, auch zurückziehen, verkümmern, vielleicht sogar verbittern. Hätten die von Jesus auf den Weg geschickten Jünger sich darüber aufgeregt, dass

Jesus ihnen diese mühsame Art des Reisens zumutet, hätten sie ihren Auftrag nicht erfüllen können und niemals diese begeisternde Erfahrung gemacht. Weil sie die Zumutung angenommen haben und Schritt für Schritt im Vertrauen auf Jesus gegangen sind, konnten sie menschlich wachsen und beglückende Glaubenserfahrungen machen.

Wie sieht das bei mir aus: Sehe ich in Schwierigkeiten die Verhinderung meines persönlichen Lebensglücks? Oder bewerte ich sie als Einfallstor für Gottes Liebe, die mich auf meinem persönlichen Weg voranbringen will? Wer meint, er sei fertig und habe kein inneres Wachstum mehr nötig, tritt auf der Stelle. Er erahnt nicht einmal, was Gott für ihn bereithält. Wer aber Gottes Nähe und Hilfe sucht, um sich den Widrigkeiten seines Alltags zu stellen, wächst im Suchen seines Weges in seine Bestimmung hinein.

Ganz praktisch ereignet sich der von Gott gewollte Reifungsprozess, wenn wir Lösungen erarbeiten, Probleme bewältigen, Unlösbares aushalten, klagen und trauern und bitten, scheitern, vergeben und neu anfangen. Er kommt in Gang, wenn wir die Widrigkeiten in unserem Leben mit solchen Fragen zu Gott bringen:

- **Was willst du mich durch diesen Leidenspunkt, an dem ich mich reibe, lehren?**
- **Wie soll ich dieser Herausforderung begegnen, damit sie mich meiner Bestimmung näher bringt?**
- **Welche Eigenschaft, welchen Charakterzug möchtest du in mir reifen lassen? Wie kann ich deinem Handeln Raum geben?**
- **Was ist der nächste Schritt, den ich gehen soll?**
- **Wer kann mir ein guter Begleiter auf diesem Weg sein?**

(23) Geborgen wie ein Kind

Ein Baby, das Hunger hat, meldet sich lautstark zu Wort. Es kann die Ohren und Nerven seiner Eltern tüchtig strapazieren. Aber sobald es Brust oder Flasche bekommt, schmatzt und schluckt es erst gierig, dann immer friedlicher nuckelnd. Schließlich strahlt es seine Mama glücklich an oder schlummert voll satter Zufriedenheit ein. Diesen Moment – wenn ein Kind im Arm der Mutter aus tiefstem Herzen zur Ruhe kommt, gestillt, zufrieden, glücklich – hat der Psalmbeter David vor Augen, als er dieses Gebet ausspricht:

Ich bin ganz still und geborgen, so wie ein Kind bei seiner Mutter.
Ja, wie ein Kind, so ist meine Seele in mir.

Psalm 131,2

Gott lädt uns ein, diese Erfahrung der Geborgenheit bei ihm zu machen.

Weniger ist mehr

Gerade im wuseligen Babyjahr können uns vielfältige Pflichten und Beschäftigungen in Atem halten. Das Baby versorgen, den Haushalt organisieren, Besorgungen machen, Kontakte halten, neue Beziehungen aufbauen, Behördenpost erledigen, mit dem Arbeitgeber in Verbindung bleiben, sich mal was Schönes gönnen, auf Flohmärkten Kinderklamotten oder im Internet Schnäppchen jagen – all das kann zu einem Hamsterrad werden, das uns nicht nur die äußere, sondern auch die innere Ruhe raubt. Um in Gottes Armen wie ein Kind zu werden, dürfen wir zuallererst die überhöhten Ansprüche an uns selbst loslassen: Ich muss keine Supermami sein, keinen Managerorden für vorbildliche Haushaltsführung verdienen, nicht die besten Gelegenheiten nutzen und den größten Bekanntenkreis haben. Ich muss nicht permanent wirbeln, um alles im Griff zu haben. Ich darf meinen Alltag „entschlacken". Wenn wir es schaffen, manches sein zu lassen, um in Berührung mit uns selbst zu kommen, dann erkennen wir, was wir am allermeisten brauchen: ein liebevolles Gegenüber, das unserem Leben Sinn verleiht.

Ich darf meine Grenzen spüren, zu meinen Grenzen stehen, mich an meinen Grenzen selbst aushalten und Gott hinhalten. Er will mir begegnen und mich mit dem beschenken, wonach mein Herz sich ausstreckt.

Gottes Ruhe suchen

Bevor das erste Baby unsere Familie bereicherte, habe ich möglichst oft ausgiebig Zeit mit Gott verbracht. Ich habe es genossen, in Ruhe zu beten, in der Bibel zu lesen, Tagebuch zu schreiben. Mit einem putzmunteren Säugling, der von Anfang an wenig geschlafen hat, wurden diese Zeiten rar. Entweder hatte ich keine Ruhe oder ich war zu müde, wenn ich sie dann mal gehabt hätte. Als Baby-Mamas müssen wir neue Wege entdecken, die uns helfen, mit Gottes Ruhe in Berührung zu kommen. Fest steht: Gott möchte uns seine Geborgenheit schenken – so wie eine Mutter ihrem Kind. Darum will er uns auch helfen, neue Wege zu finden, auf denen wir uns für seinen Frieden öffnen können.

Mal kann es ein Spaziergang mit Kinderwagen durchs Grüne sein. Wenn ich die Frühlingssonne, das Zwitschern der Vögel, fröhliches Kinderlachen vom Spielplatz genieße, kann Gott meinem Herzen intensiver begegnen, als wenn ich müde auf dem Sofa lümmle und fast einschlafe.
Vielleicht können Sie hin und wieder, wenn Ihr Kind schläft, die herumliegenden Aufforderungen zum Aufräumen ignorieren. Sie dürfen sich – auch wenn ganz viel unerledigte Arbeit wartet – auf die Terrasse oder ins gemütliche Wohnzimmer setzen und einen duftenden Cappuccino oder den wohlig warmen Lieblingstee genießen. Das ist ein guter Ort und Moment, um diese Gewissheit ins Herz zu lassen: Ganz still und geborgen – wie ein Kind im Arm der Mutter – so darf ich sein, Gott, bei dir!

Wenn Sie eine künstlerische Ader haben, raffen Sie sich vielleicht mal wieder auf, Farbe und Pinsel hervorzukramen, um diesen wunderbaren Psalmvers schreibend oder malend auf Papier oder Leinwand zu bringen. Schon während der Arbeit wird Gott Ihr Herz berühren. Und das an einem zentralen Ort platzierte Kunstwerk kann Sie im Alltag immer wieder an seine Einladung erinnern.

Vielleicht lassen Sie abends, wenn die Hände vor Müdigkeit und Erschöpfung nur noch nach der Fernbedienung greifen, einmal den Fernseher aus und zünden eine Kerze an. Vielleicht hören Sie sich bewusst das Lied von Martin Pepper „Herr, ich suche deine Ruhe" an – oder Sie sprechen den Text als Gebet:

Herr, ich suche deine Ruhe, fern vom Getöse dieser Welt.
Ich hör jetzt auf mit allem, was ich tue,
und tu das eine, das im Leben zählt.
Ich geh im Geist jetzt vor dir auf die Knie
und höre auf die Stimme meines Herrn!
Führe du mein Innerstes zur Ruhe
und lass dein Feuer meine Hast verzehrn.

Herr, ich suche deinen Frieden, das,
was die Welt nicht geben kann,
in Harmonie und tief versöhnt zu leben,
denn das fängt erst in deiner Nähe an!
Ich löse mich von allen Ambitionen und werd' so still
wie ein grad' gestilltes Kind!
Denn du hast mehr für mich als Illusionen,
dein Rat für mich verweht nicht mit dem Wind!

Du bist ein starker Turm, du bist das Auge im Sturm!
Du sprichst zum aufgewühlten Meer
meiner Seele in mir, Herr, Friede mit dir, Friede mit dir!

(Martin Pepper)[15]

Getröstet und geborgen

Vielleicht sind Sie so im Reinen mit sich, dass Sie nichts brauchen als einen Moment der Entspannung, um bei Gott ausruhen zu können. Vielleicht hindern Sie aber nicht nur Äußerlichkeiten, sondern auch inneres Aufgewühltsein daran, tief drin zur Ruhe zu kommen. Vielleicht bedrückt Sie ein Kummer, eine Schuld. Vielleicht brodelt es in Ihnen und Sie erahnen nicht einmal die Ursache. Wenn Sie Mühe haben, in stillen Momenten Gottes Frieden zu erleben, dann gilt Ihnen seine Einladung besonders. Gott will uns gerade dann begegnen, wenn wir ihn nötig haben. Er sagt an anderer Stelle: „Ich selbst werde euch trösten, wie eine Mutter ihr Kind tröstet" (Jesaja 66,13).

Wir kümmern uns nicht erst dann um unser Kind, wenn es strahlt und zufrieden ist. Wir schenken ihm unsere Zuwendung dann, wenn es sie nötig hat. So will Gott auch dann an der Sehnsucht in unseren Herzen anknüpfen, wenn wir nicht zur Ruhe finden, weil wir von einer Not aufgewühlt werden.

- Wenn ich versagt habe und Schuld empfinde, dann vergibt Gott mir, wenn ich ihn darum bitte.
- Wenn ich Schuldgefühle habe, aber gar nicht wirklich schuldig geworden bin, dann darf ich Gottes Wahrheit an die Stelle meiner Empfindungen setzen.
- Wenn ich das allein nicht schaffe, dann darf ich um eine Seelsorgerin beten und danach suchen, die mir hilft, Gottes Wahrheit in meinem Leben Raum zu geben.
- All das, was in mir aufgewühlt und verletzt ist, hat hier seinen Platz und darf in Gottes Gegenwart heil werden.
- Wenn ich von meinen eigenen überhöhten Ansprüchen angetrieben werde und deshalb nicht zur Ruhe komme, darf ich in Gottes Nähe aufatmen und wahrnehmen: Ich muss nicht andere ausstechen, ich muss nicht so sein, wie ich gern wäre, aber nicht bin. Ich darf ich selbst sein und immer mehr ich selbst werden – unter den wohlwollenden, liebevollen Augen des himmlischen Vaters.

Wie ein Kind dürfen wir uns von Gott in die Arme nehmen lassen. An diesem inneren Heimatort für unser Herz kommen wir in Berührung mit unserer tiefsten Sehnsucht und mit der einzigen Quelle, die diese Sehnsucht stillen kann.

(24) Wie Weihnachten und Ostern zusammen

„Und sie gebar ihren ersten Sohn und wickelte ihn in Windeln und legte ihn in eine Krippe" (Lukas 2,7; LUT). Alle Jahre wieder wärmten mich diese Worte an Heiligabend feierlich von innen. Etwas Überraschendes, meine persönliche Welt Bewegendes habe ich von ihnen nicht mehr erwartet. Dann kam das erste Weihnachtsfest mit Baby. Die Schwangerschaft und die schwierige Geburt steckten mir noch in den Knochen und ich hörte völlig neu, was in diesen Worten steckt: Gott macht sich unter widrigsten improvisierten Bedingungen auf den Weg durch den Geburtskanal einer einfachen Frau. Gott wird ein Säugling, in Windeln gewickelt und in einen Futtertrog gelegt, weil kein behagliches Zuhause zur Verfügung stand. Das hat mich neu berührt und mich das Mysterium dessen erahnen lassen, was wir an Weihnachten und Ostern feiern.

Gottes Liebe zu uns zeigt sich darin, dass er seinen einzigen Sohn in die Welt sandte, damit wir durch ihn das ewige Leben haben. Und das ist die wahre Liebe: Nicht wir haben Gott geliebt, sondern er hat uns zuerst geliebt und hat seinen Sohn gesandt, damit er uns von unserer Schuld befreit.

1. Johannes 4,9.10

Hilflos ausgeliefert

Der große allmächtige Gott macht sich unfassbar klein. „Obwohl er Gott war, bestand er nicht auf seinen göttlichen Rechten. Er verzichtete auf alles; er nahm die niedrige Stellung eines Dieners an und wurde als Mensch geboren und als solcher erkannt" (Philipper 2,6.7).

Da meldet sich die Frage: Wie konnte Gott das seinem eigenen Kind antun? Aber diese Frage vergisst das Geheimnis, das wir Christen „Dreieinigkeit" nennen. Jesus war nicht einfach eine Person neben Gott, so wie unser Kind eine eigene Person ist, aus uns geboren, aber abgenabelt und unterwegs in Richtung Eigenständigkeit. Sondern Jesus selbst ist Gott. Wir glauben nicht an drei Götter, sondern an einen Gott, der sich in drei Erscheinungsweisen zeigt: Als Vater, Sohn und Heiliger Geist. In Jesus kam also Gott selbst – der Erschaffer des Universums – als kleines Baby auf die Welt. Das mächtigste Wesen überhaupt begibt sich freiwillig in die völlige Abhängigkeit von uns Menschen. Wenn Jesus Hunger hatte, war er auf Maria angewiesen. Um schon als Baby tödlicher Gefahr zu entgehen, braucht er den Schutz durch Josef. Der unfassbar große, heilige Gott macht sich verletzlich und klein. Als er rund dreißig Jahre später auf Golgatha zu Tode gefoltert wird, scheint es für den Augenblick so, als wäre dieses immense Risiko nicht aufgegangen. Aber dann kommt Ostern und mit der Auferstehung Jesu der Durchbruch. Seine scheinbare Niederlage war in Wirklichkeit der Sieg, der uns Menschen ewiges Leben ermöglicht. Jesus machte mit seinem Leiden, Sterben und seiner Auferstehung den Weg dafür frei, dass wir verlorene und unheilige Menschen mit dem heiligen Gott Gemeinschaft haben können. Er hat den tiefen Graben zwischen Gott und uns, den „Sund" (daher stammt das Wort Sünde), ein für alle Mal überwunden. Weil Gott sich ganz klein macht, um uns zu retten, darum können wir Menschen eine Beziehung zu ihm aufnehmen und unzerstörbares Leben empfangen.

Der Preis der Freiheit

Warum, diese Frage drängt sich auf, warum geschah das auf diese mühevolle, gefährliche und schmerzhafte Weise? Weil es keinen anderen Weg gab. Gott hat uns nicht als Marionetten geschaffen, sondern als freie Persönlichkeiten. Das beinhaltet, dass er uns nicht zu unserem Glück zwingen will und kann. Er wünscht sich eine Beziehung der Liebe zu uns, seinen freien Geschöpfen. Aber wir Geschöpfe haben uns zu Beginn der Weltgeschichte von unserem Schöpfer abgewandt. Das sah

aus wie eine Emanzipation nach dem Motto: „Wir wissen selbst besser als Gott, was gut für uns ist." Aber in Wirklichkeit war es der Moment, in dem Schuld, Angst und Tod Macht über das menschliche Leben gewannen. Zwischen dem heiligen Gott und uns war durch diesen Super-GAU ein tiefer, von menschlicher Seite unüberwindbarer Graben entstanden.
Seither arbeitet Gott an der Überwindung dieser Trennung. Die Auferstehung Jesu war der Höhepunkt seiner gigantischen Rettungsaktion. Einen Weg der Macht hätte es nicht gegeben, weil Gott uns Menschen als freie Wesen gewollt hat. So gab es nur diesen Weg der Demut und Liebe. „Denn Gott hat die Welt so sehr geliebt, dass er seinen einzigen Sohn hingab, damit jeder, der an ihn glaubt, nicht verloren geht, sondern das ewige Leben hat. Gott sandte seinen Sohn nicht in die Welt, um sie zu verurteilen, sondern um sie durch seinen Sohn zu retten" (Johannes 3,16.17).

Aus beispielloser Liebe

Gott hat uns Menschen als seine Gegenüber geschaffen und sehnt sich danach, mit uns Gemeinschaft zu haben. Darum hat er die Menschen nicht einfach den Folgen ihrer eigenen Wahl überlassen. Ist das nicht umwerfend? Er liebt uns so sehr, dass er sich als kleines Kind zu uns auf den Weg macht. Auf Golgatha liefert er sich der Bosheit von uns Menschen aus. Und bis heute steht er mit offenen Armen da, um uns zu seinen Kindern zu machen. Aber er stülpt uns seine Rettung nicht über. Er zwingt uns nicht. Gott verschenkt sich an uns. Ob wir sein Geschenk annehmen, entscheiden wir selbst. Was Gott sich von Herzen für uns wünscht, ist: Er will unsere Schuld vergeben, wenn wir das, was Jesus für uns getan hat, annehmen. Er will uns aus unserer Gottesferne retten und uns ewiges Leben schenken – eine Qualität von Leben, die heute anfängt und in Ewigkeit nicht aufhört. Er will uns erfüllen mit seiner Liebe und Barmherzigkeit. Er will uns leiten und reifen lassen – hin zu einem erfüllten Leben, wie es sich der Schöpfer von Anfang an für uns gedacht hat. Aber unsere Herzenstür lässt sich nur von innen öffnen. Gott wird sie nicht „mit Gewalt eintreten". Er klopft an. Was uns

erwartet, wenn wir ihn hereinbitten, wurde schon Jahrhunderte vor der Geburt Jesu angekündigt:
„Denn das Volk, das in der Dunkelheit lebt, sieht ein helles Licht. Und über den Menschen in einem vom Tode überschatteten Land strahlt ein heller Schein. Denn uns wurde ein Kind geboren, uns wurde ein Sohn geschenkt. Auf seinen Schultern ruht die Herrschaft. Er heißt: wunderbarer Ratgeber, starker Gott, ewiger Vater, Friedensfürst" (Jesaja 9,1.5).

Heiliger Gott und ewiger Vater,
ich kann es mit meinem Verstand nicht begreifen,
wie sehr du uns in Jesus nahegekommen bist.
Du hast dich als Säugling in unsere Hände gegeben,
um unsere Herzen zu gewinnen.
Die Verlorenheit der Menschen hat dich nie kaltgelassen.
Deine beispiellose göttliche Liebe hat dich zu uns
auf den Weg gebracht. Mit dieser ewigen väterlichen Liebe
lädst du mich ein, in deine Arme zu kommen.
Du willst die Schuld in meinem Leben vergeben,
mich befreien von dem, was mir die Luft zum Atmen nimmt.
Du willst mich bergen in deiner Barmherzigkeit.
Du willst meinen Lebensweg durch Höhen und Tiefen
als wunderbarer Ratgeber begleiten.
Du willst zur Entfaltung bringen, was du liebevoll in mir
angelegt hast. Du willst mit deiner Kraft hineinkommen
in die Erschöpfung und Schwachheit meiner Tage.
Du willst alles Zerstrittene in mir und um mich zum Frieden führen.
Im Frieden mit dir, mit mir selbst und mit meinen Mitmenschen
darf ich in meine Bestimmung hineinwachsen.
Das Wort Danke erscheint mir zu schwach für das,
was du mir geben willst. Ich bete deine Hingabe an.
Ich will es wagen, mich selbst dir hinzugeben. Ich vertraue mich
dir an. Nimm mein Leben, führe und präge mich.
Mach mich zu einem Geschöpf, das deine Liebe empfängt,
um sie weiter zu verschenken.
Amen

Monat 7

Das Besondere im Alltäglichen

(25) Von Augenringen und Apfelbäumen

Können Sie noch zählen, wie oft Sie nachts aufgestanden sind, um Ihr Kind zu trösten, zu stillen, zu windeln? Haben Sie eine Ahnung, wie oft Sie auf etwas verzichtet haben, um sich um Ihr Kind zu kümmern? Oder eine Vorstellung davon, wie viel Zeit und Geld Sie in den nächsten zwei Jahrzehnten Ihrem Kind bis zum Erwachsenwerden zur Verfügung stellen werden? Was Eltern ihren Kindern schenken, widerspricht allen betriebswirtschaftlichen Berechnungen und egoistischen Betrachtungsweisen. Es ist nur mit einem Wunder zu erklären, das Gott als Keim im Herzen jedes Menschen angelegt hat: Das Wunder der Elternliebe. Regula Lehmann, vierfache Mutter und Fachfrau in Sachen Erziehung, schreibt:

„Elterliche Liebe investiert, ohne nach dem persönlichen Gewinn zu fragen. Mütter und Väter, die von ihren Kindern eine Rückerstattung einfordern, sind auf dem Holzweg. Das Ziel elterlicher Bemühungen liegt darin, dass Kinder den erhaltenen Segen an die nächste Generation weitergeben."[16]

Gott sei Dank ist es ja nicht so, dass wir nichts von unseren Kindern zurückbekommen. Wenn das Baby uns anstrahlt, uns seine Ärmchen entgegenstreckt oder sich an uns kuschelt und zur Ruhe kommt, wenn es groß wird und sich stolz neue Fähigkeiten erarbeitet – all das berührt unser Herz und macht uns glücklich. Aber wir erleben das nicht zu jeder Zeit und wir können unseren Einsatz für unser Kind nicht davon abhängig machen, ob es uns just in diesem Moment behagliche Empfindungen bereitet. Oft fordern gerade anstrengende Krankheitszeiten, in denen wir wenig gute Gefühle haben, von uns besonders viel Zeit, Schlafverzicht, Kraft und Liebe. Es ist keine Kleinigkeit, dass wir unseren Kindern dann das geben, was sie brauchen. Es ist ein Stück Himmel auf Erden, das sich täglich rund um den Globus zwischen Eltern und Kindern ereignet. Denn selbstlose Hingabe ist eine göttliche Verhaltensweise, die Jesus Christus uns in unvergleichlicher Weise entgegenbringt.

Christus ist deshalb für alle gestorben, damit alle, die leben, nicht länger für sich selbst leben, sondern für Christus, der für sie gestorben und auferstanden ist.

2. Korinther 5,15 (HFA)

Der (Domino-)Stein des Anstoßes

Jesus hat die himmlische Herrlichkeit verlassen, um uns mit seinem Leiden und Sterben zu retten. Was das bedeutet, können wir aus menschlicher Perspektive nur erahnen und anbeten. Wenn zwei Menschen zerstritten sind, scheitert die Versöhnung oft daran, dass keiner den ersten Schritt machen will. Unausgesprochen fragt jeder: Warum soll ich anfangen? Jesus hat nicht gefragt, sondern angefangen. Er hat sich ganz hingegeben, ohne dass wir Menschen eine Vorleistung erbracht haben. Damit hat er einen immensen Dominoeffekt ausgelöst, der alle in Bewegung setzt, die ihm ihr Leben anvertrauen.

Wie Christus mir …

Seit dem Super-GAU des Sündenfalls ist jedes menschliche Leben dem Tod unterworfen. Aber durch Jesus bekommen alle, die an ihn glauben, neues ewiges Leben geschenkt. Das ist überwältigend: Wir waren dem Tod geweiht und sind nun in göttlicher Tiefendimension lebendig. Deshalb wünscht sich Jesus, dass wir ihm unser Leben für seine fortlaufende Rettungsaktion zur Verfügung stellen. Er will, dass durch uns auch andere von seinem Wunder des Lebens erfahren. Er will, dass wir die Liebe und Güte, die wir von ihm bekommen, weiterschenken. „Wie Christus mir, so ich dir" – das soll zur Maxime für unseren Umgang mit anderen Menschen werden. Jesus Christus liebt mich, wie ich bin. Er vergibt mir meine Fehler und Schuld. Er begleitet mich geduldig in meinem persönlichen Wachstumsprozess. Er will das, was Gott in mir angelegt hat, zur Entfaltung, zum Aufblühen bringen. Wer an Jesus glaubt, ist dazu berufen, anderen Menschen in dieser *christ*-lichen (d.h. wie Christus) Haltung zu begegnen. Seit wir Mütter sind, ist ein wesentlicher Teil unserer Berufung, unseren Kindern diese Liebe entgegenzubringen.

Segen, der sich vermehrt

Segen bedeutet, von Gott mit heilvoller Kraft begabt werden. Das heißt: Gott ist da und er wirkt in meinem Leben. Segen entzieht sich betriebswirtschaftlicher Berechnung nach dem Motto: „Ich bekomme soundsoviel von Gott, und abzüglich dessen, was ich weitergebe, macht das soundsoviel Rest." Segen rechnet sich nicht. Er vervielfältigt sich, wenn wir ihn nicht für uns behalten. Was wir unseren Kindern geben, hat nicht das Ziel, dass wir es eines Tages zurückbekommen, sondern wir geben weiter, was Gott uns geschenkt hat, damit auch unsere Kinder später weitergeben, was sie geschenkt bekommen haben.

Ich mache es an einem Bild aus der Natur deutlich: Die Frucht eines Apfelbaumes sind zunächst Äpfel. Ganz langfristig gesehen ist die wichtigste Frucht, dass aus diesen Äpfeln neue Apfelbäume wachsen. Das Ziel unserer Hingabe ist im Bild gesprochen nicht nur, dass unsere Kinder sich selbst „an Äpfeln satt essen". Sie sind auch dazu berufen, selbst „Apfelbäume zu werden", die später andere „nähren". Das können ihre eigenen Kinder sein oder andere Menschen, die Gott durch sie segnen will. Zu Abraham sagte Gott am Beginn des langen Weges, auf den er ihn schickte: „Ich will dich segnen und … dich zum Segen für andere machen" (1. Mose 12,2). Das ist die Berufung jedes Christen: dass wir Segensempfänger sind und deshalb Segensträger werden.

Übrigens können wir Segen weitergeben, obwohl wir als Persönlichkeiten noch längst nicht am Ziel, sondern auf unserem Wachstumsweg unterwegs sind. Gott hat uns zugetraut, dass wir die richtige Mama für dieses Kind sind. Darum dürfen wir uns an ihn wenden, damit er uns all das gibt, was wir brauchen, um diese Aufgabe in seinem Sinne ausfüllen zu können. Und wir dürfen ihm betend unser Kind anvertrauen. Wir können ihn für unser Kind um Bewahrung bitten, um die Entfaltung seiner Persönlichkeit, und dass es zum Segensträger wird. Es kann zu einer guten Gewohnheit werden, die Gebete für unser Kind mit dieser Bitte zu ergänzen:
„Herr Jesus Christus, segne unser Kind und mache es zum Segensträger. Amen"

(26) Gottes Wünsche für unser Kind

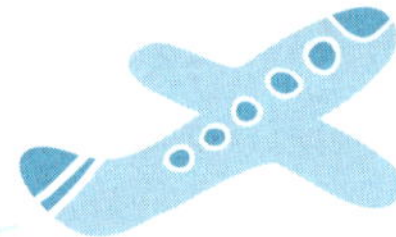

Väter und Mütter kommen nicht umhin, sich Vorstellungen über die Zukunft ihrer Kinder zu machen. Ich wünsche meiner Tochter und meinem Sohn – und damit bin ich gewiss nicht allein – eine glückliche Kindheit, gute Freunde, Erfolgserlebnisse in der Schule und Freude am Lernen, später einen Beruf, der ihren Begabungen entspricht, Gesundheit, einen liebevollen Partner und ein glückliches Familienleben. Gott, der Schöpfer unserer Kinder, hat auch Wünsche für ihre Zukunft. Was er sich für jeden Menschen wünscht, finden wir in der Bibel unter anderem in diesen Versen:

Ich aber bin gekommen, um ihnen das Leben
in ganzer Fülle zu schenken.

Johannes 10,10b

Gott will, dass alle Menschen gerettet werden
und zur Erkenntnis der Wahrheit kommen.

1. Timotheus 2,4 (ELB)

Ich bin der Weg, die Wahrheit und das Leben. Niemand
kommt zum Vater außer durch mich.

Johannes 14,6

Ich habe zum Herrn gesagt: „Du bist mein Herr,
mein Glück finde ich allein bei dir."
Ich weiß, dass der Herr immer bei mir ist.
Ich will nicht mutlos werden, denn er ist an meiner Seite.
Du wirst mir den Weg zum Leben zeigen und mir die Freude
deiner Gegenwart schenken.
Aus deiner Hand kommt mir ewiges Glück.

Psalm 16,2.8.11

Lassen wir uns Gottes Wünsche für unser Kind mal auf der Zunge zergehen:

- Es soll die Wahrheit erkennen: In Jesus allein ist der Zugang zu Gott und ewiges Leben zu finden. Jesus Christus, den Dreh- und Angelpunkt seines Lebensglücks, soll es kennenlernen und ihm sein Leben anvertrauen.
- Es soll nie allein sein, auch nicht, wenn es groß ist und wir es nicht mehr ständig betreuen. Es soll in der Nähe Gottes leben und aufblühen, Kraft und Mut bekommen, für all die Herausforderungen, die sich vor ihm auftun werden.
- Es soll nicht nur irgendwie vor sich hin existieren, sondern das Leben in seiner ganzen Fülle entdecken und geschenkt bekommen. Nicht weniger als ewiges Glück hält Gott für unser Kind bereit. Ewig meint nicht nur die Dauer, sondern auch Qualität und Tiefgang des Lebens.

Wenn wir Gott glauben, dass er diese durch und durch guten Absichten mit dem Leben unseres Kindes verfolgt, dann können wir nicht anders, als uns seine Wünsche zu eigen zu machen. Unser Kind wird später einmal selbst entscheiden, ob es mit Jesus leben möchte. Aber wir können den „Boden vorbereiten" und damit eine Menge dazu beitragen, dass der Same, den Gott ins Herz unseres Kindes aussät, auf fruchtbares Land fallen und wachsen kann.

Selbst mit Jesus leben

Man kann reden, so viel man will, die Kinder machen einem doch alles nach. Dieser Erziehungsgrundsatz ist auch in Bezug auf den Glauben nicht ganz von der Hand zu weisen. Wer sich wünscht, dass sein Kind sein Leben später Jesus anvertraut, stellt sich am besten zunächst selbst die Frage: Auf wen baue ich mein Leben? Woher erwarte ich mein Glück und meine Erfüllung? Versuche ich, mein Leben selbst zu steuern, oder habe ich es Gott anvertraut? Jesus lädt uns ein, dass wir aus seiner Vergebung leben, dass wir uns von ihm leiten und lenken lassen und dass wir im Vertrauen auf seine Gnade unser Leben anpacken. Er will uns Glück und Fülle schenken, und zwar gerade in den Gegebenheiten, in denen wir stecken. Er will uns Mut zusprechen und Kraft schenken. Je mehr wir uns selbst für seine Realität in unserem Alltag öffnen, desto eher wird auch unser Kind die Erfahrung machen: Gottes Gegenwart macht das Leben lebenswert.

Einem Baby kann man noch keine theologischen Zusammenhänge erklären. Aber man kann schon bald regelmäßig mit ihm ein einfaches Gebet sprechen, z.B.:
„Gott, bei dir bin ich geborgen,
habe keine Angst vor morgen,
weil nach jeder dunklen Nacht
ein heller neuer Tag erwacht."
Es gibt tolle Bibelbilderbücher für Babys mit dicken Kartonseiten, die Sie spätestens im Kleinkindalter mit Ihrem Kind anschauen können. Später können Sie eine regelmäßige biblische Geschichte aus einer altersgerechten Kinderbibel vorlesen. Wenn es eine Mutter-Kind-Gruppe oder einen Krabbelraum beim Gottesdienst gibt, kann Ihr Baby schon die gute Gewohnheit miterleben, regelmäßig in die Kirche zu gehen. Sollte es in Ihrer Gemeinde keinen Kindergottesdienst geben, wäre es vielleicht an der Zeit, über eine Gründung nachzudenken?

Aus eigener Erfahrung kann ich nur sagen: Es tut auch uns gut, dass unsere Kinder von ihrem Kindergottesdienst begeistert sind und deshalb gern mit in die Kirche gehen. Sollte es in der bisherigen Gemeinde gar nicht möglich sein, dass Kinder und Jugendliche altersgerechte, liebevolle Veranstaltungen erleben, kann es auch mal nötig sein, sich nach einer neuen Gemeinde umzuschauen, in der das möglich ist.

Für das Kind beten

Wenn wir selbst in einer lebendigen Beziehung mit Jesus leben, geschieht es ganz natürlich, dass wir für unser Kind beten. Vielleicht beten auch die Paten und Großeltern mit dafür, dass unser Kind Jesus als seinen Retter und Herrn kennenlernt. Man kann das jeden Tag mit anderen Worten tun. Und man kann über einen gewissen Zeitraum ein bewusst formuliertes Gebet immer wieder sprechen, zum Beispiel:

Herr Jesus Christus, ich bitte dich,
dass unser Kind dich als Retter kennenlernt
und dir als Herrn sein Leben anvertraut.
Lass in ihm den Glauben wachsen und
hilf uns als Eltern, es auf diesem Weg zu begleiten.
Lass es zu einem Erwachsenen heranwachsen,
der in deiner Nähe seine Persönlichkeit entfaltet,
den Platz ausfüllt, den du ihm zugedacht hast,
an seinen Herausforderungen wächst
und seinen Mitmenschen deshalb viel zu geben hat,
weil er selbst von dir beschenkt ist.
Lass es die Fülle deines Lebens erfahren.
Amen

Im Gebet vertrauen wir unser Kind Gott an. Wir lassen seinen Weg in Gottes Hände los. Wir machen uns bewusst: Wir können seinen Glauben nicht produzieren. Beten ist ein Ausdruck von Vertrauen und es lässt Vertrauen wachsen. Und es schafft eine wachstumsfreundliche Atmosphäre für den Glauben, den Jesus selbst „sät".

Nie zu früh

Bevor unser erstes Kind geboren wurde, durchlebten mein Mann und ich eine schmerzliche Zeit des Loslassens und der Trauer. Nach längeren vergeblichen Versuchen, schwanger zu werden, haben wir drei Kinder durch Fehlgeburten verloren und wussten nicht, ob wir überhaupt Kinder bekommen würden. Unter dem Eindruck des Lebens von Hanna, das in der Bibel in 1. Samuel 1 geschildert wird, betete ich zu Gott: „Wenn du uns doch noch ein Kind schenkst, dann möchte ich dir dieses Kind zur Verfügung stellen. Du sollst dieses Kind gebrauchen und zum Segen für andere machen."

Eine liebe Freundin, die ich selten sehe, weil sie weiter entfernt wohnt, wusste um unseren Schmerz, keine Kinder zu bekommen. Als ich mit unserer Tochter schwanger geworden war, erzählte ich ihr am Telefon davon. Danach sahen wir uns monatelang nicht. Ich wusste zunächst nicht, dass sie zeitgleich mit meiner glücklichen Schwangerschaft eine schwierige Zeit der Erschöpfung und Niedergeschlagenheit durchmachte. Als sich ihr Dunkel wieder zu lichten begann, schrieb sie mir in einem Brief: „Euer Baby hat mir ganz viel bedeutet. Ich habe immer diese kleine ‚Erbse' in deinem Bauch gesehen. Es war für mich das einzige Zeichen, dass das Leben doch siegt. Wie ein ganz schmaler, heller, gelber Strahl im Dunkel … immer wieder hat das Licht eures Babys mich erreicht. Ich danke ihm jetzt schon dafür." Diese Worte berührten mein Herz zutiefst. Ich spürte, dass Gott schon begonnen hatte, mein „Hanna-Gebet" zu erhören. Und dass es nie zu früh dafür ist, dass Gottes Wirken im Leben eines Menschen erfahrbar wird.

(27) Wenn mir die Decke auf den Kopf fällt

Stellen Sie sich vor: Ein Star-Architekt hat ein fulminantes Gebäude geplant. Die Statiker haben alles berechnet, die Bank stellt den Kredit bereit, der Bauplatz ist nach den Abbrucharbeiten geräumt und vorbereitet, jetzt kann es losgehen. Da denken sich die Arbeiter, die das Fundament auszubaggern und zu betonieren haben: „Ach, so wichtig ist dieser Arbeitsschritt gar nicht. Wenn der glänzende Büroturm einmal steht, sieht keiner mehr, ob wir beim Fundament gepfuscht haben. Wir lassen fünfe grade sein und geben uns erst später, wenn es an die Fassade geht, richtig Mühe."

Dieses Beispiel ist völlig absurd. Keiner wollte in einem Gebäude wohnen oder arbeiten, das nach dieser Maxime errichtet worden ist. Wenn es allerdings um Familienarbeit geht, dann ist so eine absurde Bewertung erstaunlich weit verbreitet: Sich um ein kleines Kind kümmern – was ist das schon? Wären tolle berufliche Projekte, für die man außerhalb der Familie Anerkennung bekommt, nicht viel wichtiger?

Kleine Kinder – große Verantwortung

Ja, es stimmt, Popo sauber machen, Essen kochen, ein breiverschmiertes Gesicht abwischen, Spuckflecken vom Sofa schrubben – das alles fühlt sich nicht furchtbar wichtig an. Meistens sieht diese Leistung keiner. Aber die erste Zeit im Leben eines Menschen ist Arbeit am „Fundament". Sie hat Einfluss auf alle kommenden Lebensjahre. Die Zeit, die wir mit Babys und Kleinkindern verbringen, ist alles andere als verschwendet. Eine norwegische Hausfrau, die nach ihrem Beruf gefragt wurde, formulierte selbstbewusst:
„Ich arbeite in der wichtigsten Werkstatt des Atomzeitalters, wo die Zukunft gestaltet wird und die Gegenwart ihren Gehalt bekommt. Ich bin Hausfrau und Mutter von drei Kindern."[17]

Die nötige Kraft

Der Apostel Paulus hatte eine bedeutende Aufgabe von Gott anvertraut bekommen. Seine Berufung war es, Menschen in der ganzen damals bekannten Welt mit der guten Botschaft von Jesus bekannt zu machen. Außerdem legte er mit seinen Briefen den Grundstein für das Neue Testament und damit für jegliche christliche Theologie. Sein Lebenswerk war beeindruckend. Aber er war nicht zu jeder Zeit mit bedeutungsschweren Tätigkeiten betraut. Seinen Lebensunterhalt verdiente er damit, dass er Zelte nähte und verkaufte. Weil sein Einsatz der herrschenden Gesellschaft Angst machte, saß er lange Zeit in Gefängnissen und konnte nicht mehr tun, als warten und beten und schreiben. Es gab Zeiten, in denen dieser wichtige Mann nicht genug zu essen hatte.

Einmal erlitt er Schiffbruch und saß auf einer Insel fest. Aber all das schmälerte nicht die Bedeutung seines Lebens. Er schreibt:

Ob ich nun wenig oder viel habe, ich habe gelernt, mit jeder Situation fertig zu werden: Ich kann einen vollen oder einen leeren Magen haben, Überfluss erleben oder Mangel leiden. Denn alles ist mir möglich durch Christus, der mir die Kraft gibt, die ich brauche.

Philipper 4,12.13

Christus macht den Unterschied

Paulus blickt nicht auf die Schwierigkeiten, sondern auf Jesus. Er weiß, dass Jesus Christus ihn an seinen Platz gestellt hat und erwartet von ihm alles, was er braucht, um diesen Platz auszufüllen. Mal unternimmt er große Reisen, schreibt weltbewegende Briefe, dann wieder näht er Zelte oder ernährt sich von minimalistischen Notrationen. Egal, was er zu tun oder auszuhalten hat – er tut es für Christus und im Vertrauen auf seine Kraft.

Wenn uns das Kleinklein des Baby-Alltags zu eintönig und unbefriedigend erscheint, dann kann diese Perspektive inmitten von Windeln und Wäsche den Unterschied machen: „Ich habe dieses Kind von Gott anvertraut bekommen. Es gehört zu meiner Lebensberufung, mich jetzt um diesen kleinen Menschen zu kümmern. Egal, ob ich gerade Zeuge eines begeisternden Entwicklungsschubs werde oder ob ich mich mit Kopfschmerzen durch Erkältungstage schleppe – ich tue das für Christus und im Vertrauen auf seine Kraft." Wenn wir uns das bewusst machen, bekommt unser Alltag neue Bedeutung. Es ist eine großartige Aufgabe, auch wenn sie mühevollen Kleinkram mit sich bringt.

Treu im Kleinen und Großen

Paulus war nicht von Anfang an ein großer geachteter Missionar. Frisch bekehrt war er ein Heißsporn, der manches Porzellan zerschlagen hat und in Sicherheit gebracht werden musste. Jahrelang tauchte er unter und tat nichts, was als bedeutend wahrgenommen wurde. Dann erst

war er reif, um Großes für Jesus zu vollbringen. Das entspricht dem biblischen Prinzip: „Wer im Geringsten treu ist, der ist auch im Großen treu" (Lukas 16,10a; LUT).
Was wir für Kinder tun, kommt uns manchmal gering vor. Aber Gott sieht unsere Treue im Kleinen. Und manchmal vertraut er uns nicht nur andere, größere Aufgaben an, sondern öffnet uns die Augen dafür, wie groß die Aufgabe in Wirklichkeit ist, die wir oft als klein empfinden. Arbeiten am Fundament sind nicht unwichtiger als an der Fassade. Baby-Betreuung ist nicht weniger bedeutend als Vorlesungen an einer Uni. Wir dürfen Wachstumshelfer für einen kleinen Menschen sein, der später umso besser seinen Platz in der Welt ausfüllen kann, je mehr Geborgenheit er jetzt erlebt. Ist das nicht eine großartige Aufgabe?

Die Herausforderung annehmen

Nicht die Beziehung zum Baby macht den Alltag mühsam, sondern schon eher die ständig wiederkehrenden, sinnlos anmutenden Hausarbeiten. Vielleicht ist es dran, sich bald wieder eine berufliche Herausforderung zu suchen (dazu mehr unter (30)). Vielleicht steckt in dieser empfundenen Unzufriedenheit aber auch eine ganz eigene persönliche Herausforderung. Im Hebräerbrief finden wir die erstaunliche Aussage über Jesus: „Obwohl Jesus der Sohn Gottes war, lernte er doch durch sein Leiden, gehorsam zu sein" (Hebräer 5,8). Noch mal zum Mitschreiben: Der Sohn Gottes hat durch die schweren Zeiten, die er durchlebt hat, als Persönlichkeit dazugelernt. Wenn das für Jesus gilt – wie viel mehr für uns. Die unangenehmen Aspekte unseres Lebens, könnten der Weg sein, auf dem Gott uns reifen lassen möchte.
Darum ist es gut, genauer hinzuschauen und zu spüren, was mir so schwerfällt. Vielleicht mache ich meinen Selbstwert daran fest, was andere von mir denken? Vielleicht habe ich Angst, etwas zu verpassen? Oder bin ich neidisch auf andere, deren Alltag völlig anders aussieht? Vielleicht halte ich es nicht gut mit mir selbst aus? Vielleicht will ich mich den Gedanken, die in mir hochkommen, nicht stellen und suche stattdessen Ablenkung? Vielleicht läuft etwas in der Partnerschaft nicht rund und es wäre Zeit, daran zu arbeiten?

Nicht immer ist der schnelle Ausweg, den eigenen Alltag mit neuen Aufgaben vollzupacken, der beste. Manchmal bringt es mich – und vielleicht auch Sie – auf dem persönlichen Reifungsweg weiter, vor Gott im Gebet diese Fragen zu bewegen:

- **Woher kommt dieses Gefühl, es in der jetzigen Situation nicht auszuhalten?**
- **Was hindert mich daran, die schönen Seiten meiner jetzigen Familienphase zu genießen und die schwierigen mit deiner Kraft zu bewältigen?**
- **Worauf willst du mich durch meine Unzufriedenheit aufmerksam machen?**
- **Wie kann ich an dem, was mir jetzt schwerfällt, als Persönlichkeit wachsen und reifen? Welchen Schritt soll ich als nächsten gehen?**

Falls Sie im Gespräch mit Gott allein nicht weiterkommen, kann es hilfreich sein, mit einem vertrauten Menschen über diese Fragen zu reden.

(28) Wenn ich mich unausstehlich fühle

Manchmal reichen der Schlafmangel, ein quengelndes Kind und kleine Alltagspannen, um das Gefühl deprimierender Erschöpfung wachsen zu lassen. Wenn wir in den Spiegel blicken, sehen wir nur die Ringe unter den Augen und die Speckröllchen, die wir seit der Schwangerschaft nicht losgeworden sind. Wenn wir in unseren Alltag blicken, fühlen wir uns völlig beschlagnahmt und fremdbestimmt. Wenn wir ins Leben anderer blicken, piekst irgendwo im Herzen der Stachel Neid: Neid auf meinen Partner, der das Kind in der Freizeit genießt und trotzdem einem interessanten Job nachgeht. Neid auf die Freundin, die scheinbar alles so mühelos unter einen Hut bringt und nebenbei in Rekordzeit ihre Vor-Schwangerschafts-Maße erreicht hat. Neid auf die Kolleginnen, deren Kinder schon groß und selbstständig sind. Oder Neid auf die Nachbarin, die so viel Unterstützung von Eltern und Schwiegereltern bekommt, dass sie als Mutter von zwei kleinen Kindern ihrem interessanten Beruf nachgehen kann.

Wer mit sich selbst nicht im Reinen ist, wird ungenießbar für andere. Nörgeleien werden zum Dauerzustand. Der Alltag kostet ein Vielfaches an Kraft. Was hilft, ist einzig und allein aus der Tretmühle namens Selbstmitleid auszusteigen. Aber wie? Das Wort, das uns in dieser Gemütslage helfen kann, können wir uns nicht selbst sagen. Aber wir finden es im Wort eines Menschen, der sich an Gottes Maßstab orientiert. David, ein Mensch, der gefühlte Bedeutungslosigkeit und krachendes Versagen aus nächster Nähe kennt, betet dieses bemerkenswerte Gebet:

*Du hast alles in mir geschaffen und hast mich im Leib
meiner Mutter geformt. Ich danke dir,
dass du mich so herrlich und ausgezeichnet gemacht hast!
Wunderbar sind deine Werke, das weiß ich wohl.*

Psalm 139,13.14

Ich bin mir sicher: Diese Worte stehen deshalb in der Bibel, weil sie nicht nur für David, sondern für jeden Menschen gelten. Atmen Sie einmal tief durch und nehmen Sie diese Wahrheit Gottes für sich persönlich wahr: Ich bin Gottes Werk. Ich bin herrlich und ausgezeichnet, wunderbar wie alles, was der Schöpfer sich ausgedacht und ins Leben gerufen hat.

Aussehen

Diese Wahrheit gilt für meine äußere Erscheinung. Ich muss nicht den gängigen Schönheitsidealen oder Modelmaßen entsprechen. Gott liebt mich so, wie ich bin. Ich bin schön geschaffen. Ich darf einen Weg finden, mich zu kleiden, der zu mir passt und meine Einzigartigkeit unterstreicht. Und wenn ich es anpacke, durch Sport oder bewusstes

Essen etwas für meinen Körper zu tun, dann nicht, um geliebt zu werden, sondern weil ich längst geliebt bin – von der wichtigsten Person im Universum. Ich soll mich nicht verstecken oder verleugnen, sondern immer mehr ich selbst werden. Gott wünscht sich, dass ich mich in meiner Haut wohlfühle. Es gibt eine Schönheit, die von außen aufgetragen wird. Sie wird aber irgendwann schal, wenn sie nicht von innerer Schönheit getragen wird. Makellose oberflächliche Jugendlichkeit ist nicht das, was Menschen in tieferem Sinne attraktiv macht. Vielmehr wirkt Schönheit, die daraus wächst, dass ich mit mir selbst im Reinen bin, anziehend auf andere. Sie wird von Lachfalten und grauen Haarsträhnen nicht zerstört, sondern unterstrichen. Mit jedem Jahr, das wir älter werden, hat Schönheit mehr mit Ausstrahlung und Unverwechselbarkeit zu tun. Sie geht Hand in Hand mit Zufriedenheit, Güte und einem gesunden Selbstbewusstsein, das auf Gottes Liebe baut.

Mamasein

Gott hat uns ausgezeichnet geschaffen. Das gilt auch für unsere Mutterschaft. „Das Geheimnis, ein guter Vater oder eine gute Mutter zu sein, besteht unter anderem darin, vertrauensvoll damit zu rechnen, dass Gott den richtigen Eltern die passenden Kinder zugeteilt hat."[18] Gott hat Sie hier hingestellt. Sie sind als Mutter dieses Kindes genau die Richtige. Wenn Ihnen mal Zweifel kommen, ob Sie den Anforderungen dieser Aufgabe genügen, dann treffen Sie die Entscheidung: Ich will mich auf die Wahrheit aus Psalm 139,14 stellen. Ich bin wertvoll und wunderbar. Ich muss mich nicht beweisen. Ich habe ein Existenzrecht von höchster Stelle, obendrein eine Berufung zum Mamasein, die Gott mir persönlich zugeteilt hat. Das ist die Basis, auf der Sie stehen und sich weiterentwickeln können, so wie Gott das in Ihnen weckt.

Mein Platz im Leben

Durch die Geburt des ersten Kindes verändert sich unser Platz im Leben. Ganz grundsätzlich, weil wir Verantwortung für diesen Menschen haben. Und ganz praktisch, weil unser Alltag auf den Kopf gestellt wird. Als Mama im Babyjahr kann ich den Wert meiner Persönlichkeit nicht an der gesellschaftlichen Anerkennung messen. Sie ist für Beziehungs- und Familienarbeit gleich null. Ich kann meinen Wert auch nicht daran festmachen, dass mit dem Baby alles rund läuft, dass es unkompliziert und zufrieden ist. Schon gar nicht sollten wir unseren Wert an unserem Einkommen messen. Wir werden nicht automatisch glücklicher, wenn wir mehr Geld haben, sondern wenn wir tief im Herzen ein Ja zu uns selbst und zu unserem Platz im Leben haben.

Es ist der Schöpfer selbst, der uns in diese Situation hineingestellt hat. Er will uns helfen, immer mehr das zu leben, was unserer Einzigartigkeit entspricht. Gott fordert uns heraus und begleitet uns darin, zu den Umständen, in denen wir stecken, ein Ja zu finden. Hier sollen wir herausfinden und ausleben, wozu wir geschaffen sind. Das kann nach außen hin in einem beruflichen Umfeld oder in einem ehrenamtlichen Engagement sichtbar werden. Es kann aber auch verborgen in der Familie stattfinden. Wichtig ist, dass wir das leben, was unserem Wesen entspricht. Diesen Weg finden wir, wenn wir uns von ganzem Herzen Gott anvertrauen und ihm glauben, dass wir in seinen Augen unvergleichlich wertvoll sind. Dieses Gebet kann dabei helfen:

Ich bin wert,
auch wenn ich
vieles an mir entdecke,
das mich entmutigt
und bekümmert.

Ich bin wert,
auch wenn ich
schuldig geworden bin
und es mir schwerfällt,
mir zu verzeihen.

Ich bin wert,
auch wenn ich nichts vorzuweisen habe,
das mir Beachtung und Anerkennung einbrächte,
wenn meine Kräfte gering sind
und ich mir nur wenig zutrauen kann.

Ich bin wert,
auch wenn es Menschen gibt,
die mich ablehnen,
und Ansprüche auf mich zukommen,
die ich nicht zu erfüllen vermag.

Ich bin wert,
auch wenn ich wenig Liebe empfangen habe,
wenn andere es mir schwer gemacht,
wenn sie mir unrecht getan
und mich zurückgestoßen haben.

Ich bin wert,
weil ich von dir gewollt und bejaht bin,
Herr, du mein Gott.
Du nimmst mich in Schutz
vor anderen Menschen und vor mir selber.

Dass ich wert bin
in deinen Augen,
übersteigt mein Fühlen und Begreifen,
aber deine Zusagen sind verlässlicher
als meine unbeständigen Gefühle.
Und wenn es auch ein langer Weg sein mag,
bis ich mich neu sehen lerne,
so weiß ich doch:
Du hast ungezählte Möglichkeiten,
mir Anteil zu schenken
an deinen guten Gedanken
über mich.

(Sabine Naegeli)[19]

Monat 8

Gute Entscheidungen treffen

(29) Noch ein Kind? – Familienplanung unter „Gottes-Vorbehalt“

Für manche Paare ist schon kurz nach der Geburt des ersten Kindes klar, dass sie sich ein weiteres wünschen. Andere lassen sich Zeit. Bei manchen tickt die biologische Uhr, andere haben noch viele Jahre Zeit. Gemeinsam ist allen Paaren, dass wir heute die Freiheit haben, die Anzahl unserer Kinder in gewisser Weise zu planen. Wünschen wir uns ein Einzelkind oder zwei Kinder, oder wollen wir eine richtig große Familie werden? Sollen die Kinder in kurzen oder größeren Abständen geboren werden? Haben wir die Energie für ein weiteres Kind oder sind wir momentan am Rande unserer Kraft? Irgendwann im Babyjahr tauchen solche Fragen auf. Und es ist gut, wenn wir als Paar lebendig miteinander im Gespräch sind über unsere Wünsche, Vorstellungen und die Einschätzung unserer Möglichkeiten. Gott hat uns nicht als Marionetten, sondern als Persönlichkeiten geschaffen. Wir sind dazu berufen, unser Leben zu gestalten. Allerdings macht Gott uns immer wieder bewusst: Wir sind nicht die allmächtigen Lenker unseres eigenen Schicksals. Bei aller Planung bleibt unser Leben doch in der Hand eines Größeren.

Das Herz des Menschen plant seinen Weg,
aber der HERR lenkt seinen Schritt.

Sprüche 16,9 (ELB)

Anders als gedacht

Familie und Planung – diese zwei Wörter harmonieren nicht miteinander. Noch nie verlief mein Alltag so wenig planbar wie mit kleinen Kindern. Ich muss etwas Wichtiges am Schreibtisch fertig machen – ausgerechnet an diesem Abend bricht ein heftiger Magen-Darm-Virus bei unserer Tochter aus. Ich habe einen Mittagsschlaf dringend nötig – ausgerechnet an diesem Tag schläft der Kleine nicht ein und meldet sich alle 10 Minuten lautstark. Was für die kleinen Entscheidungen im

Alltag gilt, ist auch für die großen Lebensentscheidungen nicht von der Hand zu weisen: Wir können planen, wann wir verhüten und wann wir offen sind für eine Schwangerschaft, aber Gott allein schenkt das neue Leben. Wir können es nicht machen.

Ich habe schon so oft erlebt, wie trotz aller medizinischen Möglichkeiten, Schwangerschaften zu verhindern oder zu ermöglichen, Gottes souveränes Handeln die Wünsche und Pläne der Eltern über den Haufen geworfen hat. Da träumt eine junge Frau von einer großen Familie. Aber sie lernt ihren Ehepartner so spät kennen, dass sie Mutter eines Einzelkindes bleibt. Eine andere Familie entscheidet sich fürs zweite Kind und bekommt dann Drillinge. Andere Eltern wünschen sich viele Kinder. Nach sieben Schwangerschaften haben sie zwei Kinder, und fünf Fehlgeburten zu betrauern. Bei einem anderen Paar ist die Familienplanung abgeschlossen. Die Mutter orientiert sich beruflich neu, der Alltag sortiert sich auf ganz andere Art, da meldet sich ein Nachzügler an, mit dem keiner mehr gerechnet hat. Ein anderes Paar hatte sich viele Kinder gewünscht und merkt dann: Mit zwei Kindern und dem besonderen Förderbedarf des einen Kindes sind wir völlig ausgelastet. Eine Mutter hatte geplant, nach ein bis zwei Kindern möglichst bald wieder in den Beruf einzusteigen. Als die Kinder da sind, schmelzen ihre beruflichen Ambitionen wie Eis in der Sonne. Sie wünscht sich noch mehr Kinder und ist glückliche Familienfrau.

Aus Gottes Hand nehmen

Wir können dank des medizinischen Fortschrittes heute manches steuern und beeinflussen. Aber Familie lässt sich nicht bis ins Letzte planen. Oft verläuft sie anders, als wir es uns vorher ausgemalt haben. Als Christen fühlen wir uns nicht einer anonymen Macht namens Schicksal ausgeliefert. Wir wissen: Nicht der Zufall lenkt unser Leben, sondern der himmlische Vater. Oft sind unsere Pläne Teil seines Handelns, oft werden sie aber auch von seiner göttlichen Souveränität über den Haufen geworfen. In diesem Sinne sind wir eingeladen, unser „Konzept" immer wieder in seine Hände loszulassen:

„Sag Ja zu den Überraschungen, die deine Pläne durchkreuzen,
deine Träume zunichtemachen,
deinem Tag eine ganz andere Richtung geben –
ja vielleicht deinem Leben. Sie sind nicht Zufall.
Lass dem himmlischen Vater die Freiheit,
deine Tage zu bestimmen."

(Dom Hélder Câmara, brasilianischer Erzbischof)[20]

Am Puls Gottes entscheiden

Gott hat uns als eigenständige Persönlichkeiten geschaffen – mit der Freiheit, Entscheidungen zu treffen und umzusetzen. Aber wir sind nicht die autokratischen Lenker unseres Schicksals. Diese beiden Seiten haben Konsequenzen für die Art, wie wir als Christen wichtige Entscheidungen treffen. Paulus fordert uns auf, Jesus nicht nur abstrakt zum Herrn zu erklären, sondern unser tagtägliches Leben in enger Anlehnung an ihn zu führen: „Wie ihr nun Christus Jesus als euren Herrn angenommen habt, so lebt auch mit ihm und seid ihm gehorsam" (Kolosser 2,6). Genau genommen steht hier nicht, wir sollen mit, sondern in Jesus leben. Das deutet auf eine ganz intime Gemeinschaft mit dem Sohn Gottes hin – an allen Tagen unseres Lebens. Es bedeutet für unsere Entscheidungen: Wir müssen uns nicht alleine den Kopf zerbrechen und am Ende gespannt sein, welche Pläne Gott durchkreuzt. Sondern wir sollen im ganzen Prozess der Entscheidungsfindung mit Jesus im Gespräch sein. Wir können ihn um Rat bitten und in der Stille auf ihn hören. Wir können ihm unsere Familie anvertrauen, ihm unsere Fragen bringen und auf sein Eingreifen gefasst sein. Wenn wir mit dem Herzen die Nähe Jesu suchen, kann uns der Entscheidungsweg selbst ihm näher bringen. Und wir werden erleben, dass er unsere Familie segnet, egal, wie viele Personen zu ihr gehören.

Respekt für den Partner

Wenn Sie und Ihr Partner sich beim Thema Familienplanung einig sind, dann freuen Sie sich und danken Sie Gott dafür. Wenn ein Paar noch keine übereinstimmende Position gefunden hat, ist das kein Weltuntergang. Ehe ist immer auch ein Trainingsprogramm für Kompromissfähigkeit und alltagstaugliche Nächstenliebe. Es ist im Sinne Gottes, dass wir lernen, unseren Partner zu respektieren, wenn er anderer Meinung ist. Ich muss nicht kämpfen und den anderen von meinem Standpunkt überzeugen. Gegenseitige Vorwürfe bringen niemanden weiter, sie lassen nur eine trennende Mauer wachsen. Wir dürfen das, was uns wichtig ist, in Gottes Hände loslassen. Wenn er zum Beispiel will, dass wir noch ein Kind bekommen, wird er ein Ja in beiden Elternteilen wachsen lassen. Ein Partner soll den anderen nicht „über den Tisch ziehen". Stattdessen bringt es die Liebe zueinander und den Entscheidungsprozess weiter, wenn wir einander aufmerksam zuhören und uns bemühen, unser Gegenüber zu verstehen.

Folgende Fragen können dafür eine Hilfe sein:

- **Was bewegt dich beim Thema Familienplanung?**
- **Welche Sehnsüchte und Träume und Wünsche hast du?**
- **Welche Sorgen und Ängste treiben dich um?**
- **Was brauchst du, um zu einem weiteren Kind ein Ja zu finden?**
- **Was brauchst du, um ohne ein weiteres Kind erfüllt und glücklich leben zu können?**
- **Wie können wir dem, was dir wichtig ist, Raum geben?**

Durch vertrauensvolle Gespräche kann die emotionale Sicherheit wachsen: Ich darf so sein wie ich bin und werde nicht mit Argumenten „plattgemacht", wenn ich anders denke. Wo wir dem Standpunkt des anderen achtsam begegnen und ihn nicht überfahren, wächst auch die Chance, miteinander zu beten und in der Stille auf Gott zu hören. So können wir in wachsendem Verständnis füreinander gemeinsam unseren Weg finden und gehen. Diesen Weg der Liebe wird Gott segnen.

(30) Zurück in den Job oder längere Familienzeit?

Es gibt Frauen, die blühen so richtig auf, wenn sie nach Jahren der Berufsarbeit ihren Alltag mit Kind(ern) zu Hause verbringen können. Anderen fällt schon bei dem Gedanken daran die Decke auf den Kopf. Manche sind sich vor der Geburt sicher, dass sie so schnell wie möglich an ihren Arbeitsplatz zurückkehren möchten. Wenn der neue Erdenbürger erst mal da ist, fühlt sich oft alles anders an. Sie würden sich am liebsten viel Zeit für die Familie nehmen, wenn da nicht die Erwartungen des Arbeitgebers wären. Noch vor einigen Jahren war es völlig normal, dass Frauen nach der Geburt ihrer Kinder drei Jahre und länger Vollzeit-Familienfrauen waren. Seit Einführung des Elterngeldes geraten Mütter schon fast in die Defensive, wenn sie länger als ein Jahr Berufspause zugunsten der Kinder machen. In der Politik ist meist von Betreuungsplätzen die Rede, wenn es um Familienförderung geht. Was Familien sonst noch guttäte – zum Beispiel Zeit füreinander haben, ohne in finanzielle Nöte zu geraten –, wird komplett ignoriert. Diese gesellschaftlichen Veränderungen führen dazu, dass die Frage nach dem Wiedereinstieg in den Beruf sich nicht einfach von selbst beantwortet. Sie erfordert eine bewusste Entscheidung.

Zufriedene Mutter – glückliche Kinder

Studien, in denen der Zusammenhang zwischen mütterlicher Berufstätigkeit und dem Wohlergehen der Kinder untersucht wird, kommen immer wieder zu dem Ergebnis: Je zufriedener die Mütter mit ihrer Wahl sind, desto besser geht es auch den Kindern. Daraus folgt: Es lohnt sich, die Frage nach dem Wiedereinstieg in den Beruf gründlich zu bewegen, und nicht einfach nachzumachen, was die Freundinnen tun.

Solche Fragen können helfen, sich selbst zu prüfen:

- **Bin ich in Gefahr, unreflektiert das zu machen, was die meisten tun oder was mein Chef will?**
- **Was ist mir wirklich wichtig? Wie viel Zeit möchte ich für die Familie haben?**
- **Treiben mich unbewusste Ängste um? Die Angst, als unattraktives Hausmütterchen zu enden? Die Angst, beruflich den Anschluss zu verpassen? Die Angst, finanziell nicht genügend abgesichert oder von meinem Partner abhängig zu sein?**
- **Hängt mein Selbstwert mit Erwerbstätigkeit zusammen?**

Je ehrlicher wir vor uns selbst werden, desto sorgfältiger können wir entscheiden.

Pro und Contra

Für mehr Familienzeit und einen späteren Einstieg in den Beruf spricht: Mütter, die sehr früh wieder arbeiten gehen, haben oft Schuldgefühle, weil sie ihre Mutterrolle nicht so leben können, wie sie es eigentlich möchten. Irgendetwas kommt immer zu kurz. Es ist die „Quadratur des Kreises", wenn wir versuchen, mit voller Kraft Karriere zu machen, eine glückliche Ehe zu führen und unseren Kindern gerecht zu werden. Für eine längere Elternzeit spricht auch die Tatsache: Wenn ein Elternteil sich für Jahre der Familienarbeit widmet, liegen zwar berufliche Fähigkeiten brach. Aber es kommen Talente zum Vorschein, die in der Erwerbstätigkeit zu kurz gekommen sind. Familienarbeit verändert uns, lässt uns als Persönlichkeiten wachsen. Und die Fähigkeiten, die wir hier entwickeln, lassen sich später auch im beruflichen Umfeld einsetzen.

Andererseits kann die Frage drängend werden: „Wer bin ich in diesem neuen Leben mit Kind? Bin ich nur noch Mutter? Ich kann doch auch noch was anderes und das soll nicht verkümmern." Es kann die Beziehung zwischen Mutter und Kind entspannen, wenn sich nicht das ganze Leben um die Kinder dreht. Weil sie Zeiten hat, in denen sie sich ganz auf eine andere erfüllende Tätigkeit konzentrieren kann, um dann wieder gern bei ihren Kindern zu sein. Jede Frau ist anders, was der einen guttut, bedeutet für die andere Stress.

Die gute Leitlinie

Es ist alle Mühe wert, dass jede Mama und jeder Papa für sich und im Miteinander eine Alltagsbalance finden, die ihnen entspricht. Davon profitieren letztlich auch die Kinder. Als unser erstes Kind geboren wurde, konnte ich mir nicht vorstellen, ganz aus dem Beruf auszusteigen. Mein Mann wünschte sich, auch möglichst viel Zeit mit unserer Tochter zu verbringen. Also arbeiteten wir fünf Jahre lang jeder mit einer halben Stelle. Die Familienaufgaben teilten wir uns ebenfalls. Nach der Geburt unseres zweiten Kindes hatte ich das Bedürfnis, eine längere Familienzeit einzulegen. Zusätzlich bedingt durch einen Arbeitsplatz- und Wohnungswechsel stimmt es heute für uns beide, dass der Papa unserer Kinder in Vollzeit berufstätig ist, während ich hauptsächlich die Familie manage. Gleichzeitig bleiben wir offen dafür, dass sich das in den nächsten Jahren auch wieder ändern kann.
Hilfreich für diesen Entscheidungsprozess ist, wenn ich mir meine Beweggründe bewusst mache und im Gespräch mit meinem Partner wichtige Eckpunkte für die gemeinsame Entscheidung auslote. Je besser wir unsere eigenen Bedürfnisse kennen und formulieren können und je respektvoller wir gleichzeitig auf die Bedürfnisse unseres Partners eingehen, desto zufriedenstellender wird die gemeinsam erarbeitete Lösung sein. Auch wenn sie nicht vor jeglichem Alltagsfrust schützen kann. Dazu ist das Leben als Familie viel zu bunt und unplanbar. Für diese vielschichtigen Fragen und Abwägungen finden wir in der Bibel eine Leitlinie, die all unser Entscheiden in dem verwurzelt, der den großen Überblick in unserem Leben behält:

Vertraue von ganzem Herzen auf den Herrn
und verlass dich nicht auf deinen Verstand.
Denke an ihn, was immer du tust, dann wird er dir
den richtigen Weg zeigen.

Sprüche 3,5.6

Eine Frage des Vertrauens

Nach biblischem Verständnis ist das Herz nicht das gefühlsduselige Gegenteil des klaren Verstandes, sondern die Mitte der Persönlichkeit – sozusagen die Schaltzentrale eines Menschen, die die rationale und emotionale Seite einschließt. Als ganze Menschen – mit unseren Gefühlen und Gedanken, unserer Freude und unseren Sorgen – sind wir eingeladen, auf Gott zu vertrauen. Dann ist der letzte Maßstab für unsere Entscheidung nicht die Mehrheitsmeinung, der Taschenrechner oder das Bündel unserer Ängste, sondern der allmächtige Gott, der uns Geborgenheit schenkt. Er hat eine Berufung für unser Leben. Und es lohnt sich, ihr auf die Spur zu kommen.

Natürliche Gegebenheiten

Gott hat uns Menschen so konstruiert, dass Kinder Zuwendung und eine verlässliche Bindung brauchen, um fröhlich groß werden zu können. Das kann in den ersten drei Lebensjahren nur sehr bedingt an Einrichtungen delegiert werden, ohne dass es der kindlichen Entwicklung Steine in den Weg legt. Gott hat uns Menschen dazu geschaffen, Liebe zu empfangen und zu geben. Die Zeit, die wir dafür einsetzen, ist alles andere als verschwendet. Die Vorstellung, Familienarbeit sei minderwertig im Vergleich zu Erwerbsarbeit, ist aus Gottes Sicht völlig absurd. In seinen Augen ist Elternsein nichts, was unsere Karriere blockiert, sondern es ist ein wesentlicher Teil unserer Lebensberufung. Dass wir unserem Kind etwas vorenthalten könnten, wenn es nicht schon mit einem oder zwei Jahren in die Kita darf, halte ich für eine dreiste Verdrehung der Tatsachen. Hier wird die Ausnahme, dass Eltern mit der Betreuung ihres Kindes überfordert sind, zur Regel hochstilisiert. Das alles dient letztlich dem politischen Ziel, alle Eltern in Erwerbsarbeit zu bringen, damit der Staat viele Steuern und Sozialabgaben einnimmt. Wer nach den echten Bedürfnissen der Kleinkinder fragt, findet in der familiären Geborgenheit die beste Antwort. Oder in Betreuungssituationen, die einem familiären Rahmen nachempfunden sind, d.h. eine verlässliche Bezugsperson und nicht zu viele Eindrücke und Menschen bieten, sondern einen überschaubaren Rahmen, den das Kleinkind verkraften kann.

Individuelle Lösungen

Gott weiß, was wir als Eltern brauchen, um zufrieden leben zu können – finanzielle Absicherung und einen Ausgleich zu unserer Familienarbeit. Er hat uns mit Begabungen ausgestattet, für die es Einsatzbereiche im Beruf oder im Ehrenamt gibt. Es gibt keine christliche Einheitslösung für alle Familien. Je fester wir auf dem Fundament des Vertrauens stehen, desto freier können wir nach Lösungsmöglichkeiten suchen. Für manche Familien ist das klassische Modell von Vollverdiener und Familienfrau der beste Weg. Andere fühlen sich wohl, wenn beide Eltern in Teilzeit arbeiten und sich die Familienarbeit teilen. Auch das eher ungewöhnliche Modell, dass der Vater die Familienarbeit macht und die Mutter erwerbstätig ist, kann sich als passend herausstellen. Manche Eltern haben so gute Betreuungsmöglichkeiten für ihr Kind, dass sie den Rücken frei haben, um beide ihre beruflichen Ziele zu verfolgen, ohne dass die Kinder darunter leiden. Andere Mütter haben die Gelassenheit, sich viel Zeit für die Familie zu nehmen, im Vertrauen darauf, dass sich auch nach Jahren der Familienarbeit wieder ein Einstieg in die Berufswelt finden lässt, wenn es dann dran sein wird. Die fehlende Absicherung durch die gesetzliche Rente kann durch eine private Rentenversicherung abgefedert werden.

Je größer die Tragweite einer Entscheidung, desto wichtiger ist der Austausch mit dem Partner, einer anderen Familie oder Vertrauensperson mit Erfahrung, um die beste Lösung zu finden. Klug ist es, wenn Sie Gott in alle Gedanken einbeziehen. Machen Sie sich doch mal eine Liste mit den für Sie drängendsten Aspekten!

- Was spricht dafür, früher wieder in den Beruf einzusteigen? Wie sind diese Gründe aus Gottes Perspektive zu bewerten?
- Wenn ich mich für einen schnellen Wiedereinstieg in den Beruf entscheide, was wäre die beste Betreuungslösung für unser Kind? Was ist dabei aus Gottes Sicht wichtig?
- Welche Unterstützung habe ich, z.B. wenn das Kind krank ist und ich nicht jedes Mal freinehmen kann? Welche Flexibilität haben beide Eltern, um auf Ausnahmen zu reagieren?
- Was spricht dafür, mir länger Zeit für die Familie zu nehmen? Wie sind diese Gründe aus Gottes Perspektive zu bewerten?
- Welche Ängste und Fragen regen sich? Was sagt Gott zu meinen Ängsten?
- Was sind Gottes Werte für mein Leben? Was ist mir infolgedessen am wichtigsten?
- Worauf bin ich bereit zu verzichten, wenn ich dafür Wichtigeres gewinne?

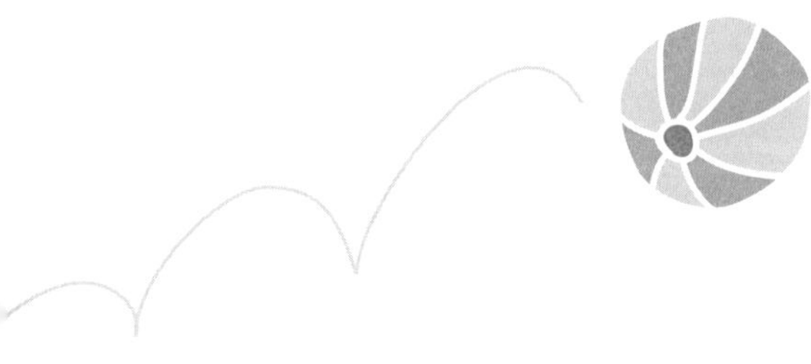

Wenn wir diese Fragen in uns, miteinander und im Gebet vor Gott bewegen, wird er uns auf irgendeine Weise seinen guten Weg weisen: sei es durch ein wachsendes Bauchgefühl, durch sachliche Argumente, durch eine im Gebet geschenkte Gewissheit oder durch Umstände, die wir nicht selbst beeinflussen können. Vielleicht spüren wir trotz dieser fundierten Entscheidung nach einer Weile, dass wir uns zu viel vorgenommen haben. Dann müssen wir unsere Entscheidung revidieren, unsere Vorstellungen der Realität anpassen. Auch dann ist Gott verlässlich und vertrauenswürdig und kann sogar unsere Umwege segnen.

(31) Mit Gott rechnen

Das erste Kind stellt nicht nur den Alltag auf den Kopf, sondern auch die Finanzen. Mit Kind hat man deutlich mehr Ausgaben als ohne: Baby-Ausstattung, Windeln, Kinderkleidung und -schuhe, Kita-Gebühren, eventuell ein größeres Auto und eine größere Wohnung. Andererseits hat man weniger Zeit, um Geld zu verdienen. Auf die Frage, wie dieses Dilemma zu lösen ist, gibt es keine Einheitsantwort, die für alle gilt. Aber in der Bibel finden sich Leitplanken für den Weg der Entscheidung.

Kopf einschalten

Als Jesus seine Zuhörer bildlich gesprochen auf die Kosten der Nachfolge aufmerksam macht, gebraucht er diesen Vergleich:

Wer unter euch, der einen Turm bauen will, setzt sich nicht vorher hin und berechnet die Kosten, ob er das Nötige zur Ausführung habe? Damit nicht etwa, wenn er den Grund gelegt hat und nicht vollenden kann, alle, die es sehen, anfangen, ihn zu verspotten, und sagen: Dieser Mensch hat angefangen zu bauen und konnte nicht vollenden.

Lukas 14,28-30 (ELB)

Hier setzt Jesus selbstverständlich voraus, dass wir beim Umgang mit Geld nicht planlos drauflosleben. Gott hat uns Menschen mit Verstand ausgestattet, damit wir ihn gebrauchen. Es ist in seinem Sinne, wenn wir unsere finanziellen Entscheidungen gründlich bedenken: Welche Ausgaben haben wir? Welches Einkommen haben wir zu erwarten? Reicht das Einkommen, um die laufenden Kosten zu decken und für größere Anschaffungen zu sparen? Wenn nicht, wie können wir an der Einkommensseite etwas ändern? Was könnten wir an der Ausgabenseite korrigieren?

Diener und nicht Herr

Wer nur aufs Geld sieht, gerät in die Gefahr, einen verengten Blickwinkel zu bekommen. Unversehens geht es nur noch darum, möglichst viel Einkommen zu haben. Geld ist plötzlich nicht mehr Mittel zum Zweck, sondern bekommt Macht über uns. Davor warnt Jesus:

Niemand kann zwei Herren dienen. Immer wird er den einen hassen und den anderen lieben oder dem einen treu ergeben sein und den anderen verabscheuen. Ihr könnt nicht gleichzeitig Gott und dem Geld dienen. Darum sage ich euch: Sorgt euch nicht um euer tägliches Leben – darum, ob ihr genug zu essen, zu trinken und anzuziehen habt. Besteht das Leben nicht aus mehr als nur aus Essen und Kleidung? Schaut die Vögel an. Sie müssen weder säen noch ernten noch Vorräte ansammeln, denn euer himmlischer Vater sorgt für sie. Und ihr seid ihm doch viel wichtiger als sie.

Matthäus 6,24-26

Es sind nicht nur die Steinreichen, die in der Gefahr stehen, dem Geld Macht in ihrem Leben einzuräumen. Das kann auch Menschen mit weniger Einkommen betreffen. Es kann sich darin äußern, dass sich die Gedanken sehr häufig ums Geld drehen. Es kann sich bemerkbar machen im neidischen Seitenblick auf andere, die sich anscheinend oder tatsächlich mehr leisten können. Es zeigt sich, wenn ich meinen Selbstwert daran festmache, welchen Urlaub, welche Automarke, welches Smartphone oder welche Wohnung ich mir leisten kann. Dass uns mal der Gedanke anfliegt „Ich würde gern einfach mal einkaufen, worauf ich Lust habe, ohne rechnen zu müssen", ist menschlich und keine Katastrophe. Aber wenn dieses Gefühl uns gefangen nimmt und unsere Lebensfreude abschnürt, dann wird unbewusst der Mammon zu unserem Gott. Wer alles andere der Sorge ums Geld unterordnet, vergisst: Geld ist ein guter Diener, aber ein schlechter Herr.

Himmlisch versorgt

Jesus erinnert uns daran, wie wichtig wir Gott sind. Das Beste ist, wenn wir ihn den Herrn unseres Lebens sein lassen und auch unsere Geldfragen seiner Herrschaft unterordnen. Das soll keine Einladung zu Leichtsinn und Verschwendung sein. Es ist die Ermutigung, auch in den praktischen Belangen unseres Lebens mit Gott zu rechnen. Das Vertrauen auf ihn macht den vernünftigen Umgang mit Geld nicht unnötig, es bettet ihn in die großen Wertentscheidungen unseres Lebens ein. Manchmal ist es tatsächlich dran, sich um mehr Einkommen zu bemühen. Ein anderes Mal will Gott vielleicht, dass wir lernen mit weniger zufrieden zu sein.

Mir tut es immer wieder gut, gerade bei weitreichenden finanziellen Entscheidungen nicht nur auf den Verstand, sondern auch auf Gottes Wegweisung zu setzen. Vor Jahren wuchs in uns der Wunsch, in einem Haus mit Garten zu wohnen. Aber die Rahmenbedingungen machten einen Hauskauf unvernünftig. Wir beteten dafür, aber als sich keine Tür auftat, blieben wir in der Wohnung mit Balkon. Offensichtlich war es zu dem Zeitpunkt nicht Gottes Wille für uns. Dann kam eine berufliche Veränderung, die einen Wohnortwechsel nötig machte. Plötzlich war es unter Abwägung aller Faktoren sinnvoll, ein Reihenhaus mit Garten zu kaufen. Wir beteten dafür, dass Gott uns in der Knappheit unserer Zeit ein passendes Haus finden lasse. Da entdeckten wir ein Angebot, das auf den ersten Blick nicht sehr ansprechend, aber auf den zweiten Blick wie für uns geschaffen war. Noch heute, Jahre später, haben wir den Eindruck: Dieses Haus war Gottes Gelegenheit für uns.

Letztlich sind es nicht die finanziellen Ressourcen, die unserem Leben Halt und Sinn geben, sondern der allmächtige Gott. Alles, was wir haben, ist bei Licht betrachtet ein Geschenk von ihm und ein Grund, ihm dankbar zu sein. Wenn Gott der Herr unseres Lebens ist, bekommt Geld den Platz, der ihm zusteht – eben als Diener und nicht als Herr.

Mit Gott durchdenken

Als Christen sind wir eingeladen, alle wichtigen Entscheidungen mit Gott zu treffen. Das beinhaltet auch die Geldfragen:

- Wie wollen wir für unsere Einkommen sorgen?
- Wie wollen wir Familie und Berufstätigkeit unter einen Hut kriegen? Wie passen Arbeitsbelastung und Einkommen zu dem, was uns an unserem Familienleben wertvoll ist?
- Brauchen wir mehr Geld, um zufrieden leben zu können? Oder brauchen wir mehr Zeit? Was ist uns wirklich wichtig, worauf können wir verzichten, ohne Wesentliches zu verlieren?
- Wofür wollen wir unser Geld ausgeben?

Was die Ausgabenseite angeht, steckt in der Bibel noch eine besondere Herausforderung:

„Bringt den kompletten zehnten Teil eurer Ernte ins Vorratshaus, damit es in meinem Tempel genügend Nahrung gibt. Stellt mich doch damit auf die Probe", spricht der allmächtige Herr, „ob ich nicht die Fenster des Himmels für euch öffnen und euch mit unzähligen Segnungen überschütten werde!"

Maleachi 3,10

Vertrauen wagen

Diese Segenszusage, die Gott dem Volk Israel vor Jahrtausenden machte, will auch uns heute auffordern, nicht all unseren Besitz nur für uns selbst zu verwenden. Es ist eine Frage des Vertrauens: Wenn wir Gott vertrauen, dass er uns versorgt, müssen wir uns nicht ängstlich an dem festklammern, was wir haben. Wir können loslassen, weil wir uns geliebt und versorgt wissen. Dazu müssen wir den Verstand nicht abschalten, sondern eine gute Balance von Verstand und Vertrauen finden. Immer wieder habe ich erfahren: Wenn Gott etwas hat wichtig werden lassen, wofür ich spenden soll, bin ich durch dieses Geben nicht ärmer geworden. Nicht jeder kann gleich viel geben. Starke Schultern können mehr tragen als schwache. Aber es gibt für jeden irgendeinen Punkt, an dem er einüben kann, aus Gottvertrauen großzügig zu sein.

Was könnten Sie tun? Zum Beispiel ...

- **einem Patenkind in einem armen Land gesunde Ernährung und Schuldbildung ermöglichen?**
- **soziale Projekte in der eigenen Stadt unterstützen?**
- **missionarische Aktionen fördern?**
- **die eigene Gemeinde unterstützen?**
- **oder unspektakulär einer anderen Mutter mit ausrangierten Kindersachen unter die Arme greifen?**

Die Möglichkeiten, Gott mit Geben auf die Probe zu stellen, um seinen Segen zu erleben, sind vielfältig. Nehmen Sie ihn beim Wort und gehen Sie dem nach, was Ihr Herz bewegt!

(32) Noch nicht reif ...

Als ich mit unserem zweiten Kind schwanger war, steckten mein Mann und ich in einer beruflichen Krise. Alle Anzeichen verdichteten sich, dass ein Arbeitsplatzwechsel dran war, der mit einem Umzug verbunden sein würde. Wir streckten unsere Fühler aus, beteten für und sehnten uns nach einer neuen Perspektive. Mein Mann schrieb Bewerbungen, wir suchten gedanklich nach Lösungen und suchten uns kompetente Ratgeber. Trotzdem schien sich der Stillstand in unserem Leben einzunisten.

Bis in die Baby-Zeit hinein hatten wir keine Ahnung, wie es für uns beruflich, finanziell und wohnortmäßig weitergehen sollte. Es schien, als hörte Gott unsere unzähligen Bitten überhaupt nicht. Wir waren ihm unbeschreiblich dankbar für die glücklich verlaufene Schwangerschaft und die heil überstandene Geburt. Gleichzeitig fühlten wir uns in der Zukunftsfrage von ihm hängen gelassen.

Wunscherfüllung nicht in Sicht

Es gibt Entscheidungen, bei denen der Ball „nicht in unserem Feld“ ist. Wir spüren, dass eine Veränderung dran ist, wünschen uns Wegweisung und konkrete Handlungsmöglichkeiten. Aber irgendwie treten wir auf der Stelle oder fühlen uns von Gott wie bestellt und nicht abgeholt. Vielleicht hat ein Paar sich mit Gott für ein weiteres Kind entschieden, sie machen Platz in ihrem Leben, die Vorfreude breitet sich aus. Nur die Schwangerschaft stellt sich nicht ein. Oder eine Familie sucht dringend nach einer geräumigeren Wohnung, es tut sich aber keine Tür auf. Oder eine alleinerziehende Mama sucht nach der Trennung verbindlichen Anschluss an eine Gemeinde. Aber keiner der Wünsche wird nach ernsten Gebeten wahr …
Die ersten Empfänger des Hebräerbriefes in der Bibel hatten ihr altes Leben hinter sich gelassen, um an Jesus zu glauben. Sie wussten, dass Jesus das Beste war, was ihrem Leben passieren konnte. Trotzdem steckten sie jetzt in großen Schwierigkeiten, die nicht mit einem christlichen „Sofortrezept“ aufzulösen waren. Folgende Worte halfen ihnen beim Durchhalten:

Werft euer Vertrauen nicht weg, welches eine große Belohnung hat. Geduld aber habt ihr nötig, damit ihr den Willen Gottes tut und das Verheißene empfangt.

Hebräer 10,35.36 (LUT)

Vor Jahren gab es eine Kino-Werbung mit dem Slogan: „Wir machen den Weg frei“. Jedes Hindernis, das sich vor einem Protagonisten auftat – ob ein riesiger Felsen oder eine tiefe Schlucht – löste sich in Luft auf, kurz bevor er es erreichte. Es gibt einen Winkel in meinem Herzen, da wünsche ich mir, das Leben mit Gott wäre so. Aber die Bibel füttert solche Illusionen nicht. Sie erzählt stattdessen realistische Erfahrungen. Gott wischt Berge und Schluchten nicht weg, sobald wir die Hände falten. Er will vielmehr über die Hindernisse hinweg und durch die Engpässe hindurch einen Weg mit uns gehen, der uns ihm näher bringt.

Nicht mehr und noch nicht

Unser ganzes Leben ist eine Art Zwischenzeit. Zwischen Erlösung und Vollendung. Zwischen dem, was Jesus für uns getan hat, und dem, was er noch mit uns vorhat. Wer an Jesus glaubt, hat nicht den Himmel auf Erden, aber seine Nähe im Hier und Jetzt und Hoffnung auf die Ewigkeit voller Liebe und Leben. Diese große Wahrheit drückt sich auch in vielen kleineren Fragen, Weichenstellungen und Lebensphasen aus: Wir finden nicht sofort die perfekte Lösung. Es geht nicht immer alles glatt. Wir fühlen uns irgendwie dazwischen: Das Alte passt nicht mehr zu den Schritten, die wir innerlich gegangen sind. Aber das Neue, das wir gern ergreifen würden, ist noch nicht erreichbar. Auch von Gott gesegnete Menschen erleben solche Zwischenzeiten. Das alles geschieht nicht ohne Sinn und Ziel. Gott hat Gutes mit uns vor. Geduld und Vertrauen sind der Weg, es in Anspruch zu nehmen. Wir mögen uns wie in einer Endlosschleife fühlen, wenn wir eine neue Perspektive suchen und sich keine Tür auftut. Aber das, was in Gottes Händen liegt, wird zur rechten Zeit kommen. Und die Zeit, bis es so weit ist, ist nicht verloren.

Während wir warten

Wenn ich in einer schwierigen Zeit stecke, sehne ich mich oft nach einer schnellen Lösung des Problems. Gottes Zeitplan ist meistens anders. Er will einen inneren Weg mit uns gehen, der wichtiger ist als die äußeren Umstände. Er ist an unserem Herzen interessiert und nicht

an der höchstmöglichen Reibungslosigkeit unseres Daseins. Er will uns realistischer, demütiger und barmherziger werden lassen. Er will uns in Geduld trainieren. Geduld ist nicht einfach ein Wesenszug, den manche haben und andere nicht. Sie gehört zu den Früchten des Glaubens, die der Heilige Geist in uns wachsen lassen möchte. Wir lernen sie nicht, wenn Gott immer sofort alle unsere Wünsche erfüllt, sondern wenn wir an ihm dran bleiben und seine Zumutungen aushalten. In Zeiten des Wartens muss ich es oft mühsam durchbuchstabieren; im Rückblick kann ich es dann staunend zur Kenntnis nehmen, was der Pastor John Ortberg doppelt auf den Punkt bringt:

„Was Gott in uns tut, während wir warten, ist mindestens so wichtig wie das, worauf wir warten.“[21]
„Warten ist nicht einfach Zeit totschlagen. Es ist ein Teil des Prozesses, durch den wir die werden, als die uns Gott gedacht hat.“[22]

Vorwärts vertrauen, rückwärts verstehen

Im Rückblick auf unsere berufliche Unsicherheit vor Jahren kann ich heute sagen: Gott hatte schon längst, als sich für uns alles nach Stillstand anfühlte, einen guten Weg für uns vorbereitet. Als wir uns so sehr nach dem nächsten Schritt sehnten, war die Zeit einfach noch nicht reif – und wir waren es vermutlich auch nicht. Die Zwischenzeit hat Gott genutzt, um uns vorzubereiten für die Zeit danach. Es war gut, dass wir ihm vertraut haben und nicht eigene Wege erzwungen haben, als er uns warten ließ.
Vom dänischen Philosophen Sören Kierkegaard stammt die Erkenntnis: *„Man kann das Leben nur rückwärts verstehen, aber leben muss man es vorwärts.“*[23] Wer sein Leben an Jesus festgemacht hat, muss nicht „blind“ vorwärtsgehen. Er kann im Vertrauen Schritte wagen und scheinbaren Stillstand aushalten. Rückblickend – oft schon zwischendurch und spätestens in der Ewigkeit – können wir dann vieles verstehen und annehmen, was er uns zugemutet hat.

Monat 9

Durchhalten in Krisen

(33) Bis an die Grenze und darüber hinaus

Es fing ganz harmlos an. Unsere zweijährige Tochter hatte das Frühstück nicht bei sich behalten und knabberte nun fidel die angebotenen Salzstangen. Wenige Minuten später machten auch diese sich auf den Rückweg. Nach einer Pause trank sie Wasser. Weil auch das den Rückwärtsgang einlegte, flößte ich ihr später mit einem Teelöffel kleine Schlucke Tee ein. Nicht mal den nahm ihr Magen an. Nachmittags war sie so matt und erschöpft, dass wir sie dem Wochenenddienst in der Kinderklinik vorstellten. Ein Magen-Darm-Virus hatte unser zierliches Kind voll im Griff. Die Infusion von Flüssigkeit rettete sein Leben. Aber der kleine Körper kämpfte. In der zweiten Nacht fieberte unsere Tochter so hoch, dass sie nicht mehr bei Bewusstsein war. Sie schlug in Fieberträumen um sich. Ich hielt sie in meinem Arm, aber sie reagierte nicht auf mich. Als auch die Ärzte ratlos schienen, wuchs in mir die Angst um das Leben unseres Kindes. Großartige Gebete konnte ich nicht mehr formulieren, stattdessen stammelte ich immer wieder: „Herr Jesus Christus, erbarme dich!" Zehn Stunden später besserte sich der Gesamtzustand unserer Tochter und sie erholte sich in wenigen Tagen von dieser Virusinfektion.

Wenn sich der Alltag mit Baby eingespielt hat, kann sich das Muttersein oft locker und lässig anfühlen. Aber es gibt Tage, da können Kinder uns – wie vorher nichts anderes – an unsere Grenzen bringen: an die Grenzen der Kraft, der Belastbarkeit und manchmal sogar an die Grenzen des Lebens. Wenn ich an solche Stunden und Tage zurückdenke, kann ich nicht behaupten, dass ich jederzeit von souveränem Gottvertrauen erfüllt gewesen wäre. Aber im Rückblick spüre und weiß ich: Er war da.

Gott hat uns gehalten und irgendwie durch diese Zeit durchgebracht. Der Beter von Psalm 84 fasst diese Erfahrung in folgende Worte:

Wohl den Menschen, die dich für ihre Stärke halten
und von Herzen dir nachwandeln!
Wenn sie durchs dürre Tal ziehen, wird es ihnen zum Quellgrund,
und Frühregen hüllt es in Segen.
Sie gehen von einer Kraft zur andern und schauen
den wahren Gott in Zion.

Psalm 84,6-8 (LUT)

Von Kraft zu Kraft

„Wohl den" kann man auch übersetzen mit „Glücklich sind". Das ist verwunderlich. Denn die Menschen, von denen der Psalm spricht, strotzen nicht in jeder Sekunde vor Kraft. Sie leben nicht im permanenten Alltagshoch. Sie sind nicht das, was man landläufig und oberflächlich als glücklich bezeichnen würde. Wenn sie von Kraft zu Kraft gehen, dann gibt es auch Zwischenzeiten, in denen sie sich den Anforderungen nicht gewachsen fühlen. Aber sie sind an Gottes Hand unterwegs zur nächsten Kraft. Sie sind geborgen, weil Gott die Mitte und die Richtschnur ihres Lebens ist. Mit ihm leben sie auf ein gutes Ziel zu. Gott versorgt sie mit allem, was sie brauchen, um ihren Weg zu bewältigen.
Das dürfen wir auch für unser Muttersein in Anspruch nehmen, wenn uns alles über den Kopf wächst und wir denken: Ich fühle mich schwach und bis über die Grenzen beansprucht. Aber ich will mich mit all meiner Bedürftigkeit an den lebendigen Gott halten, mein Leben von ihm leiten und erfüllen lassen. Dann werde ich Gott „schauen".

Segen wie Regen

Für uns Mitteleuropäer ist Regen oft gleichzusetzen mit „schlechtem Wetter". Für Menschen in heißen Ländern, deren Ernte und Lebensgrundlage von Niederschlägen abhängt, ist Regen ein eindrückliches Bild für den Segen Gottes. Ein wenig können wir das nachvollziehen, wenn wir miterleben, wie in einem viel zu trockenen Frühjahr der ersehnte Landregen einsetzt. Das Wachstum im Garten scheint geradezu zu explodieren. Die Blätter an den Bäumen entfalten sich, ein Blütenmeer bricht auf, die Salatpflanzen recken sich aus der Erde und die Radieschen sprießen.

Wachstumszeiten

Auch Menschen, die mit Gott leben, kennen Durststrecken. „Dürre Täler" oder „Tal der Tränen" nennt sie dieser Psalm. Aber Gott will aus den Trockenzeiten unseres Lebens durch den „Regen" seines Segens Wachstumszeiten machen. Wir sind am Ende unserer Kraft – und der Segen Gottes bewirkt, dass wir lernen, uns noch viel mehr auf ihn statt auf uns selbst zu verlassen. Ich fühle mich in einem Loch der Erschöpfung und des Zweifels – und Gott schenkt mir eine gute Freundin, die Anteil nimmt und für mich betet. Nach dieser Krise ist unsere Freundschaft so wertvoll, wie sie ohne schwierige Zeiten nie geworden wäre. Wir haben in der Familie eine Krankheitszeit oder Operation durchzustehen – und sind danach dankbarer denn je für das Wunder des Lebens. Und wir können für andere, die solche Zeiten durchmachen, verständnisvolle Begleiter werden. Vielleicht wachsen wir auch als Paar gerade in solchen Dürrezeiten zusammen und erfahren, wie kostbar unsere Beziehung zueinander ist.

Worauf du dich verlassen kannst

Jeder Mensch hat andere Lösungsansätze, wenn er sich vom Leben überfordert fühlt. Der Psalmbeter nennt uns die nachhaltigste Bewältigungsstrategie: von ganzem Herzen offen sein für das, was Gott in unser Leben hineinsprechen möchte. Wer nicht auf die eigene kleine Kraft baut, sondern auf den allmächtigen Gott, der hat eine Quelle voller Lebensmut, die nie versiegt. Mit all unseren offenen Fragen, den Grenzen unserer Weisheit und unserer Bedürftigkeit an Kraft sollen wir zu Gott kommen und uns von ganzem Herzen seinem Willen anvertrauen. Wenn wir einfach nicht mehr können, dürfen wir ihn anflehen, unsere Stärke zu sein. Wir können uns nicht darauf verlassen, dass in unserem Leben immer alles glattgeht. Aber auf eines können wir uns zu jeder Zeit verlassen: Dass Gott treu ist und uns nie im Stich lässt. Er ist all unser Vertrauen wert.

Das hat der kanadische Pastor und Lobpreis-Musiker Brian Doerksen mit seiner Familie schmerzhaft durchbuchstabiert. Auf seiner CD „You shine" teilt er diese Erfahrung mit seinen Hörern. Eines seiner Lieder und was er dazu schreibt, hat mich in schmerzerfüllten und sorgenvollen Zeiten mehr als einmal tief im Herzen erreicht. Kurz vor der Geburt seines jüngeren Sohnes steckte Brian Doerksen in einer tiefen Lebens- und Glaubenskrise. Die Wahrscheinlichkeit, dass dieses Kind dieselbe Behinderung haben würde wie der ältere Bruder, war sehr hoch. Eines Tages überwältigten ihn all die Unwägbarkeiten des Lebens. Tief in seiner Seele bewegte ihn die Frage: Gibt es irgendetwas, auf das ich zählen kann? Er schüttete Gott am Klavier sein Herz aus. So entstand das Lied „Your faithfulness"[24]:

„I don't know what this day will bring
Will it be disappointing,
filled with longed for things

„Ich weiß nicht, was dieser Tag bringen wird,
Enttäuschungen oder das, wonach ich mich sehne

I don't know what tomorrow holds
Still I know I can trust Your faithfulness

Ich weiß nicht, was das Morgen bereithält,
aber ich weiß: Ich kann deiner Treue vertrauen

I don't know if these clouds mean rain
If they do, will they pour down blessing or pain
I don't know what the future holds
Still I know I can trust Your faithfulness

Ich weiß nicht, ob diese Wolken Regen bedeuten
Und wenn ja, ob sie Segen oder Schmerz bringen
Ich weiß nicht, was die Zukunft bereithält,
aber ich weiß: Ich kann deiner Treue vertrauen

Certain as the rivers reach the sea
Certain as the sunrise in the east
I can rest in Your faithfulness

So gewiss wie der Fluss das Meer erreicht,
so gewiss wie die Sonne im Osten aufgeht,
kann ich in deiner Treue ruhen

Surer than an mother's tender love
Surer than the stars still shine above
I can rest in Your faithfulness

(…)

Verlässlicher als die zärtliche Liebe einer Mutter,
verlässlicher als die Sterne am Himmel,
kann ich in deiner Treue ruhen

(…)

When darkness overwhelms my soul
When thoughts are storms of doubt
Still I trust You are always faithful
always faithful"

Wenn Dunkelheit meine Seele überwältigt,
wenn Gedanken Stürme voller Zweifel sind,
dann vertraue ich immer noch darauf:
Du bist immer treu, immer treu"[25]

(34) Zerzauster Alltag

Nicht immer sind es die großen Krisen, die uns aus dem Tritt bringen. Oft reichen schon die gewöhnlichen Tücken des Baby-Alltags. Die großen Träume und Idealvorstellungen, von vor der Geburt, haben sich verflüchtigt. Ähnliches erlebt die Autorin Andrea J. Larson: „Ich hatte als Jugendliche und junge Frau total überhöhte Vorstellungen davon, wie (...) entspannt und liebevoll ich als Mutter sein würde (...). Ich dachte damals, Ehe wäre ein Kinderspiel, und meine Aufgaben zu Hause sowieso. Aber rückblickend muss ich Goethe zustimmen, der bereits vor über 250 Jahren klug erkannte: *‚Erfahrung ist fast immer eine Parodie auf unsere Idee.'* "[26]

Im Familienalltag verschwindet oft die Unbeschwertheit. Spontane leidenschaftliche Gefühle machen sich rar. Auch wenn dieser kleine Mensch ein fantastisches Wunder Gottes ist, sprudeln wir Eltern nicht zu jeder Zeit vor Begeisterung über. Auch wenn ich von ganzem Herzen gern Mutter bin, erfüllt mich nicht dauernd eine wohlige Zufriedenheit. Zerzauste Tage, zerrissene Nächte, Gefühle von Niedergeschlagenheit und dem Verpassen dessen, was ich mir sonst noch wünsche, können Zweifel wecken: Fühlt sich so Familienglück an?

Neues aus Scherben

In seinem Buch „Partnerschaft und Babykrise" schildert der Psychologe und Bestsellerautor Wolfgang Schmidbauer, wie ein Kind die Partnerschaft der Eltern aufwühlt und fordert. Stabil und lebendig sind nach seiner Erfahrung nicht die Ehen, in denen Mann und Frau mit aller Kraft an ihren perfekten Träumen festhalten. Sondern solche von Eltern, die sich mit der Unvollkommenheit ihres Lebens versöhnen können, die es immer wieder gemeinsam schaffen, aus den Scherben ihrer Träume etwas Gemeinsames zu gestalten. So gesehen können Scherben tatsächlich – auf ganz andere Art – Glück bringen. Denn eine Quintessenz von Schmidbauers Forschung lautet: *„Gut funktionierende Familien arbeiten nicht weitgehend reibungslos wie ein Uhrwerk. Ihr Innenleben charakterisiert ein emotionales Klima, das sich erhaben als fehlerfreundlich,*

geprägt von Toleranz und Humor beschreiben lässt, vulgär und alltagsnah aber als Durchwursteln von einer Krise zur nächsten."[27]
Das hört sich nicht nach herausragend und „Wir machen alles besser als die Generation vor uns" an. Aber in dieser Beobachtung steckt etwas zutiefst Tröstliches. Sie macht ganz normalen Eltern mit ganz normalen Reibungspunkten und geplatzten Träumen klar: Gerade in der Mischung daraus, dass vieles noch nicht gelungen ist und wir nach besseren Wegen suchen, dass wir scheitern und es beim nächsten Mal besser machen, dass wir verzeihen und die Hoffnung nicht aufgeben; aus vielen kleinen Glücksmomenten und dem Schätzen dessen, was uns schnell selbstverständlich wird – gerade in dieser Mischung ist ein glückliches Leben zu finden. Wenn wir mit Gott leben, bekommt dieses „Durchwursteln von Krise zu Krise" noch eine zusätzliche Dimension, die unserem Leben Halt und unserer Liebe langen Atem gibt:

Sorgt euch um nichts, sondern betet um alles.
Sagt Gott, was ihr braucht, und dankt ihm. Ihr werdet Gottes Frieden erfahren, der größer ist, als unser menschlicher Verstand es je begreifen kann. Sein Friede wird eure Herzen und Gedanken im Glauben an Jesus Christus bewahren.

Philipper 4,6.7

Gottes Nähe suchen

Gott will, dass wir uns keine zermürbenden Sorgen machen, sondern stattdessen mit ihm ins Gespräch kommen. Er hat uns nicht weniger lieb, wenn wir an der Verwirklichung unserer Idealvorstellungen scheitern. Egal, was uns in Atem hält – wir sollen mit Gott darüber reden. Alles können wir ihm sagen. Nichts ist ihm zu unwichtig. So, wie uns der Schnabel gewachsen ist, können wir seinen Beistand suchen. Manchmal sind es gestammelte Stoßgebete, wenn uns die Kraft ausgeht. Ein anderes Mal ist es wohltuend, einen ruhigen Moment ganz für Gott zu reservieren, das Herz für ihn zu öffnen, sich ihm hinzuhalten mit allem, wonach man sich sehnt und was man nötig hat.

Frieden erfahren

Als Antwort auf unser Gebet zaubert Gott nicht unsere Müdigkeit weg und leidenschaftliche Romantik her. Er will uns stattdessen inmitten unserer kleinen und großen Alltagskatastrophen und Belastungsproben seinen Frieden ins Herz schenken. Dabei geht es nicht um ein wackeliges Gefühl von Harmonie, sondern um den Frieden, den Jesus Christus am Kreuz für alle Menschen erkämpft hat. Weil Jesus das ausgeräumt hat, was uns von Gott trennt, können wir schuldbeladene Menschen in Gottes Arme fallen. Wenn sich dieses Bewusstsein in unserem Herzen ausbreitet, können wir auch mit uns selbst Frieden schließen. Ich muss keine immer glückliche und perfekte Supermama und Liebhaberin sein, die jederzeit blendend aussieht. Ich darf mit den unbarmherzigen Ansprüchen an mich selbst Schluss machen und aufatmen. Gott ist noch längst nicht fertig mit dem, was er in meinem Leben bewirken möchte. Aber ich bin jetzt schon liebenswert in seinen Augen. Darum darf und soll ich mich selbst bejahen. Und das hat Auswirkungen auf alle anderen Beziehungen. Ich kann lernen, nicht mehr nachtragend und perfektionistisch zu sein. Ich kann barmherziger mit meinem Partner umgehen, wo sein Verhalten nicht meiner Idealvorstellung entspricht. Ich kann – vielleicht mit einem humorvollen Augenzwinkern – die Diskrepanz zwischen unseren Träumen von Familie und der jetzigen Realität akzeptieren. Das bringt Gelassenheit in unser Miteinander und setzt Kräfte frei, um aus den Gegebenheiten das Beste zu machen. Dieser Friede lässt auch inmitten des mühsamsten Alltags mein Vertrauen in Jesus Christus wachsen. Er erfüllt mich mit göttlicher Geborgenheit, die spürbare Auswirkungen hat.

Von welchen Idealvorstellungen mussten Sie sich verabschieden? Vielleicht tut es gut, sie bewusst in Gottes Hände loszulassen und herauszufinden, was stattdessen Neues entstanden ist. Zum Beispiel:
„Mein Leben mit Baby fühlt sich nicht zu jeder Zeit wie ein Traum an, aber es hat an Tiefgang gewonnen."
„Der Anblick unseres Kindes macht mich nicht immer glücklich, manchmal fühle ich einfach nur Müdigkeit und sehne mich nach unkomplizierteren Zeiten zurück. Aber es ist immer wieder berührend, wie dieser kleine Mensch sich das Leben erobert. Ich habe eine Dimension von Hingabe kennengelernt, die ich vorher nicht mal erahnt hätte."
„Unsere Liebesbeziehung ist nicht mehr so romantisch und spontan wie früher, aber sie hat tiefe Wurzeln und Festigkeit bekommen. Was wir als Paar miteinander erlebt und durchgestanden haben, verbindet uns tief im Herzen."
Versuchen Sie, eigene Sätze zu formulieren. Denn wo dieser Friede unsere innere Haltung prägt, da wächst Zu-*frieden*-heit.

Zufrieden leben

Wer zufrieden ist, muss sich nicht ständig an dem reiben, was er nicht ändern kann, sondern kann das, was ihm zur Verfügung steht, auf gute Weise gestalten. Wenn zum Beispiel mit Kind alles länger dauert, kann ich das als Aufforderung annehmen, mich aufs Wesentliche zu konzentrieren und meine Zeit von allzu vielen Terminen zu entschlacken. Wenn die Zeit für Sport schrumpft, kann Walking mit Kinderwagen einen Ausgleich schaffen. Wenn die Nächte zu kurz sind, dann kann ein Mittagsschlaf, den ich mir früher nie zugestanden hätte, den Schlafmangel lindern.

Einander ermutigen

Der Friede Gottes hat nichts mit Selbstzufriedenheit zu tun, die andere abwertet. Im Gegenteil: Wer einen barmherzigen Umgang mit den eigenen zerbrochenen Idealvorstellungen findet, bringt auch Verständnis für andere auf. Er wird anderen Baby-Eltern, die auf ihre Art mit ihrem Alltag kämpfen, nicht Ratschläge „um die Ohren hauen", sondern zuhören und ehrliche Erfahrung teilen. In solchen Gesprächen können wertvolle Freundschaften wachsen, in denen wir einander ermutigen und gegenseitig zu unserem Familienglück mitten im Schlamassel beitragen können.

(35) Als Elternpaar durch dick und dünn

Die Geburt des ersten Kindes versetzt die Partnerschaft in einen völlig anderen Modus. Das Kind ihrer Liebe kann Vater und Mutter tief in ihrer Seele miteinander verbinden. Diesen Menschen großzuziehen, ist ein gemeinsames Projekt, das auf unvergleichliche Weise zusammenschweißt. Allerdings zieht dieses Kind einen großen Teil der Aufmerksamkeit auf sich. Aus einem Liebespaar, das sich bisher gegenseitig angeschaut hat, werden Eltern, die gemeinsam den kleinen Menschen ansehen, um den sie sich zu kümmern haben. Aus spontaner Leidenschaftlichkeit wird oft Gemeinschaftsarbeit, die Hand in Hand geht; aus Freizeitgestaltung wird das gemeinsame müde Abhängen, um irgendwie den inneren Akku wieder aufzuladen. Bei Vätern kommt nicht selten das Gefühl auf, ausgebootet worden zu sein. Plötzlich sind sie für ihre geliebte Frau nicht mehr die Nummer eins. Da ist jemand, der mehr Zeit in Beschlag nimmt und dessen Bedürfnisse scheinbar zu allen Tag- und Nachtzeiten an erster Stelle stehen.

Wichtiger als das Kind

Dieses Gefühl kann auch die feurigste Liebe erschüttern oder langsam untergraben. Bevor es so weit kommt, sollte ein Paar gegensteuern und etwas dafür tun, dass sie einander als Liebhaber und verlässliche Lebensgefährten nicht verlieren. Denn eine gestörte Liebesbeziehung schadet nicht nur dem Paar, sondern letztendlich dem Kind. Es gibt keine bessere Nestwärme für ein kleines Kind als zwei Eltern, die sich aufrichtig lieben. Wenn die Liebe der Eltern wackelt, wenn sie einander verunsichern oder verletzen, dann macht das immer auch dem Kind zu schaffen. Die Bedürfnisse des Babys sind zwar im Alltag oft dringlicher, weil es sich noch nicht selbst versorgen kann. Wichtiger als die Beziehung seiner Eltern zueinander sind sie aber nicht. Kinder werden eines Tages flügge und lösen sich von den Eltern, um ihr eigenes Leben zu gestalten. Unser Ehepartner ist uns als lebenslanger Weggefährte von Gott zugedacht, mit dem wir das Leben anpacken und genießen, Herausforderungen meistern und aneinander wachsen sollen. In der gesammelten Lebenserfahrung des Predigerbuches findet sich ein eindringliches Bild für diese Art von Ehe, die durch dick und dünn zusammenhält.

Es können sich zwei, die in einer kalten Nacht unter einer Decke liegen, aneinander wärmen. Doch wie kann einer, der alleine liegt, warm werden?
Ein Einzelner kann leicht von hinten angegriffen und niedergeschlagen werden; zwei, die zusammenhalten, wehren den Überfall ab. Und: Ein dreifaches Seil kann man kaum zerreißen.

Prediger 4,11.12

Einander guttun

„Zusammen ist man weniger allein" lautet der Titel eines amüsanten, leicht schrulligen, aber vor allem herzerwärmenden Films. Es könnte auch die Überschrift über diesen Bibelversen sein: Zusammen ist man weniger allein. Es tut einfach gut, in den Stürmen und Krisen des Lebens

jemanden zu haben, zu dem ich gehöre, der mir vertraut ist und immer vertrauter wird. Wenn es hart auf hart kommt, können wir einander den Rücken stärken, einander wärmen, einander in unserer Andersartigkeit und Unvollkommenheit ergänzen und verlässlich füreinander da sein. So hat Gott sich Ehe gedacht. Und es tut gut, wenn wir uns gerade in stressigen Zeiten bewusst daran erinnern.
Wir können nach Gelegenheiten suchen, einander Gutes zu tun. Manchmal geht es einfach darum, den anderen auszuhalten, wenn er sich gerade vor lauter Erschöpfung nicht liebenswert verhält. Manchmal geht es darum, den anderen zu achten und ernst zu nehmen, wenn er anderer Meinung ist. Manchmal können wir einander Freiraum zur Entspannung schenken.

Manchmal sind es kleine Aufmerksamkeiten, die den „Liebestank" auffüllen helfen. Wie wäre es mit einer gegenseitigen Entspannungsmassage?

- **Ihr Partner legt sich entspannt auf den Bauch und Sie nehmen einen Igelball zur Hand.**
- **Massieren Sie Ihren Partner damit in kreisenden Bewegungen vom Nacken erst zur einen, dann zur anderen Schulter. Fragen Sie zwischendurch, ob Ihrem Partner der Druck angenehm ist, oder ob Sie sanfter oder stärker massieren sollen.**
- **Massieren Sie dann nacheinander beide Arme bis zu den Handaußenflächen.**
- **Anschließend sind die Schulterblätter, Rücken, Po, Beine und Füße an der Reihe.**
- **Zum Schluss tut es gut, wenn Sie ihrem Partner ohne Ball den Körper mit sanftem Druck Ihrer Hände ausstreichen: Vom Scheitel über die Schulter bis zu den Fingern, vom Nacken zum Becken, vom Becken zu den Füßen.**

Dann werden die Rollen getauscht.

Unter Belastungen reifen

Gott hat sich ziemlich viel dabei gedacht, dass es einen Mann und eine Frau braucht, um ein Kind zu zeugen. Die wunderbare Herkulesaufgabe, Kinder großzuziehen, ist am besten gemeinsam zu bewältigen. Sie ist geschaffen für ein Team aus Vater und Mutter, das sich immer besser aufeinander einspielt und sich in seiner Unterschiedlichkeit ergänzt. Das Leben kann sich manchmal anfühlen, als würde man angegriffen oder niedergeschlagen werden. Wenn man in diesen kräftezehrenden Momenten des Lebens zu zweit zusammenhält, kann man viel besser standhalten. Was einen einzeln umhaut, das können zwei miteinander abwehren oder bewältigen. Wenn besondere Belastungen uns als Partner den Atem nehmen, dann müssen wir immer wieder bewusst entscheiden: *Wir bekämpfen nicht einander, sondern wir treten als Team in den Kampf mit dem Problem.*

Das geschieht, indem ich den anderen so annehme, wie er ist. Daran, dass mein Partner nicht vollkommen ist, kann ich liebesfähiger werden. Es erfordert aber, dass wir unsere großen romantischen Träume zu realistischen Erwartungen weiterentwickeln. Eine lebenslange Ehe mit vielfältigen Herausforderungen – liebevolle Partnerschaft, Kindererziehung, Beruf, Ehrenamt – kann sich nicht zu jeder Zeit wie ein glückliches Verliebtsein im Teenie-Alter anfühlen. In gewisser Weise wird die Liebesbeziehung in der Kinderphase „erwachsen". Es gibt Zeiten, da ist mehr praktische Verlässlichkeit als filmreife Leidenschaftlichkeit angesagt. Beides – große Gefühle und einander im Alltagsgrau zur Hand zu gehen – gehört zu einer lebendigen Liebesbeziehung. Manchmal braucht es die bewusste Entscheidung: Auch wenn ich keine großen Verliebtheitsgefühle habe, will ich zu meinem Partner stehen. Oder: Wir wollen uns als Paar nicht auseinanderdividieren lassen, auch nicht von unseren gemeinsamen Kindern. Wenn wir solche Entscheidungen treffen, sich aufeinander verlassen zu können, dann wachsen Gefühle auf einer tieferen Ebene. Dann kann die Liebe gerade in Krisenzeiten profitieren. Je mehr Schwierigkeiten und Herausforderungen wir miteinander durchgestanden haben, desto besser lernen wir uns kennen und schätzen und desto fester wird unser Liebesband, das uns stark macht fürs Leben.

Noch stärker mit Gott im Bund

Zu zweit ist man zwar stärker als allein. Aber es gibt etwas, das noch widerstandsfähiger macht: Wenn wir unsere Stärke an Gottes Stärke festmachen. Ein dreifaches Seil ist ein Bild dafür, dass Gott die Mitte in unserer Liebesbeziehung sein will. Wenn wir das Seil unserer Liebe fest mit Gott verweben, dann haben wir den besten Halt, den wir bekommen können. Wir machen uns an Gott fest, indem wir aus der Gewissheit leben: Gott selbst hat uns für dieses Kind eingesetzt. Er ist es, der uns an diesem Lebensplatz haben wollte. Sein Segen steht über uns, wenn wir diese Aufgabe im Vertrauen auf seine Kraft anpacken. Gott will mit seiner Gnade und Kraft die Mitte in unserer Ehe und Familie sein. Wenn wir scheitern und aneinander schuldig werden, wird er uns vergeben. Er will uns helfen, einen Neuanfang zu machen und besser miteinander umzugehen. Weil er selbst uns liebt und uns unsere Schuld vergibt, will er uns zu barmherzigen Menschen machen. Er will Güte und Großzügigkeit wachsen lassen, damit wir dem anderen vergeben können und nicht kleinlich nachtragend sind. Er will uns die Augen dafür öffnen, warum er uns diesen Partner zur Seite gestellt hat und was wir einander zu geben haben. So will er uns Schritt für Schritt vorwärtsbringen auf unserem gemeinsamen Reifungsweg, auf dem nicht nur unsere Kinder zu selbstständigen Erwachsenen werden, sondern auch wir Eltern zu immer liebesfähigeren Persönlichkeiten heranwachsen.

(35a) Und Single-Mamas?

Leider verläuft das Leben nicht immer so, wie Gott es sich gedacht hat und wir selbst es erträumt haben. Manche Paarsituation ist so verfahren, dass eine Trennung das kleinere Übel darstellt. Manchmal kann ein Partner sich noch so sehr um die Lösung der Konflikte bemühen, der andere geht trotzdem und hinterlässt eine große Wunde und Leere. Dieses Gefühl, hinter der Verwirklichung des eigenen Lebensentwurfs schmerzlich zurückzubleiben, in der Beziehung gescheitert und verlassen zu sein, ist eine große zusätzliche Last. Es gehört wohl zum Schmerzhaftesten, wenn eine Mama die Krisen im Ausnahmezustand Baby-Zeit unfreiwillig als Single oder gar als Witwe durchstehen muss. Aber eines bleibt durch alle Nöte hindurch gültig: Gott lässt uns nicht im Stich. Seine Nähe ist nicht daran zu messen, wie rund unser Leben läuft. Immer wieder sagt er besonders den Menschen, die an der Realität ihres Lebens leiden und ihn in ihrer Bedürftigkeit suchen, seinen Beistand zu. Zum Beispiel in diesem Vers:

Der Herr ist allen nahe, die verzweifelt sind; er rettet die, die den Mut verloren haben.

Psalm 34,19

Wenn es einen Verzweiflungspunkt in Ihrem Leben gibt, will Gott Ihnen gerade da begegnen – mit seiner Nähe, Zuwendung und seinem Trost. Er will Ihnen tief im Herzen bewusst machen: Sie sind wertgeachtet und geliebt von ihm, dem Schöpfer des Universums. Das ist die wichtigste Aussage über Sie als Person. In dieser Geborgenheit dürfen Sie das, was Sie schmerzlich vermissen, betrauern. Vor Gott müssen wir kein Blatt vor den Mund nehmen und uns unserer Tränen nicht schämen.

Gottes besondere Nähe

Und wir dürfen von Gott erbitten, dass er uns all das gibt, was wir in unserer Situation brauchen, um trotz unerfüllter Wünsche ein erfülltes Leben zu führen. In der Bibel tauchen besondere Verheißungen oft gerade in Zeiten besonderer Umstände auf. Als zum Beispiel Josua, der von Mose ausgebildete Nachwuchsleiter, auf einmal ohne seinen Mentor allein vor der Aufgabe stand, ein ganzes Volk zu führen, sagte Gott zu ihm:

Sei stark und mutig! Hab keine Angst und verzweifle nicht. Denn ich, der Herr, dein Gott, bin bei dir, wohin du auch gehst.

Josua 1,9

Diese Zusage ist stärker als begrenzte menschliche Kraft. Sie ist wichtiger als das Gelingen all unserer Pläne. Und sie gilt auch besonders den tapferen Frauen, die alleinerziehend oder unter anderen besonderen Schwierigkeiten im Alltag ihre Mama stehen. Gott will uns Mut machen. Er will uns den Rücken stärken. Er lädt uns ein, ihm zu vertrauen, gerade an den Leidenspunkten unseres Lebens. Und vielleicht haben wir ihn am Ende dieser Zeit viel intensiver und nahbarer erlebt, als das hätte sein können, wenn unser Leben mehr nach unserem Plan verlaufen wäre.

Gemeinsam statt einsam

Wer die Rund-um-die-Uhr-Belastung, die ein Baby mit sich bringt, im Alltag ohne Partner schultern muss, hat es noch schwerer, Zeit für sich und andere Beziehungen zu finden. Trotzdem und erst recht bleibt die Aussage aus Prediger 4,11.12 gültig: Zu zweit beziehungsweise zu dritt mit Gott im Bunde, ist man gegen Belastungen ungleich besser gewappnet.

Ganz praktisch braucht es Vertrauenspersonen, denen man guten Gewissens das Baby anvertrauen kann. So kann die besonders geforderte Mama auch etwas für sich tun.

- **Überlegen Sie doch mal konkret, wem Sie Ihr Baby anvertrauen würden und trauen Sie sich, diese Menschen direkt zu fragen. Manchmal geht mehr, als man erst einmal erwartet.**
- **Falls Sie so jemanden gerade nicht in Ihrer Nähe haben, dann beten Sie für so einen Unterstützer. Und dann träumen Sie doch schon mal, wie so eine kleine Auszeit für Sie aussehen könnte:**
- **Vielleicht können Sie mit Unterstützung anderer einen regelmäßigen Sporttermin umsetzen?**
- **Oder sich mal eine wohltuende Massage gönnen?**
- **Einen entspannten Ausgeh-Abend mit einer Freundin planen?**

Seien Sie gewiss: Gott findet, Sie sind das wert!

Wer sich von Gott geachtet und geliebt weiß, darf sich selbst Gutes gönnen und sich das bewusst einplanen, damit es nicht unter den Tisch fällt. Dem Kind kommt es indirekt immer zugute, wenn es seiner Mama gut geht. Und es bereichert sein Leben, wenn es an weitere Vertrauenspersonen neben seiner Hauptbezugsperson gewöhnt ist.

Gute Absichten

Aber nicht nur die Ablösung durch einen zuverlässigen Babysitter braucht ein Elternteil, der ohne Ehepartner lebt. Für die eigene Seele und das persönliche Glück braucht es neben der besonderen Mutter-Kind-Beziehung auch Menschen, mit denen man auf Augenhöhe reden und Leben teilen kann. Gott hat uns als Beziehungswesen geschaffen. Wenn wir uns anderen mitteilen, wenn wir Unterstützung und Verständnis bekommen und schenken, wenn wir uns von Herz zu Herz begegnen, dann leben wir etwas, was zutiefst unserem Wesen entspricht. Gott weiß, wie gut es tut, uns bei einer lieben Freundin unsere Not von der Seele zu reden oder einfach mal allen Alltagssorgen zum Trotz miteinander zu lachen. Er weiß, wie wichtig es ist, miteinander unterwegs zu sein, sich das Leben zu erobern und zu genießen, im Gespräch Lösungen zu erringen und neue Sichtweisen zu gewinnen, Schweres zusammen durchzustehen und Schönes gemeinsam zu feiern. Er legt eine besondere Verheißung darauf, wenn zwei gemeinsam statt alleine beten. Darum ermutigt der himmlische Vater uns dazu, Kraft und Zeit für tiefgehende Beziehungen aufzubringen. Sie gehören zu seinen guten Absichten für unser Leben.

(36) Immer diese Quengelei

„Noch eine anstrengende Woche. Viel Geschrei. Er hängt buchstäblich an meinem Rockzipfel. Gehe ich aus dem Zimmer: nichts wie Gebrüll und hinter mir her. Wenn ich beim Kochen bin, krabbelt er hinter mich, hält sich an meinen Beinen fest und lehnt sich so an mich, dass ich mich nicht mehr vom Fleck rühren kann. Das abendliche Zubettgehen ist auch wieder Theater. Er schläft spät ein. Er spielt nur, wenn ich mit ihm spiele."[28]

Was diese Mutter eines 38 Wochen alten Kindes erlebt, kennen viele Eltern aus eigener Erfahrung. Bis vor Kurzem war das Baby ein richtiger Sonnenschein. Plötzlich ist es nur noch am Quengeln. Konnte es sich bis vor Kurzem fröhlich selbst beschäftigen, ist jetzt auch das heiß geliebte Lieblingsspielzeug uninteressant. Blieb es bisher fröhlich bei Oma oder Freundin, will es der Mama plötzlich keinen Zentimeter mehr von der Seite weichen. Zwei niederländische Psychologen erklären in ihrem Buch „Oje, ich wachse!"[29] den Hintergrund dieser Erfahrungen. Die menschliche Entwicklung verläuft nicht als gerade Linie stetig nach oben, sondern in Schüben. Immer wenn so ein Schub ansteht, erschüttert er die ganze Welt des Babys.

Unbekannter Boden

Wie würden Sie sich fühlen, wenn Sie ohne Eingewöhnung auf einem fremden Planeten abgesetzt würden? Vermutlich hätten auch Sie dann nicht viel Hunger oder Lust, entspannt zu spielen. Ziemlich sicher würden auch wir uns in einer ähnlichen Situation fest an die Person krallen, die uns vertraut ist, und in ihrer Nähe versuchen, die neue Wirklichkeit unter die Füße zu kriegen. Ungefähr so fühlen sich kleine Menschen, wenn ein neuer Entwicklungsschub ihre Wahrnehmung und Möglichkeiten geradezu explodieren lässt. Sie sind völlig durch den Wind. Um sich zurechtzufinden, klammern sie sich an die Mama. Kein Wunder, dass sich das für uns super stressig anfühlt. Das Wissen um diese Hintergründe hilft, das Baby zu verstehen. Kräftezehrend und nervenaufreibend sind diese Phasen trotzdem. Aber wir sind nicht allein. Gott will uns gerade in strapaziösen Zeiten seiner Unterstützung vergewissern.

„Auch wenn Berge weichen und Hügel beben,
soll meine Gnade nicht von dir gehen;
und der Bund meines Friedens soll niemals wanken",
spricht der Herr, der Erbarmen mit dir hat.

Jesaja 54,10

Dauerquengelkrisen können sich, wenn wir erschöpft und übermüdet sind, wie ein persönlicher kleiner Weltuntergang anfühlen – wie Berge, die wanken, und Hügel, die beben. Gott sagt: Auch dann lässt er uns nicht im Stich. Wer an Jesus glaubt, ist sein „Bündnispartner" und kann allezeit auf ihn zählen.

Gnade

Wenn wir hinter unseren Erwartungen zurückbleiben, weil wir nicht so liebevolle Gefühle haben, wie wir sie gern hätten; wenn wir nicht so souverän und gelassen sind, wie wir es gern wären; dann dürfen wir in Gottes Arme fallen. Seine Gnade sagt uns: Eltern dürfen ganz Mensch sein. Sie dürfen Grenzen haben und bedürftig sein. Sie dürfen gnädig mit sich selbst sein, nach Versagen und Fehlern wieder aufstehen und es beim nächsten Mal mit Gottes Kraft besser machen. Sie dürfen sich Hilfe holen. Vielleicht fühlen Sie sich überfordert? Dann scheuen Sie sich nicht, Unterstützung anzunehmen – sei es in praktischen Belangen oder in Form von mutmachenden Gesprächen. Es ist kein Zeichen von Schwäche, sondern von Stärke. Wer in Gottes Gnade geborgen ist, muss nicht aller Welt beweisen, dass er es allein schafft. Wie oft sind Mütter frustriert, weil so vieles, was sie sich vorgenommen haben, liegen bleibt. Die Bedürfnisse der Kinder fordern so sehr, dass sie ständig hinter ihren eigenen Erwartungen zurückbleiben. Wenn wir uns am empfundenen „Ungenügend" unseres Alltags aufreiben, will Gott uns seinen Frieden schenken. Er lädt uns ein, uns mit der anstrengenden Phase und mit den Grenzen unserer Möglichkeiten zu versöhnen. Es kommt nicht darauf an, dass alles immer wie im Bilderbuch verläuft, sondern dass wir wissen: Gottes Gnade ist immer noch größer als alle Stürme und Entwicklungskrisen.

Halt

Die anstrengenden Phasen von Babys sind meist so schnell wieder vorbei, wie sie gekommen sind. Dann können Sie sich über die neu gewonnenen Fähigkeiten freuen und über das Wunder des Wachstums staunen. Es ist gar nicht wünschenswert, keine Krisen zu erleben. Sie sind wichtig – für die Entwicklung der kleinen Menschen. Und für unsere Entwicklung als Mutter und Vater. Manchmal kann diese alte Weisheit, die Seneca zugeschrieben wird, mitten im Sturm trösten: „Fest und stark ist nur der Baum, der unablässig Windstößen ausgesetzt war, denn im Kampf festigen und verstärken sich seine Wurzeln.“ [30]

Sie gilt auch für unseren Glauben. Solange uns alles locker von der Hand geht, brauchen wir Gott oft scheinbar nicht. Aber wenn die Anforderungen unsere Kräfte übersteigen, wenn wir erschöpft sind und uns vom Leben überfordert fühlen, dann wachsen unsere Wurzeln in Richtung Gott. Wir suchen seine Gnade und seinen Frieden – mitten im Sturm. Wir selbst dürfen uns an Gott klammern. Und wir können unsere Kinder – wenn ihre persönlichen Berge weichen und Hügel wanken – diesem Gott anvertrauen. Bei ihm sind wir geborgen. Und wir sind mit unserem Kind verbunden in dem gemeinsamen Wachstumsprozess, zu dem Gott uns als Familie zusammengestellt hat. Vielleicht mögen Sie als Bekenntnis und als Bitte folgendes Gebet sprechen?

Vater im Himmel,
an unbeschwerten Tagen bin ich schnell in der Gefahr,
dich zu vergessen.
Vielleicht mutest du mir deshalb zu, dass ich an meine
Grenzen stoße.
Es ist wieder soweit. Ich kann nicht mehr.
Ich bin so erschöpft und brauche deinen Beistand.
Komm in mein Herz mit deiner Gnade.
Du siehst mich an und liebst mich – so bedürftig und
ungenügend, wie ich mich fühle.
Du liebst unser Kind auf unvorstellbar tiefe Weise.
Gib mir Teil an deiner Liebe.
Mache mich gnädig mit mir selbst.
Und gib mir Kraft für die Bedürfnisse unseres Kindes.
Komm mit deinem Frieden in mein aufgewühltes Herz.
Lass meine Wurzeln zu dir hin wachsen.
Lass mich von dir empfangen, was ich nötig habe.
Ich will mein Herz öffnen für das, was du hineinsprichst
in meine Sehnsucht.
Was du vorhast, ist gut für mich und für uns als Familie.
Gib mir die Kraft, um alle Stürme auszuhalten, die du mir
zumutest.
Gib mir den Mut, mich auf Schritte einzulassen, die du jetzt
mit mir vorhast.
Ich will mich deinem Erbarmen und deiner Stärke anvertrauen.
Lieber will ich durchs dürre Tal wandern an deiner Hand
und meinen Durst an deiner Quelle stillen,
als mir den leichten Weg suchen und dabei dich verlieren.
Amen

Monat 10

Über den eigenen Horizont hinaus

(37) Den Glauben mitteilen

„Gott jiebt!" war einer der ersten Zweiwortsätze unserer Tochter. Sie lernte ihn in der „Flohkiste", dem Kindergottesdienst für ein- und zweijährige Kinder. Dort gab es neben viel Zeit zum Spielen jedes Mal eine kurze Episode aus der Bibel. Während diese erzählt wurde, saßen die Zwerge im Kreis. Jedes Kind durfte eine kleine Bibel in der Hand halten und nach Herzenslust darin blättern. Der Abschluss der Geschichte bestand regelmäßig in dem Merksatz: „In der Bibel steht, dass Gott mich liebt." Das ging als „Gott jiebt!" mit unserer Tochter mit. Und ihre strahlenden Augen sagten mir, dass etwas vom Inhalt dieser wunderbaren Wahrheit ihr Herz erreichte. Es ist nie zu früh, um ein Kind mit Gott in Berührung zu bringen. Und es ist nicht einfach ein Hobby. Gott fordert Eltern ausdrücklich dazu auf. Zunächst galt dieser Aufruf dem Volk Israel:

Höre, Israel: Der HERR ist unser Gott, der HERR allein!
Und du sollst den HERRN, deinen Gott, lieben mit deinem ganzen Herzen und mit deiner ganzen Seele und mit deiner ganzen Kraft.
Und diese Worte, die ich dir heute gebiete, sollen in deinem Herzen sein. Und du sollst sie deinen Kindern einschärfen, und du sollst davon reden, wenn du in deinem Hause sitzt und wenn du auf dem Weg gehst, wenn du dich hinlegst und wenn du aufstehst.

5. Mose 6,4-7 (ELB)

Israel konnte auf eine Menge Erfahrungen mit Gott zurückschauen. Er hatte sie aus Sklaverei befreit, sie auf einem langen beschwerlichen Weg geleitet und zu einem guten Ziel gebracht. Er hatte sie wiederholt aus Lebensgefahr gerettet und ihnen Schuld und Verrat vergeben. Nun gibt er ihnen Leitlinien für ein gutes Leben, unter anderem die Zehn Gebote (5. Mose 5,6-21) und diese Aufforderung. Sie wurde später Teil des berühmten Bekenntnisgebetes „Sch^{e}ma", das bis heute von gläubigen Juden zweimal täglich gebetet wird. In diesen Worten stecken grundlegende, zeitlose Wahrheiten für ein erfülltes Leben in der Gemeinschaft mit Gott, die auch für uns Christen gelten.

Die Mitte meines Lebens

Was Gott den Menschen hier ins Stammbuch schreibt, gilt auch für uns: Wir sind dazu geschaffen, Gott den Herrn unseres Lebens sein zu lassen. Wir sollen seine Liebe und Güte erkennen und empfangen und ihn mit unserem ganzen Herzen, als ganze Person und mit all unserer Kraft lieben. Er will unserem Dasein Sinn und Ziel geben. Er will uns zeigen, was gut ist – für unser Leben und für das Leben unseres Kindes. Die Worte Gottes sollen in unserem Herzen sein, uns stets begleiten. Das tun sie, wenn wir allein und gemeinsam mit anderen Christen die Bibel lesen, wenn wir wichtige Verse auswendig kennen, wenn wir gemeinsam Gottesdienst feiern, wenn wir Gott Raum im Alltag gewähren und mit ihm im Gespräch bleiben – in Stoßgebeten und in bewusst eingeräumten Zeiten zum Beten. Und wenn wir immer wieder die Entscheidung treffen: Ich will mich nicht selbst als kleiner Gott aufspielen, der es besser weiß als der ewige Schöpfer und Herr der Welt. Gott soll wirklich das Sagen in meinem Leben haben.

Kindern von Gott erzählen

Was wir selbst sind und aus ganzem Herzen leben, wird unsere Kinder unvermeidlich prägen. Es bleibt letztlich ein Geheimnis, was davon schon bei Säuglingen ankommt. Aber wir erleben ja täglich, wie sich zum Beispiel die Aufregung einer Mutter oder ihre innere Ruhe auf ihr Baby überträgt. So saugen es die Kinder sozusagen mit der Muttermilch auf, wenn ihre Mamas (und Papas) mit Gott leben. Wir dürfen darauf vertrauen, dass Gott durch unseren Glauben an ihn auch unsere Kinder von klein auf segnet. Zusätzlich fordert er uns auf, es nicht beim gelebten Vorbild zu belassen. Wir sollen auch von Gott reden. Das ist eine logische Folge von gelebtem Glauben. Denn „wes das Herz voll ist, des geht der Mund über“ (Lukas 6,45; LUT). Und es ist Gottes Berufung für uns. Wir sind ihm nicht nur dafür verantwortlich, unsere Kinder ganz praktisch mit all dem zu versorgen, was sie brauchen, um an Leib und Seele stark zu werden und groß zu wachsen. Sondern auch dafür, ihnen eine Tür zum Glauben zu öffnen. Wir sollen ihnen mit Nachdruck von

Gott erzählen, ihnen einschärfen, dass es das Beste ist, ihn den Herrn des eigenen Lebens sein zu lassen. Die Ausführung dieser Aufgabe gelingt am besten, wenn sie einen festen Platz im Alltag hat.

Gute Gewohnheiten entwickeln und pflegen

Eine lebendige Gemeinde ist dabei unverzichtbar. Bei unserer Tochter fing es mit dem Mini-Gottesdienst in der „Flohkiste" an. Nach einem Umzug und Gemeindewechsel besucht sie weiterhin mit Begeisterung den Kindergottesdienst und besondere Veranstaltungen, die ihr nicht nur Spaß machen, sondern auch ihren Glauben stärken. Ihr kleiner Bruder tut es ihr freudig nach.

Die Angebote für Kinder in einer Gemeinde ersetzen aber nicht den Auftrag, den Gott ausdrücklich uns Eltern gibt. „Wenn du in deinem Hause sitzt und wenn du auf dem Weg gehst, wenn du dich hinlegst und wenn du aufstehst" – das heißt praktisch zu jeder Zeit und überall will Gott Thema in unserer Familie sein. Das geht durch spontane Gespräche und Gebete einerseits. Andererseits habe ich erlebt, dass gute Gewohnheiten und Rituale helfen, den Draht zu Jesus durch Höhen und Tiefen lebendig zu halten. Das Tischgebet, das regelmäßige Abendgebet, eine biblische Geschichte vor dem Schlafengehen oder ein Segenslied vor dem Einschlafen können Einfallstore für Gott mitten in unserem Alltag sein. Je regelmäßiger sie stattfinden, desto mehr gehen sie uns „in Fleisch und Blut" über. Sie geben dem Tagesablauf eine Struktur, die Kindern guttut, und sorgen dafür, dass wir Gott im Lebenstrubel nicht vergessen.

Zum Beispiel so

Als unsere Tochter fünf Jahre alt und unser Sohn ein Baby war, habe ich ihr regelmäßig mit Baby auf dem Arm ein Abendlied gesungen. Später saßen wir dazu gemeinsam auf dem Sofa. Dann kamen ein Gebet und ein Segen dazu. Die Kinder wollten es am nächsten Abend wieder so und wieder so. Mittlerweile hat sich ein Abendritual entwickelt, das wir als ganze Familie pflegen. Wenn die Kinder im Schlafanzug und mit geputzten Zähnen bettfertig sind, setzen wir uns in Ruhe zusammen. Wir lesen eine biblische Geschichte aus der Kinderbibel oder einem anderen Bilderbuch vor. Dann singen wir ein Lied, das sich meist die Kinder wünschen, mal ein Abendlied, mal ein Anbetungslied, mal eines, das zur Jahreszeit passt. Manchmal tauschen wir uns darüber aus, worüber wir uns heute gefreut oder was wir heute gelernt haben. Danach fließt ins Gebet ein, was am Tag los war. Wir danken für das Schöne, wir bitten um Vergebung. Wir nennen Gott Menschen, die krank sind, die seine Hilfe brauchen oder uns besonders am Herzen liegen. Wir bitten um Bewahrung in der Nacht. Anschließend segnen mein Mann und ich unsere Kinder mit Worten aus der Bibel, die die Kinder längst auswendig mitbeten. Zum Abschluss singen wir ein ruhiges Abendlied, z.B. *„Müde bin ich, geh zur Ruh“*[31] *oder „Der Tag begann, der Tag vergeht“.*[32]

Vielleicht möchten Sie sich dieses Segensgebet auch zu eigen machen?

Der Herr segne dich und bewahre dich!
Der Herr wende sich dir in Liebe zu und zeige dir sein Erbarmen!
Der Herr sei dir nah und gebe dir Frieden!
4. Mose 6,24-26 (HFA)

Welche Lieder passen wohl zu Ihnen? Wenn Sie nicht gern singen, kann es auch ein ruhiges Lied von CD sein. Finden Sie Ihren eigenen Weg, Ihre eigenen Gebete, Lieder und Rituale, um Gott die Mitte Ihrer Familie sein zu lassen. Das muss kein festgefügter Ablauf sein, sondern kann sich so entwickeln, wie es zu Ihnen und Ihrem Kind passt.

Wir Erwachsenen tragen die Verantwortung dafür, dass unsere Kinder erfahren, wer Gott ist, und unseren Glauben miterleben. Nur so können sie später einmal selbst die Entscheidung treffen, ob sie ihm ihr Leben anvertrauen wollen.

(38) Himmlische Diplomaten

In unserem „früheren Leben" vor dem Mama-Sein haben wir uns vielleicht stark über den Beruf definiert. In der Elternzeit tritt das in den Hintergrund. Beim Babyschwimmen paddelt die Ärztin neben der Verkäuferin und durch den PEKIP®-Raum robbt die Rechtsanwaltsgehilfin Seite an Seite mit der Landschaftsgärtnerin. Wir müssen neu entscheiden, worüber wir uns definieren und wofür wir wie viel unserer wertvollen Zeit einsetzen wollen. Welchen Weg wir auch immer finden – ob als Vollzeitfamilienfrau oder berufstätige Mutter: Es gibt einen Lebensauftrag, der durch alle praktischen Veränderungen unseres Alltags bestehen bleibt. Er stammt von Gott selbst.

Denn Gott war in Christus und versöhnte so die Welt mit sich selbst und rechnete den Menschen ihre Sünden nicht mehr an. Das ist die herrliche Botschaft der Versöhnung, die er uns anvertraut hat, damit wir sie anderen verkünden. So sind wir Botschafter Christi, und Gott gebraucht uns, um durch uns zu sprechen. Wir bitten inständig, so, als würde Christus es persönlich tun: Lasst euch mit Gott versöhnen!

2. Korinther 5,19.20

Botschafter des Höchsten

Es geht um Gottes unbegreifliche Liebe zu uns Menschen, darum, dass Jesus sich selbst gegeben hat, um die Beziehung zwischen Gott und uns wieder heil zu machen. Diese herrliche Botschaft soll unter die Leute. Und hier kommen wir Christen ins Spiel. Wir sind Botschafter des ewigen, heiligen Gottes, sozusagen im diplomatischen Dienst des Himmels. Wir sollen seine leidenschaftliche Einladung zu den Menschen bringen: Lasst euch mit Gott versöhnen! Entdeckt, dass Jesus euch eine völlig neue Dimension von Leben schenken will, einen Lebenssinn, den ihr nirgends sonst finden könnt.

Diese großartige Berufung zieht Gott jetzt nicht zurück, wo wir uns manchmal fühlen, als hätte man uns in den Krabbelraum des Lebens abgeschoben. Wir mögen alle Hände voll zu tun haben mit sandverklebten Matschhosen und gefüllten Windeln, aber trotzdem bleiben wir Botschafter des Höchsten. Hier und jetzt in diesen Lebensumständen steckt Gottes Berufung für unser Leben.

Gelegenheiten entdecken

Ich bin schon mehrmals in meinem Erwachsenenleben umgezogen. Aber nie habe ich so schnell Kontakte bekommen wie als Mutter. Kinder sind wahre Türöffner für neue Bekanntschaften. Beim Plaudern in der Krabbelgruppe, auf dem Spielplatz oder in der Nachbarschaft ergeben sich unzählige Möglichkeiten, buchstäblich über Gott und die Welt ins Gespräch zu kommen: die Zuteilung der Kindergartenplätze, die Entwicklungsschritte der lieben Kleinen, die besten Tipps für Kindersachen-Flohmärkte, den Spagat zwischen Familie und Berufstätigkeit. Bei der Tagesmutter entsteht ein freundschaftlicher Kontakt zu den anderen Familien, deren Kinder dort betreut werden. Die ältere Dame in der Nachbarschaft erzählt von ihren Kindern, die längst erwachsen sind und woanders wohnen. Hinzu kommt: Das Elternwerden reißt aus dem Alltagstrott. Es wühlt auf, weil wir mit dem Geheimnis des Schöpfers in Berührung kommen. Dieses Aufwühlende erleben auch Eltern, die Gott noch nicht kennen. Schon deshalb ergeben sich viele Möglichkeiten, über den Sinn des Lebens ins Gespräch zu kommen. Zeiten des Umbruchs sind Zeiten, in denen Menschen offen werden für Gottes Wirken an ihrem Herzen. Ich denke, auch deshalb sind junge Mütter oft nicht abgeneigt, sich in die Krabbelgruppe oder zu einer anderen familienfreundlichen Veranstaltung der Kirchgemeinde einladen zu lassen.

Leben und lieben

Verkünden heißt nicht immer, andere in die Gemeinde einzuladen und ihnen direkt von meinem Glauben zu erzählen. Oft spricht unser Leben am lautesten. Mit Gott leben heißt zunächst, das Naheliegende – unser Kind versorgen, unsere Paarbeziehung pflegen – mit ganzer Kraft und Liebe zu tun. Und es bedeutet, aufmerksam für andere zu werden, weil Gottes Liebe unser Herz erfüllt. Daraus können Freundschaften mit Tiefgang wachsen, in denen wir uns durch mutmachende Gespräche oder praktische Unterstützung Gutes tun. Ich kann einer anderen Mutter anbieten, ihr Kind mal zu betreuen, um ihr Freiraum zu schenken. Christsein äußert sich darin, was uns wichtig ist und welche Prioritäten wir in unserem Leben setzen. Wenn wir fest in Gott verwurzelt sind, werden wir unser Glück nicht in Äußerlichkeiten und Besitz suchen. Wir werden nicht über andere lästern, sondern Verständnis für andere Lebenssituationen aufbringen. Wir werden Menschen mit Achtung und Respekt begegnen, weil Jesus jeden Menschen liebt. Wir werden nicht nur unsere, sondern alle Kinder als Gottes Mensch gewordene Idee wertschätzen.

Auftrag finden

Das Mama-Werden verändert nicht nur das berufliche, sondern auch das ehrenamtliche Engagement. Wenn das Ende des Baby-Jahres in Sicht kommt, ist es vielleicht an der Zeit, Gott ganz neu zu fragen: Wo ist der Platz, an dem ich dir mit meiner Begabung und meinen momentanen Möglichkeiten dienen kann?

Manche Mütter entdecken, dass sie ein Herz haben, nicht nur die eigenen Kinder, sondern auch andere mit Gottes Liebe in Berührung zu bringen. Die einen arbeiten in der Krabbelgruppe mit oder setzen sich für einen Winterspielplatz mit Café-Ecke für die Eltern ein. Eine andere gründet in ihrer Gemeinde einen „Mini-Gottesdienst", der auf die Bedürfnisse von Familien mit kleinen Kindern abgestimmt ist. Andere Mütter haben das Bedürfnis, in der Gemeinde bewusst etwas anderes zu machen. Sie bringen sich im Presbyterium, bei Kursen für Erwachsene oder im Deko-Team ein. Wieder andere nutzen die Flexibilität der Elternzeit, um Menschen zu besuchen, die oft einsam sind. Oder sie entdecken es als ihre Begabung, regelmäßig für andere Menschen zu beten.
Es kommt nicht auf die Größe der Aufgabe an. Berufung kann sich auch ganz unscheinbar und klein anfühlen und doch im Verborgenen Großes bewirken. Dazu ermutigt ein Mensch, der Großes bewirkt hat, weil er sich vor unscheinbaren Aufgaben nicht gescheut hat:

„Man halte immer die Augen offen für die kleine Aufgabe, denn es ist die kleine Aufgabe, die Jesus Christus wichtig ist. Die Zukunft von Gottes Reich hängt nicht vom Enthusiasmus dieser oder jener mächtigen Person ab; diese Großen sind auch nötig, aber es ist ebenso notwendig, viele kleine Leute zu haben, die im Dienst Christi etwas Kleines tun.
Die großen Ströme machen nur einen kleinen Teil des ganzen Wassers aus, das nötig ist, um die Erde zu nähren und zu erhalten. Neben dem strömenden Fluss gibt es noch das Wasser in der Erde – das unterirdische Wasser – und es gibt die kleinen Flüsse, die immerzu in den großen Strom fließen und ihn speisen und verhindern, dass er in der Erde versinkt. Ohne dieses andere Wasser – das stille, unterirdische Wasser und die tröpfelnden Flüsschen – könnte der große Strom nicht mehr fließen. So ist es auch mit den kleinen Aufgaben, die von uns allen getan werden müssen."
(Albert Schweitzer)[33]

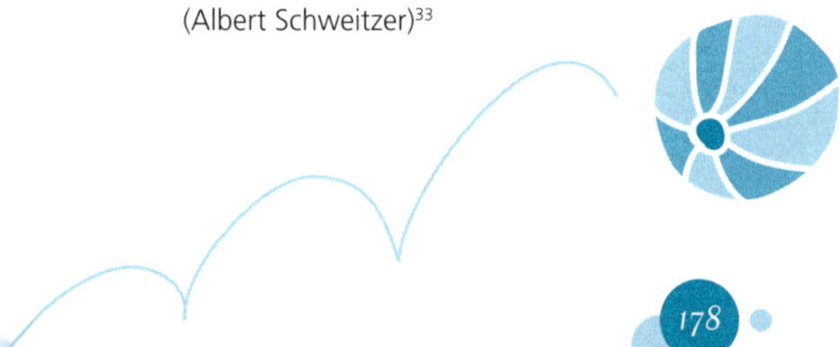

(39) Berufung im Doppelpack

Ich liebe es, verheiratet zu sein. Ganze 22 Jahre ist es her, dass mein Mann und ich uns ziemlich jung vor den Traualtar gewagt haben. Die Redensart „in den Hafen der Ehe einlaufen" finde ich unpassend. Ehe empfinde ich viel mehr als ein spannendes Abenteuer; eine Reise, auf der es vieles zu entdecken gibt, was das Leben reich macht. Ich selbst verändere mich auf dieser Reise. Und mein Partner auch. Wenn ich zurückblicke, dann wurde mein Leben um viele Facetten bunter, seit mein Mann und ich einander ergänzen und zum Wachstum herausfordern.
Übrigens bin ich überzeugt, dass nicht die Partnerwahl alleine darüber entscheidet, ob eine Ehe gelingt. Für viel wichtiger halte ich es, sich miteinander weiterzuentwickeln. Je ehrlicher wir uns gegenseitig Anteil geben an dem, was uns tief im Herzen bewegt, desto besser können wir uns gegenseitig helfen, unsere einzigartige Persönlichkeit zu entfalten. Die Folge ist: Ich kann immer mehr ich selbst werden. Anders ausgedrückt: Ich wachse immer mehr zu dem Menschen, den Gott vor Augen hatte, als er mich geschaffen hat. Dazu kann im Besonderen eine auf Verbindlichkeit und Dauer angelegte Partnerschaft helfen, eine Liebe, die ihr Durchhaltevermögen aus der Treue Gottes speist und nicht aus den eigenen wechselhaften Gefühlen. Wenn ich mit einem Menschen mein ganzes Leben teile, kann ich mich nicht mehr verstellen. Ich bin herausgefordert, echt zu sein. Und dann erlebe ich, dass der andere trotz meiner Macken zu mir hält. Und ich bin gefragt, Liebe zu lernen, die sich nicht von nervigen und anstrengenden Phasen unterkriegen lässt.

Neue Einheit

Ganz zu Beginn der Bibel wird berichtet, dass Adam allein unvollständig war. Erst als er Eva als Gegenüber bekommt, ist sein Leben „rund" und er kann seine Berufung leben, die Erde zu bebauen und zu bewahren. Das gilt im Großen für die gesamte Menschheit: Männer und

Frauen gemeinsam sind zu Gottes Ebenbild und Ehre geschaffen. In der Ergänzung – und nicht, indem sie sich gegenseitig bekämpfen oder unterdrücken – können sie dem Schöpfungsauftrag nachkommen. Und es gilt im Kleinen für jede Ehe, für die Gott von Anfang an folgende Eckpunkte festlegt:

Das erklärt, warum ein Mann seinen Vater und seine Mutter verlässt und sich an seine Frau bindet und die beiden zu einer Einheit werden.

1. Mose 2,24

Lebenslang zusammen wachsen

So wichtig ist Gott die Ehe, dass sie gleich auf den ersten Seiten der Bibel begründet wird. Diese besondere Gemeinschaft zwischen Mann und Frau wird nach außen begrenzt. Die Ehepartner sollen einen angemessenen Abstand zu ihren Eltern einnehmen und ihrer Liebe zueinander Priorität einräumen. Das sagt indirekt auch etwas über die Beziehung zu unseren Kindern aus: Eines Tages, wenn sie erwachsen sein werden, wird es Gottes guter Wille sein, dass sie sich von uns lösen. In aller Regel dauert unser eigenes Erwachsenenleben und unsere Ehe länger als die Kindheit unserer Kinder. Das bedeutet: So sehr die Kinder uns jetzt brauchen, solange sie klein sind, sollen sie doch nicht den Platz einnehmen, der unserem Ehepartner gebührt. Wir sind als Mann und Frau zu einer Einheit berufen, die über die Kindheit unserer Kinder hinausgeht. Wir sollen in unvergleichlicher Weise zusammenwachsen und zusammen wachsen. Wenn unsere Kinder einmal groß sein werden, soll diese Verbundenheit nicht unter der Aufopferung unserer Zeit für den Nachwuchs erstickt worden sein. Darum ist es so wichtig, vor lauter Kindererziehung die Ehebeziehung nicht verkümmern zu lassen. Vielmehr wünscht sich Gott, dass unsere Liebe auf dem Weg an Stärke und Durchhaltekraft zunimmt. Und dass unser Vertrauen zueinander das Nest ist, in dem unsere Kinder geborgen groß werden können.

Vielleicht tut es Ihrer Partnerschaft gut, wenn Sie sich einen Abend bei einem schönen Essen Zeit nehmen, um sich über die eine oder andere Frage auszutauschen:

- **Was schätzen Sie an Ihrem Partner?**
- **Durch welche Charaktereigenschaften ergänzen Sie und Ihr Partner sich?**
- **Wie ist Ihr Leben durch Ihren Partner vollständiger und „runder" geworden?**
- **Was ist im Laufe Ihrer Ehe gewachsen, das keiner von Ihnen alleine in seinem Leben hätte?**
- **Was macht Ihre Ehe gut und wertvoll? Was macht Ihre Paarbeziehung stark?**
- **Wie können Sie Ihre langfristige Verbundenheit stärken?**

Einander und gemeinsam Gutes tun

Die Liebe zwischen Mann und Frau hat ihren Sinn in sich. Indem wir einander lieben, uns gegenseitig fördern und durch dick und dünn zusammenhalten, leben wir unsere Bestimmung. Und nicht nur das. Indem wir wertschätzend miteinander umgehen, ehren wir den Schöpfer, der uns beide geschaffen hat. Er möchte obendrein durch unsere Ehe Gutes bewirken, das weit über unser eigenes Leben hinausgeht. Er tut das unter anderem, indem er einem Ehepaar Kinder anvertraut. Noch weitaus umfassender beruft er uns dazu, anderen zu dienen. Wie alle Christen, so sind auch Verheiratete aufgefordert:

Gott hat jedem von euch Gaben geschenkt, mit denen ihr einander dienen sollt. Setzt sie gut ein, damit sichtbar wird, wie vielfältig Gottes Gnade ist.

1. Petrus 4,10

Weil Gott uns liebt, sind wir Christen dazu berufen, andere zu lieben. Weil Jesus gekommen ist, um mit seinem Leben uns Menschen zu dienen, möchte er uns anstiften, anderen zu dienen. Das gilt in der Ehe und Familie: Wo Ehepartner einander Gutes tun, blüht die Familie auf. Indem wir unsere Kinder versorgen und für sie da sind, dienen wir Gott. Und es gilt über die eigene Familie hinaus. Wir können mit den Gaben, die Gott uns gegeben hat, in unserem Umfeld Gottes Gnade sichtbar machen. Wir können das in besonderer Weise als Zweierteam von Mann und Frau. In einer lebendigen Ehe werden die Gaben der beiden Partner nicht einfach addiert. Sondern sie befruchten sich gegenseitig. Wir unterstützen einander, entwickeln uns gemeinsam weiter und durch dieses gemeinsame Unterwegssein entstehen neue Möglichkeiten, Gott zu dienen, die wir als Einzelpersonen nicht hätten.

Als Paar Gott dienen

Als wir noch keine Kinder hatten, haben mein Mann und ich uns jahrelang in der beruflichen Gemeindearbeit ergänzt. Wir haben gemeinsam Gottesdienste gestaltet, uns bei der Moderation besonderer Veranstaltungen die Bälle zugespielt. Bei Jugendfreizeiten war Rüdiger unschlagbar in der organisatorischen Vorbereitung, bei sportlichen Angeboten und in der Kurzweiligkeit seiner Themen und Bibelarbeiten. Ich war für die musikalische Seite zuständig, für einen ganz anderen Stil von Bibelarbeiten und für die unsportlichen Kreativangebote. Seitdem nach Jahren der Kinderlosigkeit zwei Kinder unsere Familie vollständig machen, beschränkt sich unser gemeinsamer Dienst für Gott in der Gemeinde oft darauf, dass wir einander den Rücken freihalten. Rüdiger arbeitet beim Zeltwochenende für Jungscharkinder mit, während ich zu Hause die Stellung halte. Ich bereite eine Predigt vor und Rüdiger bringt die Kinder ins Bett. Die Flexibilität meiner Arbeitszeit als Familienfrau und Autorin nutze ich für einen Vormittagshauskreis. Rüdiger bringt sein Know-how als Redakteur bei der Gemeindebriefplanung ein.

Was uns all die Jahre – mit und ohne Kinder – verbindet, ist die Begeisterung für lebensnahe Gemeinde, für Gottesdienste und Veranstaltungen, die helfen, den Glauben an Jesus im Alltag zu leben. Dieses gemeinsame Herzensanliegen trägt uns auch jetzt, wenn wir wegen der Kinder nicht mehr so intensiv zusammenarbeiten wie vorher. Wir nehmen Anteil am Dienst des anderen, tauschen uns aus und inspirieren uns bei der Vorbereitung. Und wir haben wieder angefangen, gemeinsam etwas auf die Beine zu stellen. Weil in unserer Kleingruppe von Ehepaaren in der Kleinkindphase an jedem Treffen wechselnde Besetzung war – mal fehlte Mama A, dann wieder Papa B – kamen wir auf die Idee, eine Familienkleingruppe zu gründen. Mit vier anderen Familien trafen wir uns einmal monatlich auf einem Spielplatz oder in den kinderkompatiblen Räumen unserer Gemeinde. Wir spielten zusammen, lernten uns näher kennen, tauschten uns über Sorgen und Nöte aus. Zusätzlich trafen sich regelmäßig abends einmal die Frauen und das nächste Mal die Männer zu einem biblischen Thema. Diese Art von Kleingruppe hat uns nicht nur Spaß gemacht. Sie führte an den Abenden wenn Frauen oder Männer unter sich waren, zu intensiven und wesentlichen Gesprächen.

Die gemeinsame Berufung entdecken

Um als Paar miteinander Gott zu dienen, muss man Gemeindearbeit nicht zum Beruf machen. Es gibt so viele verschiedene Möglichkeiten, wie es Paare gibt. Manche dienen mit ihrer Gastfreundschaft Gott. Andere durch die zeitlich begrenzte Mitarbeit bei einem Seminar in der Gemeinde. Andere machen mit Begeisterung Bau-, Küchen- oder Putzdienst. Wieder andere dienen durch praktische Unterstützung ihren Nachbarn. Bei manchen Paaren erschöpft sich die Gemeinsamkeit darin, dass sie sich Freiräume geben und sich wechselseitig um die Kinder kümmern. Bei anderen ergänzt sich ihre spezielle Begabung so ideal, dass sie hervorragend eine Gruppe zusammen leiten können.

Es ist spannend und erfüllend, die gemeinsame Berufung als Paar zu entdecken und anzupacken. Vielleicht ist das herannahende Ende des Babyjahres eine gute Zeit, um sich auf die Suche zu machen und Gott zu fragen: Was hast du mit uns vor? Wem können wir in deinem Auftrag dienen? Im Gespräch mit ihm können wir auch herausfinden, welches Maß an Engagement unserer Ehe und Familie guttut. Wenn wir diesen

Weg gemeinsam mit Jesus gehen, profitieren davon nicht nur andere, denen wir dienen. Auch unser eigenes Leben wird erfüllter. Und durch den gemeinsamen Dienst kann unsere Liebe und Wertschätzung füreinander wachsen. Für diesen Weg können folgende Fragen inspirieren:

- **Welche Begabung sehen Sie in Ihrem Partner? Welche sieht er in Ihnen?**
- **Was können Sie gemeinsam viel besser als es jeder von Ihnen allein könnte?**
- **Welche Möglichkeiten, anderen zu dienen, hat Gott in Ihre Ehe hineingelegt?**
- **Leben Sie ein gutes Maß an Zeit für Ihre Ehe und Familie einerseits und Dienst für Gott außerhalb der Familie andererseits? Neigen Sie als Familie dazu, sich zu stark um sich selbst zu drehen? Oder neigen Sie eher dazu, sich zu viel außerhalb der Familie zu engagieren?**
- **Welche Schritte sind dran, um zu einer guten Ausgewogenheit zu finden?**

(40) Unsere Gegebenheiten – Gottes Möglichkeiten

Als Hebamme hochschwanger – Mona war voller Vorfreude. So viele Geburten hatte sie schon begleitet, so oft schon erschöpfte Frauen motiviert und das Glück der Eltern miterlebt. Nun war sie selbst an der Reihe. Was sollte schon schiefgehen? Aber dann lief einiges so, wie sie es nicht erwartet hatte. Statt einer natürlichen Geburt wurde es ein

Notkaiserschnitt. Danach hatte sie Schwierigkeiten, ihr Kind zu stillen. Nach wenigen Wochen musste sie zum Fläschchen greifen. Mona war maßlos enttäuscht. Aber nicht nur – sie war auch weicher geworden. In ihr war ein Einfühlungsvermögen gewachsen für Frauen, deren Entbindung nicht wie gewünscht verlief. Auch nach der Geburt ihres zweiten Kindes, das auf natürlichem Weg das Licht der Welt erblickte, blieb sie eine verständnisvollere Hebamme, als sie es ohne ihre eigene schwierige Erfahrung je hätte sein können.
Gundula hatte einen schwierigen Start mit ihrem ersten Kind. Die Geburt war ganz normal verlaufen, aber dann musste die Kleine intensivmedizinisch betreut werden. In ihrer Enttäuschung und Erschöpfung fiel es Gundula schwer, eine emotionale Bindung zu ihrem Kind aufzubauen. Ihr Mann musste sie geradezu überreden, das Kind zu stillen. Wochenlang war die Beziehung zum Baby schwierig. Aber irgendwann war Gundula in ihrem neuen Leben als Mutter angekommen: Die Kleine trank richtig gut an der Brust. Mutter und Kind blühten auf. Später machte Gundula eine Ausbildung zur Stillberaterin und begleitete viele Mütter in der schwierigen ersten Zeit mit dem Baby.

Blickwechsel

Manchmal reibe ich mich an Umständen, die ich nicht ändern kann. Ich verstehe nicht, warum mir Gott dieses oder jenes zumutet und was es für einen Sinn haben soll, dass es nicht unkomplizierter läuft. Wenn diese frustrierende Sicht meinen Blick verengt, tut es gut, ihn von Gottes Wahrheit weiten zu lassen. Und die lautet: Die Schwierigkeiten, die ich erlebe, gehören zu meinem individuellen Lebensweg, den Jesus mit mir gehen will. Sein Ziel für mich ist kein widerstandsloses, gegen alle Ungereimtheiten abgesichertes Leben. Sondern er will, dass ich zu einem Menschen mit Tiefgang und Charakter werde. Dieses Wissen ist mehr als die Redewendung: „Wenn das Leben dir Zitronen gibt, mach Limonade daraus." Ehrlich gesagt ärgert mich dieser Postkartenspruch manchmal. Es lässt sich nicht alles in Leichtigkeit verwandeln. Manches schon, aber eben nicht alles. Manchmal bleibt ein Problem sauer, vielleicht sogar bitter wie eine Grapefruit. Aber auch in diesem „herben Geschmack“ stecken Gottes Vitamine. Daran erinnert uns Paulus:

Wir wissen ja, dass für die, die Gott lieb haben,
alle Lebensumstände am Ende zum Guten zusammenwirken,
denen, die nach dem schon vorher gefassten Beschluss Gottes
von ihm berufen sind.

Römer 8,28 (DBU)

Näher zu Gott

Wenn wir Gott lieben und in seiner Nähe unser Leben führen, dann können alle unsere Lebensumstände am Ende dem Guten dienen, das Gott mit uns vorhat. Das Schöne und das Schwere machen aus seiner Perspektive Sinn. Das Unvorhersehbare und Unerwünschte gebraucht Gott manchmal noch mehr als das Vorhersehbare und Erwünschte. Denn oft ist es der Leidensdruck, der uns veranlasst, seine Nähe zu suchen. Oft sind es Unannehmlichkeiten, die uns veranlassen, einen mühsamen Weg unter die Füße zu nehmen, der uns weiterbringt.

Versteckter Segen

Drei Jahre nach unserer Hochzeit hatten mein Mann und ich eine dicke Ehekrise. Als sich unser Streit um den neuralgischen Punkt nur noch im Kreis drehte, wurde uns klar, dass wir uns Hilfe suchen mussten. Wir fanden sie in der Beratung und Begleitung durch liebevolle und erfahrene Seelsorger. Von diesen Gesprächen und dem, was wir damals angefangen haben zu lernen, profitiert unsere Beziehung bis heute.

Gott will uns durch all das, was in unser Leben hineinstolpert, und sogar durch das, was wir uns selbst eingebrockt haben, auf tiefere Weise als bisher begegnen. Er tut es, wenn wir das, was uns schwerfällt, nicht möglichst schnell beseitigen wollen, sondern in diesen Herausforderungen und Belastungen nach ihm fragen. Gerade wenn wir an unsere menschlichen Grenzen stoßen, kann Gott zum Zuge kommen und an unserem Herzen arbeiten. Wenn wir versagen und Gott uns vergibt, dann wärmt uns seine Gnade von innen. Sie weckt Liebe in uns zu anderen, die auch der Gnade bedürfen.

Behutsamer mit anderen

Karin kämpfte mit den Tränen, als sie ihren kleinen Sohn im Autositz die Treppe hochtrug. Es war emotional so anstrengend in der Krabbelgruppe. Die anderen Kinder spielten zufrieden vor sich hin. Aber ihr Sohn war ständig laut. Kaum einen Satz konnte sie zu Ende sprechen, ohne dass das wütende Quäken des Kleinen an ihr Ohr drang. Schon von klein an hatte ihr Kind viel häufiger geschrien als die Babys in ihrem Bekanntenkreis. Irgendwie fühlte sie sich schuldig, aber vor allem mit den Nerven am Ende. Vielleicht würde sie einfach nicht mehr in die Krabbelgruppe gehen, um sich die mitleidigen Blicke der anderen Mütter zu ersparen, die zu sagen schienen: „Irgendwas machst du doch falsch."
So schmerzhaft dieser Leidenspunkt für Karin momentan ist, so sehr kann er sie zu einer verständnisvollen Freundin für andere Mütter werden lassen. Wer an der Verwirklichung seiner eigenen Ideale scheitert und sich das am Herzen Gottes eingesteht, der kann einfühlsam andere begleiten und ermutigen, deren Leben nicht perfekt verläuft. Zum Beispiel wird eine Mutter, deren Kind sich motorisch besorgniserregend langsam entwickelt, sich von einer Mutter, die ständig damit prahlt, was ihr Kind schon alles kann, wenig verstanden fühlen.

Der Schatz des Scheiterns

Wer selbst gescheitert ist und Gottes Gnade wirklich geschmeckt hat, kann auch anderen in dieser Barmherzigkeit begegnen. Wer erfahren hat, dass sich vieles im Leben mit Kindern nicht einfach steuern lässt, der wird zurückhaltender im Beurteilen anderer. Immer wieder berichten Menschen, dass gerade das Schmerzhafte, das sie durchlebt haben, sie milder, dankbarer und behutsamer im Umgang mit anderen gemacht hat. Jeder hat im Alltag seine Herausforderungen und Kämpfe, und wir alle haben Gottes Liebe und Vergebung nötig. So will Jesus uns durch unsere eigenen problematischen Erfahrungen zu liebevolleren Menschen machen, die anderen keine vorgefertigten Allgemeinplätzchen hinwerfen.

Was Gott daraus macht

Unsere Lebensspur soll nicht die perfekte Wiedergabe unserer Vorstellungen sein, sondern eine Segensspur des lebendigen Gottes. Er will uns durch das Schöne und Wertvolle, das uns geschenkt ist, zu dankbaren Menschen machen, die ihr Glück mit anderen teilen. Er will uns durch unser Scheitern barmherzig werden lassen, damit andere durch uns etwas von seiner Güte erfahren. Er will uns durch Herausforderungen daran erinnern, dass wir uns auf seine Kraft verlassen können. Durch unsere Verletzungen und seine heilende Berührung will er uns zu demütigen, behutsamen Zeitgenossen wachsen lassen, die andere mit einem großen Herzen liebevoll begleiten und verstehen können. Es ist Teil unseres Lebensabenteuers, herauszufinden, was Gott mit uns vorhat und wie er unsere Lebensumstände so zusammenwirken lassen will, dass für uns und andere Gutes daraus entsteht.

Vielleicht kommt eine einfühlsame Hebamme dabei heraus oder eine Stillberaterin oder einfach eine verständnisvolle Freundin, die zuhören und mitfühlen kann. Vielleicht kann eine Frau, die selbst sehr lange auf ihre Schwangerschaft gewartet hat, den Wert des Lebens so sehr schätzen, dass sie sich für Schwangere in Not einsetzt. Gott ist unendlich ideenreich, wenn es darum geht, selbst aus dem Unerwünschten, das uns begegnet, Kostbares für uns und andere wachsen zu lassen. Um es mit Sören Kierkegaard zu sagen: „Gott kann machen, dass das Falsche zum noch Besseren wird, als das Richtige gewesen wäre."[34]

Monat 11

Einen langen Atem entwickeln

(41) Kein Ende abzusehen

Es war im Sommerurlaub an der Nordsee. Der Papa unserer Kinder erklärte sich bereit, mit unseren „Wirbelwinden auf zwei Beinen" den nahe gelegenen Spielpark zu besuchen. Währenddessen durfte ich die Zeit zum Nordic Walking nutzen und ließ mir das nicht zweimal sagen. Ich wählte den Weg am Deich entlang. Auf den saftig grünen Wiesen grasten friedlich unzählige Schafe. Ich sog die salzig frische Nordseeluft in meine Lungen und schritt kräftig aus. Der Weg lag in lang gezogenen Kurven vor mir. Ich lief und lief und lief, doch mein Ausblick veränderte sich nicht. Der Abzweig, den ich auf halber Strecke geplant hatte, wollte und wollte nicht auftauchen. Ob ich mich auf der Karte verguckt hatte? Nieselregen setzte ein. Die Nässe kroch mir in den Nacken. Kein anderer Spaziergänger war mehr zu sehen. Mein Knie begann zu schmerzen. Die Uhr verriet mir, dass Mann und Kinder schon bald auf mich warten würden. Mein Mobiltelefon lag in der Ferienwohnung. Schließlich tauchte nach einer gefühlten Ewigkeit endlich eine Abzweigung vor meinen Augen auf. Noch bevor ich völlig durchnässt war, kehrte ich mit knapp zwei Stunden Verspätung und müden Beinen zu unserem Feriendomizil zurück. Erschöpft und glücklich genoss ich das alkoholfreie Weizenbier meiner Lieblingssorte und die herrlich warme Dusche.

Ausdauer gefragt

Auch das Leben mit Kindern kann sich manchmal wie ein ungewollt ausgedehnter Langstreckenlauf anfühlen. Nach neun Monaten Vorlaufzeit starten wir fröhlich durch und haben nicht die leiseste Ahnung, was uns wirklich erwartet. Sind die Dreimonatskoliken durch, rauben uns Wachstumsschübe den Nachtschlaf. Ist eine Krankheit überwunden, machen die durchbrechenden Zähne dem Kleinen zu schaffen. Läuft es mit den Kindern unkompliziert, beschäftigen uns finanzielle Fragen, berufliche Herausforderungen, ein Umzug mit oder ohne Hausbau, um gleich danach von Einschlafschwierigkeiten oder besonderem Förderbedarf unseres Kindes abgelöst zu werden. Kinder fordern uns auf unvergleichliche Weise. Sie sind nicht abzustellen. Sie verlangen auch dann noch nach uns, wenn wir einfach nicht mehr können. Sie brauchen uns Eltern mit Leib und Seele, mit Haut und Haar. Wie gut, dass wir nicht auf einen Schlag, sondern Schritt für Schritt mit diesen Herausforderungen konfrontiert werden. Wenn wir auf diesem Weg gerade sehnsüchtig nach dem „nächsten Abzweig" Ausschau halten, tut es gut, hinzuhören, was Gott durch den Propheten Jesaja in unsere Erschöpfung hineinspricht:

Weißt du es denn nicht? Hast du denn nicht gehört? Der Herr ist ein ewiger Gott, der Schöpfer der ganzen Erde. Er wird nicht matt oder müde. Sein Verstand ist unergründlich. Er gibt den Erschöpften neue Kraft; er gibt den Kraftlosen reichlich Stärke. Es mag sein, dass selbst junge Leute matt und müde werden und junge Männer völlig zusammenbrechen, doch die, die auf den Herrn warten, gewinnen neue Kraft. Sie schwingen sich nach oben wie die Adler. Sie laufen schnell, ohne zu ermüden. Sie werden gehen und werden nicht matt.

Jesaja 40,28-31

Das ungeschönte Leben

Selbst junge Leute – auch junge Eltern – werden matt und können nicht mehr. Selbst vor Kraft strotzende jungen Männern – und Frauen – geht die Power aus. Das war damals nicht anders als heute. Unser Leben ist nicht permanent im entspannten Lächelmodus zu bewältigen. Jesaja lädt dazu ein, uns mit dieser Realität zu versöhnen: Ja, es gibt an den Nerven zehrende Quengelattacken, gefühlte Hilflosigkeit, Reibungspunkte, Engpässe, Krankheiten, scheinbar endlosen Schlafmangel und zwischenmenschliche Schwierigkeiten, durch die unsere Kräfte geradezu aufgesogen werden. Aber das heißt nicht, dass wir es nicht ans Ziel schaffen. Gott selbst will uns in unserer Erschöpfung begegnen und aufrichten.

Die Unendlichkeit seiner Kraft

Mitten in unserer Alltagserschöpfung öffnet sich ein Türspalt hin zu Gottes Allmacht und Ewigkeit. Der Schöpfer der ganzen Erde, Anfang und Ende allen Lebens – dieser Gott ist an unserer Seite. Er kennt keine Müdigkeit. Ihm wird es nie zu viel. Ihm werden wir nie lästig. Weißt du es denn nicht? Fast erstaunt fragt Jesaja, warum wir uns hängen lassen, wenn wir doch diesen großartigen Gott an unserer Seite haben. Es ist egal, wie unbedeutend und banal das erscheint, was uns in Atem hält. Es ist egal, wie erschöpft oder deprimiert wir uns fühlen. Gott ist da. Und seine Dimension der Unendlichkeit verändert unsere Situation grundlegend. Diese Perspektive eröffnet Jesaja uns. Perspektive kommt vom lateinischen Wort für „durchblicken". Wir sollen durch unsere vordergründige Realität hindurchblicken auf Gottes Wahrheit. Daraus können wir Kraft schöpfen.

Beflügelt durchstarten

Alle Menschen erleben, dass ihnen irgendwann die Luft ausgeht. Aber die auf Gott warten, erleben den Unterschied. In der prägnanten Luther-Übersetzung steht nicht „warten", sondern „auf den Herrn harren". Dieser Formulierung ist abzuspüren, wie mühsam sich das Warten auf Gottes Eingreifen anfühlen kann. In uns sollen Geduld, Durchhaltevermögen, unzerstörbare Freude und Hoffnung wachsen. Das geschieht nicht, während wir entspannt im Liegestuhl einen Drink schlürfen, sondern wenn wir Schritt für Schritt im Vertrauen auf Gottes Kraft den Weg unter die Füße nehmen, den er uns zutraut und zumutet. Dieses Harren kann ein Durchhalten sein – wie beim Lauf, bei dem der Abzweig einfach nicht auftauchen will. Es kann ein Vertrauen gegen den Augenschein sein. Es können geseufzte Gebete sein, so wie die Psalmbeter es uns vormachen: „Herr, du weißt, wonach ich mich sehne, du hörst mein Seufzen. Mein Herz schlägt heftig und meine Kraft schwindet, und meine Augen erblinden. Komm mir bald zu Hilfe! Herr, du mein Retter" (Psalm 38,10.11.23). Es kann ein Innehalten sein, ein Ausstieg aus dem Hamsterrad und ein Aufblicken zu Gott, der uns am Punkt unserer Sehnsucht begegnen will. Und dann erleben wir ihn inmitten unserer Schwachheit: „Er gibt den Erschöpften neue Kraft; er gibt den Kraftlosen reichlich Stärke." Wir erfahren und staunen darüber, dass uns in den Mühseligkeiten des Elternseins nicht die Luft ausgeht. Wir erfahren, was Anselm Grün schreibt: „Wer gibt, weil er immer wieder empfängt, und weil er aus der inneren Quelle schöpft, der kann geben, ohne zu erschöpfen."[35] Das ist es, was Gott mit uns vorhat. Wir werden auf unserem ermüdenden Weg immer wieder von seiner Nähe und seinem Eingreifen beflügelt, sodass wir fröhlich durchstarten können.

Ganz praktisch: Der Blick der Liebe

Nicht zuletzt beflügelt Gott uns durch die Liebe zu unseren Kindern, die er in uns wachhalten und wachsen lassen will. Vielleicht vergessen Sie manchmal vor lauter Erschöpfung, sich über Ihr Kind zu freuen. Dann lassen Sie sich einladen, einmal bewusst die Perspektive zu wechseln. Dabei hilft folgende Übung:

Wenn Sie Ihr schlafendes oder fröhlich spielendes Kind beobachten, dann lassen Sie Ihr Herz berühren, indem Sie sich besondere Glücksmomente in Erinnerung rufen. Versetzen Sie sich zum Beispiel in Gedanken noch mal in den ersten innigen Moment mit Ihrem Kind nach der Geburt. Wie es auf Ihrem Bauch gelegen und Sie angesehen hat, wie Sie seinen Geruch lieben gelernt haben, wie sich der erste zarte Kuss angefühlt hat und Sie sich an seiner weichen Haut nicht sattstreicheln konnten. Beobachten Sie das Wunder dieses kleinen Körpers, wie aufmerksam die Augen Sie ansehen, wie zärtlich die Hände nach Ihren Händen greifen, wie neugierig Arme und Beine alles geben, um die Welt zu erobern.

Solche wohltuenden Erinnerungen und das Wahrnehmen des alltäglichen Wunders fachen unsere Motivation an. Sie geben Kraft für die anstrengenden Zeiten des Mutterseins. Nicht zuletzt lassen sie uns erahnen, wie sehr der himmlische Vater auch uns, seine „großen Kinder", liebt.

(42) Loslassen will gelernt sein

Als unser erstes Kind 15 Monate alt war, fuhr ich zum ersten Mal für drei Nächte weg. Der Papa war routiniert im Sattkriegen, Trösten, Windeln wechseln, Baden und Bespaßen. Einer richtig guten Vater-Tochter-Zeit stand also nichts im Wege. Aber mir fiel es unerwartet schwer, so lange weg zu sein. Ja, ich habe mich auf den Kurztrip gefreut. Und ja, ich hatte eine tolle Zeit – so ganz ohne Baby-Unterbrechung beim Essen und bei Gesprächen. Aber ich habe intensiv den Moment herbeigesehnt, in dem ich mein Kind wieder in die Arme schließen konnte. Dass ich so eine Glucke bin, hätte ich vor der Geburt unserer Kinder nicht gedacht.

Besser als gedacht

Nicht immer ist es eine Reise, die uns zum Loslassen herausfordert. Es gibt viele Alltagsmomente, in denen Mütter lernen müssen, ihr Kind loszulassen. Genau genommen beginnt es bei der Geburt. Es geht weiter, wenn wir dem frischgebackenen Papa zutrauen, das Kind ganz allein zu wickeln oder zu baden. Später kann es einen inneren Ruck brauchen, um das Kleine der Oma oder einer andern Bezugsperson anzuvertrauen. Manchmal machen Notfälle ein überraschend schnelles Loslassen nötig – und man staunt, was Kinder auf die Reihe kriegen. Eine Freundin von mir war zum zweiten Mal schwanger, als eine akute Notsituation einen mehrwöchigen Klinikaufenthalt erforderte. Ihre Tochter war gerade mal zwei Jahre alt und musste von jetzt auf gleich auf ihre Mama verzichten. Sie konnte sie zwar in der Klinik besuchen, aber im Alltag konnte die Mama nicht für sie da sein. Das Kind wurde von Papa und Großeltern versorgt und bekam einen vorübergehenden

Platz im Kindergarten. Dieses tapfere Mädchen hat das, was ihre Eltern ihr nie hätten zumuten wollen, erstaunlich gut verkraftet. Bestimmt haben auch die vielen Gebete dazu beigetragen, die für diese Familie gebetet wurden.

Ich bin nicht Gott

Es ist gut, wenn wir Babys von klein auf ausreichend Nähe und Geborgenheit geben. Sie können sich später umso besser lösen, je „satter" sie an Zuwendung und Aufmerksamkeit sind. Wir müssen uns aber auch eingestehen, dass wir unser Kind nicht endlos behüten und schon gar nicht in Watte packen können. Es wird auf dem Spielplatz schmutzige Fundsachen in den Mund stecken, es wird von anderen Kindern geschubst werden. Bevor es sich souverän auf zwei Beinen vorwärtsbewegen kann, wird es oft fallen und sich etliche Male die Knie aufschlagen. In diesen alltäglichen Dingen können Mütter das Loslassen einüben, das sie später in noch viel größerem Maße brauchen werden. Vom Gründer der Muppet Show Jim Henderson stammt die humorvolle und gleichzeitig tiefgründige Erkenntnis: *„Ich habe im Laufe meines Lebens zwei Dinge erkannt: Es gibt einen Gott. Und ich bin es nicht."*[36] Wir müssen nicht Gott sein und alles im Griff haben – auch nicht die Kindheit unserer Kinder. Fürs Gottsein ist ein anderer zuständig. Und er will uns helfen, da loszulassen, wo unser Festhalten Leben und Wachstum behindert.

Überlass dem Herrn die Führung deines Lebens und vertraue auf ihn, er wird es richtig machen.

Psalm 37,5

Lassen

Als David diese Worte verfasst hat, war er nicht mehr der Jüngste. Der Psalm war so etwas wie ein Fazit seiner Lebenserfahrung. Und die besagte: Das Beste für ein Leben ist, sich trotz widriger Umstände ganz und gar auf Gott zu verlassen. Wenn wir unser Leben Gott über*lassen*, uns auf ihn ver*lassen*, dann können wir los*lassen* und Ge*lassen*heit empfangen. Schon auf der sprachlichen Ebene ist zu spüren, dass das zusammenhängt. Aber es ist nicht immer einfach. Wörtlich könnte man David auch so übersetzen: „Wälze deinen Weg auf Gott." Das klingt nach Schwerstarbeit. Es kann ganz schön Kraft kosten, das, was ich so gern im Griff hätte, an Gott abzugeben. Aber es ist der Weg zu gesunder Gelassenheit. Das gilt für unser eigenes Leben. Wir sollen nicht krampfhaft festhalten, was uns nicht gebührt, und mit aller Macht das Beste herausholen wollen. Und es gilt für das Leben unserer Kinder. Wir können sie versorgen und ihnen Geborgenheit schenken. Aber wir können nicht allmächtig ihr Leben lenken. Wir sollen diesen kleinen Menschen darin unterstützen, seinen eigenen Weg zu gehen. Ich muss nicht Gott sein für mein Kind. Das kann ein anderer besser.

In Gottes Hand

Wir lassen unser eigenes Leben und unser Kind nicht fallen, sondern wir überlassen es Gott, dem allmächtigen, vertrauenswürdigen Schöpfer aller Dinge. Davids Lebenserfahrung besagt: Wer sein Leben Gott anbefiehlt, der findet Halt und Hoffnung auch in mühsamen, stürmischen Zeiten. Wer seine Wünsche, Erwartungen und Kräfte auf Gott konzentriert, der hat langfristig ein erfülltes Leben. Es gibt so vieles im Leben unserer Kinder, das sich unserer Kontrolle entzieht. Aber Gott hat es in der Hand. Von dieser großen Perspektive, dass wir unsere Kinder dem Herrn des Lebens anvertrauen können, können wir das Loslassen auch im Kleinen einüben. Wir überlassen unser Kind keiner anonymen Schicksalsmacht, sondern dem Gott, der Liebe ist.

Gutes erleben

Gott wird es richtig machen. Man kann auch übersetzen: „Er wird es gut machen", „wohlmachen", „es fügen" oder „Er wird handeln". Diesen tröstlichen, hoffnungsvollen Ausblick schenkt uns David: Wer sich Gott anvertraut, wird erleben, dass Gott handelt und Gutes für uns bereithält. Das gilt auch für unsere Kinder: Das Beste, was wir tun können, ist, sie Gott anzuvertrauen, indem wir für sie beten und Gott glauben, dass er Gutes im Schilde führt. Wir können stellvertretend für unsere Kinder Gott vertrauen, dass er aus der Summe der Gegebenheiten ihres Lebens Segen wachsen lassen will. Eltern, die geborgen in Gottes Liebe ihr Leben führen, können getrost und gelassen dem entgegensehen, was auf ihre Familie zukommt. Sie können mit Gelassenheit an die Erziehung ihrer Kinder herangehen, weil sie sich selbst an Gott losgelassen haben. Dieses gelebte Vertrauen überträgt sich in der Beziehung zu den Kindern. Wenn Sie in einem Schutzmantel von Vertrauen groß werden, wächst in Ihnen ein gesundes im Gottvertrauen wurzelndes Selbstvertrauen.

Auch im Leid

Vielleicht leiden Sie gerade an einer besonderen Last, die Sie zu verkraften haben. Den Verlust eines lieben Menschen durch Tod oder durch Trennung, den Verlust von Freunden durch einen Umzug, einen Konflikt, der Lebenskräfte bindet. Dann lassen Sie sich von David, der schwere Krisen durchzustehen hatte, ermutigen, gerade jetzt Ihr Leben Gott anzuvertrauen. Er kann auch aus dieser kräftezehrenden oder schmerzhaften Situation durch sein Handeln Gutes wachsen lassen.

Vielleicht möchte Gott Sie herausfordern, sich einer dieser Fragen zu stellen:

- **An welcher Stelle neige ich dazu, mein Leben und das meines Kindes zu stark zu kontrollieren und im Griff zu haben?**
- **Wo ist es dran, loszulassen und Gelassenheit zu lernen?**
- **Wie können wir als Paar uns ergänzen, um Vertrauen und Loslassen zu lernen?**
- **Glaube ich tief im Herzen, dass Gott auf gute Weise handelt, wenn ich ihm mein Leben überlasse?**
- **An welcher Stelle erwartet Gott von mir Hingabe und ich traue mich noch nicht, mich ihm anzuvertrauen?**

Vielleicht kann Gott Ihnen begegnen, wenn Sie sich dieses schlichte Gebet zu eigen machen und es regelmäßig beten:

„Dein ist das Licht des Tages, Herr,
dein ist das Dunkel der Nacht.
Leben und Tod sind in deiner Hand.
Dein sind auch wir und beten dich an.
Du, Herr, hast uns zu dir geschaffen,
und unser Herz ist unruhig, bis es Ruhe findet in dir.
Lass uns ruhen in deinem Frieden
und erwachen am Morgen, dich zu rühmen."

(Augustinus)[37]

(43) „... und ich bin schuld"

„Ich habe immer gedacht: Das passiert mir nie! Und dann ging alles ganz schnell. Max saß im Hochstuhl wie immer. Bisher war es nie nötig gewesen, ihn anzuschnallen. In dem Moment, als ich ihm den Rücken zukehrte, hörte ich einen dumpfen Aufprall. Eine Schrecksekunde später fing er furchtbar an zu weinen. Ich hob ihn vom Boden auf, tröstete ihn und war heilfroh, dass ihm nichts weiter passiert ist. Gleichzeitig war ich wütend auf mich selbst und fühlte mich schuldig." Solche Erfahrungen machen wir alle früher oder später: Dem Kind passiert etwas und ich bin schuld. Man kann sich alle Mühe der Welt geben, aber irgendwann macht man doch einen Fehler, unter dem das Kind zu leiden hat. Eine Rentnerin erzählte mir einmal, sie wisse es noch wie heute: An einem Abend konnte ihr Baby ganz schlecht einschlafen. Sie ließ das Kind weinen, weil man damals der Meinung war, das sei das Richtige. Erst am nächsten Morgen merkte sie, dass das Kleine die Windel voll und inzwischen einen wundgescheuerten Popo hatte. Ihr tat dieser Fehler fünfzig Jahre danach noch leid.

Hätte ich doch …

Wenn aus Frauen Mütter werden, entwickeln viele von ihnen einen neuen Wesenszug: Die ausgeprägte Fähigkeit zu Schuldgefühlen. Am späten Abend nach der Entbindung hatte die übereifrige Nachtschwester mir mein Baby geradezu aus dem Arm gerissen, weil es beim Stillen kurz blau angelaufen war. Sie ließ es im Säuglingszimmer und weigerte sich, es mir wiederzubringen, weil ich mich ihrer Ansicht nach erholen sollte. Ich musste wegen der Kaiserschnittfolgen noch liegen bleiben. Hinterher dachte ich: Ich hätte einfach damit drohen sollen, dass ich aufstehe und selbst ins Säuglingszimmer gehe, um mein Kind zu holen. Dann hätte es nicht stundenlang alleine weinen müssen. Die Schuldgefühle, dass ich in dieser Ausnahmesituation nicht anders gehandelt habe, haben mich lange geplagt. Später tat es mir in der Seele weh, dass ich unser Baby nicht ausreichend stillen konnte – ich hätte ihm so gern diese optimalste aller Ernährungsmöglichkeiten gegeben. Im Alltag mit Baby gesellten sich so manche Missgeschicke zu den vielfältigen Anlässen für Schuldgefühle.

Der Wahrheit ins Auge sehen

Es wäre fatal, mir selbst einzureden, ich könne Mutter sein, ohne jemals einen Fehler zu machen. Es ist wertvoll und erstrebenswert, dass ich mein Bestes gebe, um unserem Kind eine glückliche Kindheit zu ermöglichen. Aber mir werden bei aller Sorgfalt auch Fehler unterlaufen. Ich werde die Erfahrung machen, dass ich hier und da schuld bin. Mal sind es kleine Alltagsverletzungen, die ich hätte verhindern können, mal werde ich den emotionalen Bedürfnissen meines Kindes nicht gerecht. Wenn ich selbst geborgen bin in Gottes Liebe, dann kann ich dieser Wahrheit ins Auge sehen. Ich muss mich nicht vor mir selbst rechtfertigen, indem ich so tue, als sei ich tadellos. Ja, ich bin ein unvollkommener Mensch. Ich habe Schuld auf mich geladen. Aber ich bin trotzdem geliebt. Und ich bin die Mutter, die Gott sich für mein Kind gewünscht hat. Dieser Weg der ungeschminkten Selbsterkenntnis führt – wenn wir uns an Jesus wenden – zum einzigen wirklich nachhaltigen Ausweg aus Schuldgefühlen:

Wenn wir behaupten: „Wir sind ohne Schuld", betrügen wir uns selbst und die Wahrheit lebt nicht in uns. Wenn wir aber unsere Verfehlungen eingestehen, können wir damit rechnen, dass Gott treu und gerecht ist: Er wird uns dann unsere Verfehlungen vergeben und uns von aller Schuld reinigen.

1. Johannes 1,8.9 (GNB)

Darauf ist Verlass

Bei meinem Schuldproblem zählt nicht, wie gut oder stark ich bin. Sondern Gottes Treue und seine Gerechtigkeit garantieren: Wenn ich meine Schuld vor ihm bekenne und ihn um Vergebung bitte, dann schenkt er sie mir absolut verlässlich. Das zählt. Darauf kommt es an. Das ist unumstößlich. Ich darf mit meinen Gefühlen von Unzulänglichkeit, mit meiner Bedürftigkeit und mit meinen enttäuschten Erwartungen zu ihm kommen. Ich darf durch und durch ehrlich werden und dann Befreiung erleben.

Schuldgefühle adieu

Nicht nur tatsächliche Schuld kann uns die Luft zum Atmen nehmen. Manchmal reicht schon das Gefühl, Schuld zu haben, obwohl es nicht den Tatsachen entspricht. Da meldet sich das schlechte Gewissen, wenn ich etwas Schönes genieße, während der Papa sich um das Baby kümmert. Vielleicht fühle ich mich schuldig, weil ich nicht viel ungeteilte Aufmerksamkeit und Zeit für jedes einzelne Kind habe. Oder ich fühle mich verantwortlich für einen Leidenspunkt, der unsere Familie bedrückt, den ich gar nicht verursacht habe. Auch in diesen quälenden Empfindungen will Gott uns mit seiner Gnade begegnen. Wie eine unnütze Last dürfen wir unberechtigte Schuldgefühle an der einzig richtigen Stelle abgeben und loslassen: bei Gott – französisch „à dieu". Manchmal reicht es, wenn ich alleine bete. Manchmal tut es gut, mit einem lieben Menschen gemeinsam zu reden, Gedanken zu sortieren und zu beten. Der Ehepartner, eine gute Freundin oder Seelsorgerin können mir helfen, Gottes Zusagen wirklich ernst zu nehmen. So kann der himmlische Vater uns von tatsächlicher Schuld und von unberechtigten Schuldgefühlen befreien und unsere Wahrnehmung durch seine Wahrheit und Gnade zurechtrücken. Wenn wir befreit aufatmen und das unser Leben prägt, hat Gottes Vergebungsbereitschaft ihr Ziel erreicht.

Befreit leben

Der große Denker C.S. Lewis schreibt: „Wenn Christentum nichts anderes bedeutet als noch ein bisschen guter Ratschläge mehr, dann wäre es von unerheblicher Bedeutung."[38] Mal ganz ehrlich: Wenn der christliche Glaube lediglich aus Regeln für ein gottgefälliges Leben bestünde, dann wäre er nichts weiter als ein Work-Life-Balance-Sozialengagement-Lebensentwurf, den wir aus eigener Anstrengung umsetzen müssten. Aber mit Gott zu leben, ist etwas grundlegend anderes. Jesus appelliert nicht an unsere menschlich begrenzte Gestaltungskraft. Er will uns von Grund auf freisetzen. Das beginnt damit, dass er unser Schuldproblem löst und wir ihm unser Leben anvertrauen. Er schenkt uns neuen Lebenssinn. Er selbst lebt dann in uns. Wir können wie Paulus sagen: „Ich lebe, aber nicht mehr ich selbst, sondern Christus lebt in mir" (Galater 2,20a). So möchte er uns von innen nach außen verwandeln, damit wir immer mehr das wollen, was er will: Gott lieben, uns selbst und unsere Nächsten lieben. Diese neue Art zu leben wächst, indem wir immer wieder Vergebung empfangen und uns auf das Ziel ausrichten, für das wir geschaffen wurden.

Das bedeutet fürs Elternsein: Wir sollen uns nicht von einem Perfektionismus die Luft abschnüren lassen, der uns selbst erschöpft und unsere Kinder unter Druck setzt. Sondern wir sind berufen, im Vertrauen auf Jesus fröhlich unser Bestes zu geben. Wo unser Bestes nicht reicht, fängt uns seine Gnade und Vergebung auf. Dann können wir im Gespräch mit ihm und im Vertrauen auf seine Kraft einen Neuanfang wagen. Manchmal ist es dran, Hilfe zu suchen und Veränderung zu trainieren. Wenn wir wieder scheitern, fängt uns wieder seine Gnade auf. Und er gibt uns wieder und wieder eine neue Chance.

Durch Scheitern am Herzen wachsen

Wenn wir an unseren Vorstellungen scheitern, wenn unsere Illusionen zerbrechen, dann haben wir eine Wahl. Wir können uns von unserer Enttäuschung lähmen lassen, schlimmstenfalls verbittern und ungenießbare Perfektionisten werden. Oder wir können von den Unvollkommenheiten des Lebens unser Herz weiten lassen. Wir lernen uns selbst besser kennen und erleben, dass wir im Zerbruch von Gott aufgefangen werden. Aufgrund dieser starken Erfahrung können wir unsere Maßstäbe der Realität anpassen, statt das Gegenteil zu versuchen. Wenn wir Gottes Liebe tief in unser Herz lassen, werden wir zu reifen Menschen, die weitherzig und wohlwollend mit anderen umgehen. Unsere Kinder werden das spüren. Und auch andere Menschen, mit denen wir zu tun haben. Vielleicht jetzt schon, ganz sicher aber später wird auch unser Kind versagen und auf unsere Vergebung angewiesen sein. Auch unser Partner wird nicht immer alle unsere Erwartungen erfüllen. Wenn wir das alles aufrechnen wollten, würden wir nicht nur die Beziehung belasten, sondern auch selbst eine schwere Last tragen. Mit aufgehäuftem Schuldenkonto lässt es sich für beide Seiten schlecht leben. Aber weil Gott anfängt, können wir auch zwischenmenschlich immer wieder Gnade walten lassen. Ganz nach dem Motto: „Wie Gott mir, so ich dir." Wer selbst aus der Vergebung lebt, kann sie auch weitergeben. Eltern, die in der Umsetzung dieser Lebenswirklichkeit wachsen, geben ihrem Kind mehr Nestwärme und Zuversicht mit, als wenn sie selbst nie einen Fehler gemacht hätten.

(44) Runter vom Sorgenkarussell

Pferde mit bunten Sätteln, Autos mit Hupe und ein Feuerwehrauto mit Glocke dürfen auf keinem nostalgischen Kinderkarussell fehlen. Auf dem Sorgenkarussell, das in unseren Köpfen Jahrmarkt feiert, tummeln sich weniger schöne, aber nicht minder vielfältige „Aufbauten": Was soll bloß werden? Wie kriege ich das hin? Warum weint mein Kind so

viel? Was ist, wenn ich etwas Wichtiges versäume? Ist mit unserem Kind alles in Ordnung, auch wenn es viel später als die anderen krabbeln, laufen, reden lernt? Bekommen wir einen Platz im Kindergarten, den wir uns wünschen? Schaffen wir es finanziell mit einem Gehalt? Verpasse ich beruflich den Anschluss, wenn ich zu lange Elternzeit nehme? Werde ich Berufstätigkeit und Familie unter einen Hut kriegen? Vermisst mein Kind auch nichts, wenn ich es jetzt schon zur Tagesmutter gebe? Wie wird unser Kind es verkraften, wenn das Geschwisterchen geboren wird? Was ist, wenn die Oma ausfällt? Wie soll es weitergehen, wenn der Arbeitsplatz nicht mehr sicher ist?
Wieder einmal drehte sich so ein Sorgenkarussell in meinem Kopf. Es war Frühling, draußen zwitscherten die Vögel. Da fiel mir – im wahrsten Sinne des Wortes – wie aus heiterem Himmel ein Bibelvers ein: „Seht die Vögel unter dem Himmel an …" Beim Durchblättern meiner Bibel wurde ich in der Bergpredigt von Jesus fündig:

„Darum sage ich euch: Sorgt euch nicht um euer tägliches Leben – darum, ob ihr genug zu essen, zu trinken und anzuziehen habt. Besteht das Leben nicht aus mehr als nur aus Essen und Kleidung? Schaut die Vögel an. Sie müssen weder säen noch ernten noch Vorräte ansammeln, denn euer himmlischer Vater sorgt für sie. Und ihr seid ihm doch viel wichtiger als sie. Können all eure Sorgen euer Leben auch nur um einen einzigen Augenblick verlängern? Nein. (…) Hört auf, euch Sorgen zu machen um euer Essen und Trinken oder um eure Kleidung. Warum wollt ihr leben wie die Menschen, die Gott nicht kennen und diese Dinge so wichtig nehmen? Euer himmlischer Vater kennt eure Bedürfnisse. Wenn ihr für ihn lebt und das Reich Gottes zu eurem wichtigsten Anliegen macht, wird er euch jeden Tag geben, was ihr braucht."

Matthäus 6,25-27.31-33

Das saß. Ich fühlte mich von Gott ertappt, getröstet, aufgefangen und herausgefordert – irgendwie alles gleichzeitig.

Ohne Ziel

Können wir unser Leben verbessern oder unser Kind dadurch glücklicher machen, dass wir uns mit sorgenvollen Gedanken das Gehirn zermartern? Nein. Ein Sorgenkarussell hat kein Ziel. Es fährt dauernd im Kreis, verbraucht eine Menge Energie, bringt uns aber nicht weiter. Durch Sorgen können wir unserem Leben auch nicht einen einzigen Augenblick hinzufügen. Wir können dem Wohlergehen unseres Kindes, dem langen Atem für unsere Partnerschaft oder unserem persönlichen Glück nichts, aber auch gar nichts Gutes tun. Im Gegenteil: Sorgen mindern unsere Lebensqualität. Auch das, worüber wir uns freuen, wird bei laufendem Sorgenkarussell von einem Grauschleier überzogen. Wir haben die Gedanken nicht frei, um ganz bei uns selbst, bei unserem Partner, bei unserem Kind oder bei Gott zu sein. Darum ist es höchste Zeit, von diesem unheilvollen Karussell abzuspringen und uns von Jesus auf eine neue Spur bringen zu lassen.

Alltag mit Richtung

Wenn wir uns sorgen, statt auf Gott zu vertrauen, dann leben wir, als würden wir ihn nicht kennen. Damit soll Schluss sein. Unsere Kraft soll nicht von einem „Energiefresser" absorbiert werden, der zu nichts führt. Darum fordert Jesus uns auf und heraus: Richtet Eure Gedanken und eure Energie auf etwas viel Größeres und Wertvolleres. Lasst Gott die Richtung in eurem Leben bestimmen. Habt ihn als Ziel eurer Hingabe und eurer Leidenschaft. Dann wird alles andere sich fügen.
Ganz praktisch heißt das: Wir suchen nach Gottes gutem Willen für unser Leben. Wir setzen Prioritäten, die Gott wichtig sind. Wir fragen ihn, was er mit unserer Ehe und Familie vorhat. Wir lassen uns bei wichtigen Entscheidungen bezüglich Arbeitsplatz, Finanzen, Wohnort von ihm leiten. Wir bitten ihn um seine Kraft und Weisheit, damit wir unserem Kind Geborgenheit und Halt schenken können. Wenn wir so leben, bauen wir unser Leben nicht auf ein wackeliges, sich um sich selbst drehendes Gebilde, sondern auf ein Fundament, das alle Zeiten überdauert. Wenn wir für Gott leben, finden wir bei ihm Gnade und Liebe,

Halt und Zuversicht. Er vertieft und bereichert unser Leben in einem umfassenden Sinn. Wir müssen uns nicht davor fürchten, was Gott mit uns vorhat. Denn was er in unserer Lebensgeschichte bewegen möchte, entspricht zutiefst unserem Wesen. Schließlich ist er selbst der Erfinder und Urheber meiner einzigartigen Persönlichkeit.

Fürsorge erleben

Manchmal träume ich einfach nur davon, so viel Geld zu haben, dass ich all meine Ideen finanzieren könnte. Oder ich wünsche mir, alle Zeit der Welt zu haben, um mich dem, was ich schon immer einmal machen wollte, ohne Zeitdruck hingeben zu können. Doch Gott versetzt uns nicht ins Schlaraffenland und spielt auch nicht „Wünsch-dir-was-Fee". Er löscht nicht die unglücklichen und mühevollen Zeiten aus unserer Vita. Wenn wir Gott die Nummer eins in unserem Leben sein lassen, bedeutet das nicht, dass er all unsere Träume Wirklichkeit werden lässt. Aber er versorgt uns mit allem, was wir brauchen, um ein sinnvolles und erfülltes Leben zu führen. Das verläuft oft anders, als wir es uns wünschen, aber Gott hält sein Wort. Eine meiner Wunschvorstellungen ist zum Beispiel, möglichst oft ungestört am Schreibtisch arbeiten zu können, während unsere Kinder Schule oder Kindergarten besuchen. Kurz vor dem Abgabetermin eines Buchmanuskriptes lag ich gut im Zeitplan. Da machte die Krankheit unseres Dreijährigen mir einen Strich durch die Rechnung. Statt Kindergarten war erst mal Mama-Zeit angesagt. Macht nichts, denke ich, ich habe ja noch ein Notfallpolster an Zeit eingeplant. Als auch das von einem zeitfressenden Computerproblem aufgesogen wurde, klagte ich Gott meinen Kummer und sah frustriert Nachtschichten auf mich zukommen. Da erhörte Gott meine Gebete ganz unerwartet: Die Kinder wurden gleichzeitig von Freunden eingeladen und ich konnte an dem überraschend freien Nachmittag einen guten Teil meines Rückstands aufholen. Man könnte sagen: Das war nur ein glücklicher Zufall. Für mich war es mehr als das. Ich spürte, dass Gott mich auf diese Weise mit Zeit versorgt hatte.

Mit Gott voran

Der himmlische Vater weiß, wie viel Kraft wir dafür nötig haben, für unser Kind da zu sein. Er weiß, was unsere Kinder brauchen, um geborgen und gesund heranwachsen zu können. Er weiß, was unser Leben sinnvoll und letztendlich glücklich macht. Und all das will er uns geben. Darum dürfen wir, anstatt uns mit Sorgen in die Niedergeschlagenheit zu verbeißen, den Sprung in seine Arme wagen. Seine Fürsorge ist echt. Daran erinnert die Bibel auch an anderer Stelle: „Alles, was euch Sorge bereitet, werft auf ihn! Denn er trägt Sorge für euch" (1. Petrus 5,7; DBU). Wir sind liebevoll umsorgt und darum eingeladen, mit all unseren Nöten Gottes Nähe zu suchen. Er will uns mit Hoffnung und Vertrauen erfüllen. Im Gegensatz zu einem Sorgenkarussell bringt uns das vorwärts.

Monat 12

Familie feiern

(45) Gottes geliebte Kinder

Unbeschwert fröhlich hatte der Nachmittag begonnen. Die ganze Familie war zusammen in die Stadt gefahren, um bei einem gemütlichen Bummel dies und das zu besorgen. Tim, der Jüngste der Familie, wollte nicht die ganze Zeit im Buggy sitzen, sondern seine Eigenständigkeit unter Beweis stellen und auf eigenen Füßen unterwegs sein. Hier ein Blick auf den Kleiderständer, dort ein „Oh, sieh mal da!" vor einem schönen Schaufenster. Die Sonne wärmte den Spaziergang. „Gönnen wir uns bald ein Eis?" Doch da war auf einen Schlag alles anders.

Tim war verschwunden und keiner konnte ihn entdecken. Hektisch schoben die Eltern und beide großen Geschwister sich durch Kleiderständer, bückten sich unter Wühltische. Dann gingen sie strategisch vor. Der Vater ging in die eine, die Mutter in die andere Richtung. Die zwei Kinder blieben mit dem Buggy an der Stelle stehen, wo sie Tim zum letzten Mal gesehen hatten. „Timmi! Tihim!" Alle riefen, bis ihnen fast die Stimme versagte. Ein Kopfkino mit beängstigenden Bildern begann sich zu regen. Befürchtungen schnürten ihnen die Kehle zu. Sie fragten Passanten – keiner hatte das blondgelockte Kerlchen gesehen. Sie waren nahe dran, die Polizei zu rufen. Vorher durchkämmten sie ein letztes Mal das Kaufhaus, vor dem Tim verloren gegangen war. Und tatsächlich – die Mutter traute erst ihren Augen nicht: Tim saß vor dem Fernseher in der Kinderabteilung. Mit einem fröhlichen „Hallo Mama" sprang er auf sie zu. Voller Liebe und fast ein bisschen zu fest, drückte sie ihren Timmi an sich. Im nächsten Moment war der Papa telefonisch verständigt und die ganze Familie schloss sich am Treffpunkt erleichtert in die Arme.

Wirklich wahr!

So wie wir als Eltern voller Liebe und Glück unser eigenes Kind in einem solchen Moment in die Arme schließen würden – so und noch viel mehr empfindet Gott für uns Menschen. Johannes, der Jünger, der Jesus besonders nahe stand, schreibt:

Seht doch, wie sehr uns der Vater geliebt hat! Seine Liebe ist so groß, dass er uns seine Kinder nennt. Und wir sind es wirklich: Gottes Kinder!

1. Johannes 3,1a (GNB)

Es ist sein großes Thema: Gottes Liebe zu uns Menschen. Hier bringt Johannes es besonders leidenschaftlich auf den Punkt. Und als müsste er sich kneifen, weil es fast unglaublich ist, setzt er noch mal nach: Wir sind es wirklich!

Wie jeden Tag Geburtstag

Es ist kein Aprilscherz, es ist kein doppelbödiger Werbetrick und es ist kein flüchtiges Gefühl, sondern belastbare Wirklichkeit: Noch mehr als wir unvollkommenen Eltern unsere Kinder lieben, liebt der vollkommene Gott uns Menschen, die er geschaffen hat. Das ist der Grund unseres Daseins: Ich bin kein Zufall. Ich bin ein geliebtes Kind des allmächtigen Gottes. Das ist meine Identität. Es ist wie jeden Tag Geburtstag: „Schön, dass es dich gibt! Du bist ein Grund zum Feiern". Mein Wert besteht nicht darin, dass ich besser bin als andere, dass ich alle Ansprüche an mich erfülle oder mich bewunderungswürdig aufopfere. Sondern ich bin wertvoll, weil Gott mich liebt. Ich muss mir diese Liebe nicht verdienen. Ich bekomme sie geschenkt, noch ehe ich irgendetwas für Gott leisten könnte. So wie wir unsere Babys lieben, längst bevor sie Großes vollbringen können, so (und noch viel mehr) liebt uns Gott. Beim himmlischen Vater darf ich aufatmen, ich selbst sein und das entfalten, was Gott in mir angelegt hat.

Gegner der Liebe

Gottes Liebe will uns so erfüllen, dass sie ausstrahlt von uns zu anderen. Im Umgang mit unseren Kindern wird es spürbar, ob wir uns von Gott lieben lassen. Wenn wir von dieser Liebe erfüllt sind, geben wir sie mit unserem Sein weiter. Leider bedeutet das nicht, dass alles immer „Friede, Freude, Eierkuchen" wäre. Wenn wir mit Gott ernst machen, ruft das auch den Gegenspieler Gottes auf den Plan. Er ist der Durcheinanderbringer (so die wörtliche Übersetzung von „Diabolos", zu Deutsch Teufel), der das, was Gott gut gemeint hat, durcheinanderwerfen und zerstören will. Es gibt zwei typische Wege, auf denen er versucht, uns von Gottes Liebe wegzuziehen: den Hochmut und die empfundene Minderwertigkeit.

Hochmut

Wenn in unserer Familie alles rund läuft, wenn wir den Baby-Alltag gut meistern und das Kind sich prächtig entwickelt, dann können sich unversehens Gedanken einschleichen wie: „Was machen nur die anderen falsch, bei denen es nicht so rund läuft? Wir haben das Leben als Familie doch super im Griff." Ganz schnell fällen wir ein Urteil über andere und fühlen uns ein bisschen besser als sie. Mit solchen Gedanken lassen wir die Liebe bei uns versiegen, statt sie weiterzugeben. Gott möchte unser Herz öffnen für unsere Mitmenschen, die ihm genauso viel bedeuten wie wir. Es kommt nicht darauf an, wie gut jemand ist, sondern dass er von Gott geliebt ist.

Minderwertigkeitsgefühl

Vielleicht setzt der Gegenspieler Gottes auch von der anderen Seite an. Wir fühlen uns klein im Vergleich zu den anderen, bei denen scheinbar alles besser läuft. An uns nagt das Empfinden, nicht zu genügen. Vielleicht plagen uns Minderwertigkeitsgefühle und ein permanent schlechtes Gewissen. Vielleicht haben wir von unseren eigenen Eltern nie diese bedingungslose Liebe und Annahme bekommen und haben ein großes Defizit an Bestätigung und Ermutigung in unserem Herzen. Dann will der himmlische Vater uns sagen: Du bist meine einzigartige geliebte Tochter. Du bist wertgeachtet in meinen Augen. Ich habe dir dieses Kind anvertraut, weil ich der Meinung bin, dass du genau die

richtige Mutter bist. Ich will dich mit meiner Liebe und Gnade erfüllen, dir dein Versagen vergeben und dir helfen, in deine Möglichkeiten hineinzuwachsen. Du sollst geborgen sein in meiner Nähe und immer mehr die Person werden, die ich schon jetzt in dir sehe. Du bist dazu geschaffen, die Vaterliebe Gottes sichtbar werden zu lassen.

Fest verwurzelt

Gott wünscht sich nichts mehr, als dass wir in seiner Nähe – getragen von seiner Liebe und Güte – unser Leben führen. Paulus schreibt:

Ich bete, dass Christus durch den Glauben immer mehr in euren Herzen wohnt und ihr in der Liebe Gottes fest verwurzelt und gegründet seid.

Epheser 3,17

Das soll unser Platz sein: Verwurzelt und gegründet in der bedingungslosen Liebe Gottes zu uns. Man kann eine Pflanze vorübergehend aus der Erde heben und mit ihren Wurzeln ins Wasser stellen. Aber bald muss sie wieder in die Erde gesetzt werden, damit sie wachsen, aufblühen und Frucht bringen kann.
Wie oft lassen wir im Alltagsgewühl Gottes Zuwendung links liegen. Dann leben wir wie eine Pflanze, die nur im Wasser statt in guter Erde steht. Aber Gott lädt uns ein, unsere Wurzeln in den besten Nährboden zu strecken, den es für uns Menschen geben kann. Wir dürfen von seiner Liebe satt werden, wie ein Baum sich aus gutem Erdreich nährt. In Jesus Christus haben wir diese von seiner Seite unzerstörbare Verbindung zum himmlischen Vater. Er lädt uns ein, in allen Höhen und Tiefen fest mit ihm verbunden zu bleiben. Wenn wir glücklich sind, können wir ihn loben. Wenn wir niedergeschlagen sind, dürfen wir ihn um Hilfe anflehen und ihm unseren Schmerz klagen. Gott will uns Mut machen, wenn wir verzweifelt sind. Er will uns zündende Ideen geben, wenn wir uns festgefahren haben. Er will uns Freunde und Wegbegleiter schenken, damit wir unseren Weg nicht allein bewältigen müssen.

Eine Blume von Gott

Vielleicht ist es an der Zeit, dass Sie sich mit einem Geschenk an die Liebe Gottes im Alltag erinnern. Schenken Sie sich selbst eine Blume – eine schöne Zimmerpflanze oder eine blühende Staude für den Garten. Lassen Sie sich von dieser Pflanze daran erinnern: Gott liebt Sie, er liebt Sie wirklich! Und vielleicht verschönern Sie diese Blume oder den Apfelbaum im Garten mit einem Kärtchen, auf dem Epheser 3,17 steht. Dann lädt dieses Gewächs Sie jeden Tag ein, Ihre Lebenskraft nicht aus der zweitbesten, sondern aus der allerbesten Quelle zu beziehen, die es gibt: Gottes unerschöpflicher Liebe zu Ihnen.

(46) Gold schürfen und Erbsen zählen

Er sitzt mit seiner Frau und den drei Kindern in einem Restaurant. Da kommt ein Fremder an seinen Tisch und sagt ihm im Vorbeigehen: „Was für ein glücklicher Mensch Sie sind!" Noch bevor er etwas erwidern kann, ist der Unbekannte verschwunden. Er lehnt sich zurück und sieht in die Gesichter seiner Lieben. Ihm wird klar, wie recht dieser Mensch hat. „Ich habe alles, was ich mir immer gewünscht habe: Drei einzigartige Kinder und eine wunderbare Frau, mit der ich das Abenteuer Familie gemeinsam bestehen kann. Warum nur lasse ich mir im Alltag so oft den Blick darauf verstellen?"[39] In gewisser Weise gilt das für alle Eltern: Zu oft lassen wir unseren Horizont von Sorgen, Ärger oder Stress einengen und nehmen viel zu wenig wahr, was uns im Herzen reich macht. Ein bekannter Psalm lädt uns ein, das zu ändern:

Mit meiner Seele will ich den Herrn loben
und das Gute nicht vergessen, das er für mich tut.
Er vergibt mir alle meine Sünden und heilt alle meine Krankheiten.
Er kauft mich vom Tode frei und umgibt mich mit Liebe und Güte.
Er macht mein Leben reich und erneuert täglich meine Kraft,
dass ich wieder jung wie ein Adler werde.

Psalm 103,2-5

Das Gute würdigen

Wie viele bewegende Momente gibt es mit Kindern zu erleben. Angefangen beim Wunder der Schwangerschaft, der ersten Berührung nach der Geburt und dem Begreifen, dass Gott diesen neuen Menschen durch unsere Liebe zueinander geschaffen hat. Das vertrauensvolle Einswerden beim Stillen. Das erste Lächeln, die vielen glücklichen Momente, wenn das Baby mir in die Augen schaut und mit großer Gestik erzählt und plappert. Wie berührend, wenn es an mich gekuschelt einschläft. Wie aufwühlend schön, wenn es sichtlich stolz etwas Neues lernt. Wie wertvoll ist es für uns selbst zu spüren, dass wir in unsere Mutterrolle hineinwachsen und unserem Kind Geborgenheit und Liebe schenken können. All dieses Gute, das wir als Familie miteinander erleben, sollen wir nicht als selbstverständlich verbuchen. Es ist Ausdruck der Güte Gottes. Wir vergrößern unsere Freude, wenn wir es nicht gleichgültig hinnehmen, sondern bewusst wahrnehmen und wertschätzen. Dem Psalmbeter kommt diese Dankbarkeit nicht automatisch über die Lippen. Es ist eine Willensentscheidung, die auch wir uns zu eigen machen können: Ich will das Kostbare nicht abhaken und in der Vergesslichkeit versinken lassen. Ich will Gottes Geschenke dankbar empfangen und mit meinem Glücklichsein Gott loben.

Wahrnehmen, was zählt

Und was ist, wenn mir gerade trotz Willensentscheidung nicht zum Danken zumute ist? Wenn mir gerade das fehlt, wonach ich mich sehne, wenn Krankheit unser Familienleben überschattet und vieles nicht so ist, wie ich es gern hätte? – Dann will dieser Psalm uns daran erinnern, worauf es in Glücksphasen und Pechsträhnen ankommt: dass Gott unser Leben in der Hand hält und wir in ihm geborgen sind. Er hat uns vom Tod errettet, hat uns in Jesus ewiges Leben geschenkt. Er vergibt uns Versagen und Schuld. Er umgibt uns mit seiner Liebe und Güte – egal, ob wir das fühlen oder nicht. In seiner Nähe dürfen wir Kraft tanken, wenn wir nicht mehr können. Auf ihn können wir zählen. Seine Liebe ist unauslöschlich, die Hoffnung, die wir in ihm haben, unzerstörbar. In schweren Zeiten kann unser Lob für ihn darin bestehen, dass wir uns mit unserer Not an ihn wenden und seine Nähe suchen.

Gold schürfen

Meistens bewegt sich unser Leben wohl dazwischen: nicht ganz glücklich und nicht völlig verzweifelt. Es plätschert so dahin und wir werden unaufmerksam für Gottes Spuren im Alltag. Bei einem Kinderfest neulich gab es die Möglichkeit, „Gold" zu schürfen. Ein großes Becken voller Sand und einige Siebe standen bereit. Wenn Kinder den Sand siebten, zeigten sich hier und da „Goldnuggets". Die eifrigen Goldschürfer freuten sich über jeden Fund, mochte er noch so klein sein. Ihre Freude war richtig ansteckend.

Auch wenn unser Alltag manchmal staubig und trocken ist wie eine Kiste voller Sand, stecken mitten in dieser Alltäglichkeit Gottes „Nuggets" und wir leben glücklicher, wenn wir sie heraussieben und wahrnehmen. So lernen wir, Gott auch für das Unscheinbare zu danken: die Sonne beim Herbstspaziergang, den klebrig-schmatzenden Kuss von unserem Kind, das gute Essen, den schönen Moment mit dem Ehepartner, das Lachen der Oma mit ihrem Enkel, den Entdeckerdrang unseres kleinen Wildfangs, auch wenn er manchmal anstrengend für uns ist.

Als Mama eines Kleinkindes sitzt man schon mal häufiger am Rand des Sandkastens. Greifen Sie hinein, sieben Sie mit. Dann können Sie sich jedes Mal vom Sand zwischen den Fingern daran erinnern lassen, im Alltag nach Gottes Spuren zu suchen, und ihm postwendend ein Danke nach oben schicken.

Erbsen zählen

Wem dieses symbolische „Goldschürfen" zu abgehoben scheint, der kann mit banaleren Gegenständen dasselbe bewirken: In seinem Buch „Ich bin dafür"[40] lädt Uwe Heimowski inmitten ermutigender Alltagsepisoden dazu ein, „Erbsenzähler" zu werden. Er fordert seine Leser dazu heraus, nicht immer auf das zu sehen, was uns runterzieht, sondern mit einem einfachen Trick den Blick auf das zu lenken, was einen erfreut.

Stecken Sie sich morgens eine Handvoll trockener Erbsen in die linke Hosentasche. Jedes Mal, wenn Sie etwas erleben, über das Sie sich freuen, nehmen Sie eine Erbse und stecken sie in die rechte Hosentasche. Eine liebevolle Berührung, eine wohltuende Begegnung, ein Kompliment, ein guter Kaffee, ein glücklicher Moment des gemeinsamen Spielens – und jedes Mal wandert eine Erbse auf die andere Seite. Wer diese Übung konsequent durchführt, wird oft abends gar keine Erbsen mehr in der linken Hosentasche finden. Da kommt das dankbare Abendgebet mit einem Lob für Gott, der uns mit Güte und Liebe umgibt, ganz von selbst über die Lippen.

(47) Ehe genießen

Zum zehnten Hochzeitstag unternahmen mein Mann und ich eine Reise nach Paris. Dort fand ich nicht nur die „üblichen Verdächtigen" wie Louvre, Eiffelturm und Notre-Dame sehenswert, sondern auch unzählige Kleinode. Unter diesen hatte es mir ein kleines Museum besonders angetan – eine Villa, in der Kunstwerke des Bildhauers Auguste Rodin ausgestellt werden. Dort berührten mich nicht seine berühmtesten Werke „Der Kuss" oder „Der Denker" am meisten, sondern „La Main de Dieu" – „Die Hand Gottes". Zu sehen ist eine große starke rechte

Hand. Sie ist fest genug, um Halt zu geben, und offen genug, um Freiheit zu lassen. In dieser eindrucksvollen Hand entstehen aus grobem unbehauenem Stein zwei Menschen: Adam und Eva. Sie sind einander zugewandt, aufeinander bezogen. Es ist, als würden sie wie eine Blüte aus der Knospe ihr Wesen miteinander entfalten. In einem anderen Ausstellungsraum wühlte mich das Gegenstück zu dieser Skulptur auf. Unter dem Titel „La Main du diable" – „Die Hand des Teufels" war eine linke Hand zu sehen, die ebenfalls etwas aus unbehauenem Stein zu formen schien. Allerdings war diese Hand einengend. Sie wirkte lieblos und kalt. Der Mensch, der sich in ihr befand, war in sich selbst verkrümmt, hatte keine Luft zum Atmen und war einsam. Der Gegenspieler Gottes entfremdet den Menschen sich selbst und seinen Mitmenschen. „Die Hand Gottes" hängt mittlerweile als gerahmtes Fotoposter in unserem Wohnzimmer und erinnert mich immer wieder an diese starken Eindrücke.

Entfaltungsort

In der Hand Gottes können wir Menschen aufatmen und aufblühen, miteinander und aneinander wachsen. Wir werden zu liebevoller Gemeinschaft fähig. Im Besonderen gilt dies für die Ehe, für die lebenslange Gemeinschaft von Mann und Frau, in der wir uns gegenseitig ergänzen und zur Entfaltung verhelfen.
Im Alltag wird diese von Gott genial ausgedachte Einheit als Paar oft zu einer bloßen Zweckgemeinschaft oder zu einem Problemlösungsort. Dabei sollen wir nicht vergessen: Zuallererst will Gott uns durch unsere Liebe zueinander als Paar beschenken. Er wünscht sich, dass wir uns gegenseitig guttun, ja, dass wir uns genießen.

Sei glücklich mit der Frau, die du liebst;
genieß jeden flüchtigen Tag deines kurzen Lebens,
das Gott dir auf dieser Erde gegeben hat. Denn das ist der Lohn,
den du für deine irdischen Mühen bekommst.

Prediger 9,9

Glücklich sein

Wer meint, die Bibel sei prüde, sollte unbedingt mal das Hohelied der Liebe lesen. Dort findet sich reichlich Inspiration für die zärtliche Liebe zwischen Mann und Frau. Gott freut sich, wenn wir uns gegenseitig Liebe schenken – mit Worten und mit Erotik. Vielleicht sagen Sie Ihrem Partner einfach mal wieder, was Sie an ihm schätzen. Oder Sie zeigen ihm durch ein Geschenk oder einen schönen Abend, wie sehr Sie ihn lieben. Manchmal ist es wohltuend, in Erinnerungen zu schwelgen. Und manchmal ist es einfach schön, einander zu genießen. Es lohnt sich, für romantische Stunden auch mal das Baby der Oma oder einem anderen Babysitter anzuvertrauen. Schließlich ist es Gottes Wille, dass Ihre Liebe als Paar zueinander wächst. Er will, dass Sie einander genießen. Die Mühen des Alltags sind damit nicht beseitigt. Aber Gott lädt uns ein, uns in genussvollen Stunden für das, was oft mühsam ist, zu belohnen. Er freut sich, wenn wir uns als Paar gegenseitig glücklich machen.

Ein Grundstein

Solange wir jung und verliebt sind, ist Zärtlichkeit und stürmische Leidenschaft oft so einfach. Wenn wir als Eltern und beruflich Eingespannte viel beschränktere Möglichkeiten für Zweisamkeit haben, sind wir gefordert, kreativ zu werden und aus den Gegebenheiten das Beste zu machen. Wir müssen vieles andere sein lassen, um für das wirklich Wichtige Zeit zu haben. Wenn wir diesen Weg miteinander suchen, kann aus stürmischer Verliebtheit eine kostbare und haltbare Liebe wachsen, die uns als Persönlichkeit reifen lässt und unseren Kindern Geborgenheit schenkt. Ein Paar ist nicht zu jeder Zeit romantisch „auf Rosen gebettet", schon gar nicht, wenn ein oder mehrere Kinder sich in ihrem Leben breitmachen. Aber es lohnt sich, aktiv das zu fördern, was unsere Partnerschaft glücklich macht. Der Grundstein für dieses Glück ist das ganze Ja zueinander. Wir haben es einmal am Anfang unserer Partnerschaft gesagt und es ist wertvoll, diese Entscheidung immer wieder zu bestätigen: Ja, ich will zu dir halten. Ja, ich nehme dich als Gottes Geschenk an mich. Ja, wir stehen das miteinander durch. Wenn wir Probleme haben, suchen wir gemeinsam nach einer Lösung, weil unsere Ehe uns beiden so kostbar ist.

Viele Bausteine

Auf diesem Grundstein können viele andere Bausteine aufgebaut werden, die dem gemeinsamen Glück dienen. Manchmal ist es dran, meinem Partner zu signalisieren: Ich nehme dich an, so wie du bist. Auch wenn du andere Bedürfnisse hast als ich, achte und schätze ich dich. Es kann dran sein, meine eigenen Vorstellungen zurückzustellen, um die Wünsche des anderen zu erfüllen. Dann wieder kann es dem gemeinsamen Glück dienen, wenn ich zu dem stehe, was ich brauche, und der Partner mir genau das ermöglicht, weil er mir guttun will. Manchmal hilft nur noch Humor – und von besseren Zeiten zu träumen. Und manchmal braucht es ein ernsthaftes Gespräch in Ruhe, um konkrete Dinge zu ändern, damit unsere Liebe mehr Raum hat. Das fühlt sich zwar nicht immer nach rosa Wolken an, aber es führt langfristig dazu, dass wir einander lieben und ein glückliches gemeinsames Leben führen.

Auf Gottes Liebe bauen

Beim Investieren in unser Eheglück sind wir nicht auf uns allein gestellt. Der ewige Gott hatte nicht nur die Idee mit Mann und Frau. Er will uns auch in der Durchführung inspirieren und all das geben, was wir brauchen. Dazu gehört das Bewusstsein: Unser letztes Bedürfnis nach Geborgenheit kann kein anderer Mensch erfüllen – auch nicht unser Ehepartner. Nur im unendlichen Gott können wir völlig unerschöpfliche Liebe finden. Wenn wir aus dieser Geborgenheit in Gott unsere Würde, unser Recht zum Dasein und die Bestätigung unseres Wertes beziehen, dann muss unser Partner uns nicht mehr die ganze Welt bedeuten. Ich kann ihm nachsehen, dass er nicht alle meine Bedürfnisse erfüllt. Ich kann aus Gottes Liebe heraus lernen, ihn zu lieben, obwohl er unvollkommen ist. Ich selbst darf mich als begrenzter Mensch dem anderen schenken, ihn lieben und mich lieben lassen. Wir können einander vergeben, was wir uns schuldig bleiben. Und wir können uns im Vertrauen auf Gott immer wieder auf den Weg machen, wenn der Stillstand unsere Liebe lähmen will.

Was Gott für eine glückliche Ehe bedeutet, ist wunderschön in diesem Hochzeitssegen in Worte gefasst:

Gott gebe euch, was ihr braucht

„Gott erhalte euch die Erinnerung an Hoch-zeit-en,
wenn ihr an Tiefpunkten seid.

Gott führe euch auf immer neuen Wegen zueinander,
wenn Erlebnisse euch auseinanderziehen.

Gott entzünde Liebe in euch, wenn sich Gleichgültigkeit breitmacht.

Gott erfülle euch mit neuen Perspektiven, wenn ihr an Grenzen stoßt.

Gott gebe euch Fantasie, füreinander überraschend zu bleiben.

Gott gründe euch mit der Friedfertigkeit, die nicht recht haben muss.

Gott bewahre euch die Freude,
damit ihr in ermüdenden Zeiten den Schwung bewahrt.

Gott erhalte euch die Achtung voreinander,
damit ihr euch immer ein Geheimnis bleibt.

Gott begabe euch mit Geduld, um Durststrecken durchzustehen.

Gott erhelle euch mit Weisheit, zu erkennen, worauf es ankommt.

Gott gebe euch den langen Atem,
der euch hilft, von Neuem zu beginnen.

Gott schenke euch Barmherzigkeit, einander zu verzeihen,
wenn ihr schuldig geworden seid.

Gott stärke in euch den Glauben, der das Entscheidende von ihm erhofft.

Gott begabe euch mit Gelassenheit,
die hilft, Schwieriges leicht zu nehmen.

Gott segne euren gemeinsamen Weg,
damit eins das andere mit sich in den Himmel bringe."
(Adelheid Huonker-Wagner)[41]

(48) Jedes Kind ein Geschenk Gottes

„Genieße die Zeit, solange die Kinder klein sind. Sie geht viel zu schnell vorbei!" Wie oft habe ich diesen Satz gehört. Ich muss gestehen, nicht immer schien er mir einleuchtend. In Zeiten schlafarmer Nächte, kranker Kinder oder anstrengender Krabbel-Hochzieh-Phasen schien mir die Zeit eher im Schneckentempo zu kriechen. Aber mittlerweile, wo unser großes Kind schon die Hälfte zur Volljährigkeit geschafft hat und unser „kleines" ein „großes" Kindergartenkind ist, verstehe ich diesen Satz immer besser. Auf unser ganzes Leben gesehen ist die Kindheit unserer Kinder relativ kurz. Wenn ich in dieser Zeit damit beschäftigt bin, mich nach den Vorzügen der kinderlosen Zeit zu sehnen, versäume ich das, was jetzt kostbar ist. Womöglich blicke ich dann später sehnsüchtig zurück und denke mir: Wie schön war es doch, als die Kinder klein waren. Eindeutig mehr haben wir vom Leben, wenn wir ganz im Hier und Jetzt leben. Wenn wir das, was jetzt besonders ist, schätzen und genießen.
Wenn Sie diese Andachten halbwegs der Reihe nach gelesen haben, dann steht Ihr Baby jetzt an der Schwelle zum Kleinkindalter. Sein erster Geburtstag steht bevor und das ist ein guter Anlass, um innezuhalten und sich daran erinnern zu lassen:

Kinder sind ein Geschenk des Herrn, sie sind ein Lohn aus seiner Hand.

Psalm 127,3

Geschenk und Lohn

Warum tu ich mir das alles an? Diese Frage könnte an besonders nervenzehrenden Tagen schon mal aufkommen. Gottes Antwort lautet: Weil jedes einzelne Menschenleben die Mühe wert ist. Es geht um diese einzigartige Person, die es nicht geben würde, wenn Sie (oder bei Adoptivkindern seine leiblichen Eltern) dieses Kind nicht gekriegt hätten. Jedes Kind auf der ganzen Erde – egal, ob es ein Wunschkind ist oder sich ungeplant auf den Weg gemacht hat – ist von Gott gewollt. Jeder Mensch hat seinen Ursprung in Gottes Liebe und Zuspruch. Jedes Kind ist Gottes Geschenk an die Welt – und an uns.

Das Wort „Lohn" klingt in diesem Zusammenhang befremdlich. Beim Thema Familie und Kinder denken wir nicht in den Kategorien von Lohn und Arbeit. Aber bei genauerem Hinsehen rückt diese Aussage etwas zurecht, was in unserer Gesellschaft oft „schief gewickelt" ist. In der politischen Diskussion werden Kinder oft als zukünftige Fachkräfte, Beitragszahler und Garanten unseres Wohlstandes gesehen. Die Bibel misst den Wert von Kindern nicht an ihrem Nutzen für die Gesellschaft. Nicht irgendetwas, was wir durch die Kinder bekommen, ist der Lohn für alle Mühe. Das Kind selbst in seiner Person ist der Lohn für die Investition unserer Kraft ins Elternsein. Ihr Kind ist Gottes Geschenk an Sie. Er freut sich, wenn Sie von Ihrem kleinen Schatz begeistert sind. Wenn Sie die Wärme tief in Ihr Herz lassen, während das Baby sich an Sie kuschelt. Oder wenn Sie sich an schwül-heißen Tagen vom fröhlichen Glucksen der Kinder bei der Wasserschlacht aus Ihren trüben Gedanken reißen lassen.

Nicht Leistung, sondern Mensch

Ich weiß es noch, als wäre es gestern gewesen. Das Laufenlernen unserer Tochter war überfällig. Sie ging zwar fröhlich an unseren Händen, aber alleine bevorzugte sie noch die Krabbelgangart. Nun rief ich sie zu mir, weil ich ihr die Schuhe für draußen anziehen wollte. Sie schaute mich an. Und plötzlich beschloss dieser kleine, energische Mensch, nicht zur Wohnungstür zu krabbeln wie sonst immer. Sie zog sich an der antiken Holzkiste ins Stehen, ließ beide Hände los und stakste mit leuchtenden Augen auf mich zu. Ihr stolzes Strahlen machte auch mich glücklich. Sie hatte das Krabbelalter hinter sich gelassen und war mit einem Mal zum „Zweibeiner" geworden.
Die Errungenschaften unserer Kinder sind besondere Momente für sie und für uns selbst: das erste Sitzen, das erste Krabbeln, das erste selbst geknabberte Brötchen, der erste Schritt, das erste Wort, der erste Zweiwortsatz ... Kinder sind dazu geschaffen, zu wachsen und selbstständig zu werden. Darum gehören Fortschritt und Freude zusammen. Aber diese Leistungen machen nicht den Wert eines Lebens aus. Manche Kinder brauchen länger. Manche tun sich schwerer. Sie sind deshalb nicht weniger liebenswert. Später werden nicht alle Kinder den Kindergarten

und die Schule gleich gut meistern. Manche lernen aufgrund einer Behinderung bestimmte Dinge nie im Leben. Kinder bleiben hinter Erwartungen zurück. Sie sind nicht in allem immer spitze. Aber über ihrem Leben steht: Sie sind ein Geschenk des Herrn. Und genau das feiern wir am Geburtstag.

Das Fest im Herzen vorbereiten

An diesem Fest geht es keineswegs um die Leistungen und Errungenschaften eines Menschen – wie klein oder groß er auch sein mag. Wir feiern am Geburtstag, dass es diesen Menschen gibt. Egal, ob Ihr Kind Sie gerade den letzten Nerv kostet oder ob es Sie glücklich macht. Egal, wie es im Vergleich mit seinen Krabbelkollegen abschneidet, egal, ob andere Ihr Kind süß finden oder eher anstrengend: Ihr Kind ist in seiner Person, in seinem Sein ein wundervoller Grund zum Feiern.

Hier sind zwei Anregungen, wie Sie das Geburtstagsfest im Herzen vorbereiten können:

- **Erinnern Sie sich daran, wie Sie den Namen für Ihr Kind ausgewählt haben. Er gehört jetzt zu seiner Person. Vielleicht hat er eine besondere Bedeutung. Vielleicht klang in diesem Namen etwas an, das Sie Ihrem Kind wünschen. Nun wird dieser Name, den Sie liebevoll ausgewählt haben, ein ganzes Leben lang die Persönlichkeit Ihres Kindes mitprägen.**
- **Legen Sie Hausarbeit und Smartphone einfach mal aus der Hand und lassen Sie die Zeit stillstehen, um Ihr Kind liebevoll zu betrachten. Vielleicht spielt es vor sich hin. Vielleicht sieht es Sie aufmerksam an und kommuniziert konzentriert und fröhlich. Vielleicht leert es gerade ein Schrankfach in der Küche und verteilt den Inhalt kreativ in der ganzen Küche. Betrachten Sie seine energischen Händchen, sein aufmerksames Gesicht, seinen neugierigen Mund, seine weichen Füße. Und nehmen Sie wahr: Wie wunderbar hat Gott diesen Menschen geschaffen.**

Der erste Geburtstag

Erfahrungsgemäß macht nicht die Großartigkeit von Geschenken diesen großen Tag für Ihren Sprössling zu etwas Besonderem. Viel entscheidender ist, wenn Sie über Ihr Kind glücklich sind und es Ihre Liebe und Zuwendung spürt. Beim Planen des Geburtstages fällt manchmal vor lauter Einkaufen und Essensvorbereitung die eine wichtige Frage flach: Was macht für das Kind den Geburtstag schön?

Das kann der Kaffeeklatsch mit Oma, Opa und Familie sein. Diese Menschen, die das Kind besonders lieben, kommen extra wegen ihm zu Besuch.

Vielleicht hat das Kind Spaß an einem allerersten einfachen Kindergeburtstag. Ein bis zwei Kinder aus der Krabbelgruppe könnten mit ihren Mamas zu einer Sandkasten-Party eingeladen werden. Die Sandförmchen als Geschenk entdecken die Kinder gemeinsam im Sand.

Im Winter kann man das Wohnzimmer zur Krabbelstrecke umbauen. Die Erwachsenen sitzen auch auf dem Fußboden und das Kind hat so viel Platz zum Krabbeln und Spielen wie noch nie. Ein einfaches Geburtstagslied wird seine Augen zum Strahlen bringen.

Ein wirkliches Geschenk für das Kind kann es sein, wenn Mama und Papa sich Zeit nehmen und stattdessen auf kulinarische Höhenflüge verzichten. Zum Feiern reichen auch mal ein einfacher Kuchen und die Familienpizza vom Italiener, wenn der Festtag dafür stressfreier ist.

Beim Schenken ist Klasse statt Masse die bessere Wahl. Ein Geschenk, das zu den jetzigen Fähigkeiten passt, macht dem Kind mehr Freude als viele Geschenke, die es überfordern und verwirren. Manchmal müssen die Erwachsenen ihre Ungeduld zähmen, wenn das Kind lieber mit dem Geschenkband spielt als das Geschenk auszupacken. Hauptsache, das Kind ist fröhlich bei der Sache.

Zu guter Letzt beziehungsweise von Anfang an ist es einem unbeschwerten Fest dienlich, wenn alle Beteiligten den Ball ihrer Erwartungen flach halten. Bei der Vielfalt an Eindrücken dürfte es kein Wunder sein, wenn die kleine Hauptperson müde und quengelig wird. Vielleicht ist dann ein früheres Ende des Festes angebracht. Wichtig ist der Mensch und nicht die perfekte Feier.

Bonus-Track

Feiern Sie Ihr Elternsein

Wenn Ihr Kind ein Jahr alt wird, haben auch Sie als Mama gemeinsam mit Ihrem Partner Großes geleistet. Sie haben die Schwangerschaft und Geburt durchgestanden. Sie haben sich seit einem Jahr Tag und Nacht fürsorglich um Ihr Baby gekümmert. Es hat sich in Ihrem Alltag breitgemacht und Sie verzichten auf viele Annehmlichkeiten um seinetwillen. Sie umgeben es mit Liebe und Achtsamkeit. Sie begleiten seinen Wachstumsweg und passen Ihr Leben seinen Bedürfnissen an. Darum ist auch Ihr Elternsein ein Grund zum Feiern. Wie wäre es, wenn Sie sich ein paar Tage nach dem Geburtstagstrubel dafür Zeit nehmen? Ein schönes Abendessen zu zweit kann ein guter Rahmen sein, um sich über das auszutauschen, was Ihr Leben mit Kind reich macht.

Schauen Sie sich gemeinsam Fotos von Ihrem Baby an und staunen Sie darüber, wie es wächst und gedeiht.
Erinnern Sie sich an besonders schöne Momente, kosten Sie Ihre Freude richtig aus und lachen Sie über lustige Alltagspannen.
Tauschen Sie sich über die schwierigen Momente aus. Und darüber, wie Sie sie mit Gottes Hilfe durchgestanden haben.
Sagen Sie sich als Partner gegenseitig, was Sie aneinander schätzen! Was lieben Sie an seinem Vatersein? Was liebt Ihr Mann an Ihrem Muttersein? Welche Seiten an Ihrem Partner haben Sie seit der Geburt Ihres Kindes neu entdeckt und schätzen gelernt? Wo ergänzen Sie sich gerade in Ihrer Unterschiedlichkeit?
Fassen Sie in Worte, was Sie als Liebespaar einander bedeuten. Tauschen Sie sich darüber aus, wie Sie Ihrer Liebe und Intimität Raum zum Wachsen geben wollen.

Nehmen Sie sich auch einmal bewusst Zeit, um mit Gott ausführlich über Ihr Kind und Ihr Elternsein zu sprechen, z.B. mit diesen Bausteinen, die Sie ausfüllen und beliebig ergänzen können:

Vater im Himmel,
danke, dass du dieses Kind unserer Liebe
ins Leben gerufen hast.
Eigentlich ist es noch viel mehr
das Kind deiner göttlichen Liebe.
Du hast es gewollt und geschaffen.
Du hast es uns und allen Menschen, denen es begegnen wird,
zum Geschenk gemacht.
Du hast es wachsen lassen und bewahrt.

Danke für alle schönen Momente:

Danke, dass du uns durch diese schwierigen Zeiten durchgeholfen hast:

....

....

Danke für die Einzigartigkeit unseres Kindes, für alles, was wir so an ihm lieben:

....

....

Wir bitten dich um Vergebung, wo wir kleingläubig waren und uns haben entmutigen lassen:

....

....

Bitte vergib, wo wir unserem Kind Geduld und Verständnis schuldig geblieben sind:

....

....

Wir bitten dich um deinen Beistand in den Nöten und Herausforderungen, die vor uns liegen:

....

....

Danke für unsere Partnerschaft. Danke für die Punkte, an denen wir uns als Eltern ergänzen:

....

....

Bitte vergib, wo wir als Paar einander Liebe und Wertschätzung schuldig geblieben sind. Hilf uns, nicht nur im Alltag zu funktionieren, sondern das als wichtig zu nehmen, was dir wichtig ist:

....

....

....

Danke für die Einzigartigkeit meines Partners, für alles, was ich so sehr liebe an ihm/an ihr:

....

....

Erhalte unsere Liebe zueinander lebendig, ganz besonders brauchen wir das in diesen Situationen:

....

....

Lass uns selbst weiterwachsen
in die wertschätzende Berufung von dir hinein,
gute Eltern für unser Kind zu sein.
Hilf uns, es in deinem Sinne begleiten, halten und loslassen zu können.
Leite uns darin, wertvolle Entscheidungen zu treffen,
die unserem Kind und uns als ganzer Familie guttun.
Segne unser Kind
und mache es zum Segen
für alle Menschen, die seinen Lebensweg teilen.

Amen

Stichwortverzeichnis

Bibelstellenregister

Anmerkungen

1 Ausführlichere Infos dazu von einer Fachärztin in: Dr. med. Ute Buth: Eigentlich müsste ich strahlen vor Glück … In: family Special 2013, „Unser neues Leben mit Baby", S. 21, www.family.de

2 Naegli, Sabine: Du hast mein Dunkel geteilt. Gebete an unerträglichen Tagen. Verlag Herder Freiburg i.Br. 1984, S. 36

3 Mey, Reinhard: CD Mein Apfelbäumchen © 1989 Intercord

4 Frankfurter Rundschau 7. August 2013, S. 38

5 http://www.blueprints.de/artikel/selbstmanagement/die-kunst-der-kleinen-schritte-von-saint-exupery.html (zuletzt aufgerufen am 21.01.2014)

6 Buber, Martin: Der Weg des Menschen. Gütersloher Verlagshaus 2003, 14. Aufl., S. 16

7 Bleier, Bianka: Postkartenkalender „Das Leben feiern 2013". SCM Collection 2012 Witten

8 Lehmann, Regula: Der Eltern-Aufsteller – 77 Gedanken und Zitate für Mütter, Väter und andere Helden. Brunnen-Verlag Basel 2013

9 Brennpunkt Seelsorge 1/2013, Verlag Offensive Junger Christen – OJC e.V., S. 3

10 Smedes, Lewis B.: Vergeben und vergessen – über die heilende Kraft der Vergebung. Verlag der Francke-Buchhandlung 1991/2001, zitiert vom Buchdeckel

11 Scharrer, Susanne: Mein Gott, ich sehne mich nach Dir. Christliches Verlagshaus Stuttgart 1999, S. 40

12 http://www.systemisches-institut.de/zitate.html (zuletzt aufgerufen am 03.02.2014)

13 http://de.wikiquote.org/wiki/Afrikanische_Sprichwörter (zuletzt aufgerufen am 10.02.2014)

14 Guardini, Romano: Lesebuch der Lebensweisheit. Verlagsgemeinschaft topos plus Kevelaer 2013, S. 11

15 Feiert Jesus 2. SCM Hänssler, 3. Aufl. 2001, Nr. 99

16 Lehmann, Regula: Der Eltern-Aufsteller. Brunnen-Verlag Basel 2013

17 Zitat unbekannt, zit. n. Hofmann, Irmela: Der Raum der Seelsorge. In: Brennpunkt Seelsorge 1/2013, Verlag Offensive Junger Christen – OJC e.V.

18 Lehmann, Regula: Der Eltern-Aufsteller. Brunnen-Verlag Basel 2013, Aufsteller Nr. 2

19 Naegeli, Sabine: Die Nacht ist voller Sterne. Verlag Herder Freiburg i.Br. 1987, S.118f

20 Câmara, Hélder: Mach aus mir einen Regenbogen. Zürich 1981, S. 44; zit.n. http://www.adveniat.de/aktionen-kampagnen/domhelder/zitate.html (zuletzt aufgerufen am 10.03.2014)

21 http://www.evangeliums.net/zitate/john_ortberg.htm (zuletzt aufgerufen am 19.03.2014)

22 http://www.evangeliums.net/zitate/john_ortberg.htm (zuletzt aufgerufen am 19.03.2014)

23 http://muster.daszitat.de/?id=324 (zuletzt aufgerufen am 17.03.2014)

24 Brian Doerksen: CD You shine. hosanna! music 2002

25 Übersetzung durch die Autorin

26 Grün, Anselm und Larson, Andrea J.: Sag mal, Onkel Willi. Ein Dialog über die großen Fragen des Lebens. Adeo Verlag Asslar 2014, S. 21

27 Schmidbauer, Wolfgang: Partnerschaft und Babykrise. Gütersloher Verlagshaus 2012, S. 148

28 van de Rijt, Hetty und Plooij, Frans X.: Oje, ich wachse! Wilhelm Goldmann Verlag München 1998, 15. Aufl. S. 227

29 van de Rijt, Hetty und Plooij, Frans X.: Oje, ich wachse! Wilhelm Goldmann Verlag München 1998, 15. Aufl.

30 Grün, Anselm und Larson, Andrea J.: Sag mal, Onkel Willi. Ein Dialog über die großen Fragen des Lebens. Adeo Verlag Asslar 2014, S. 187

31 Gundlach, Anja und Martin: Das family-Liederbuch. SCM Hänssler Holzgerlingen 2003

32 Heizmann, Klaus (Hg.): Singt mit uns. SCM Hänssler Holzgerlingen 1987

33 Gire, Ken: Albert Schweitzer – Berufung zum Leben. SCM Hänssler Holzgerlingen 2013, S. 160

34 http://members.aon.at/veitschegger/texte/vaterunser.htm, (zuletzt aufgerufen am 21.05.2014)

35 Grün, Anselm: Bete und arbeite – Eine christliche Lebensregel. Vier-Türme-Verlag Münsterschwarzach 2003

36 Jung, Eva: Postkartenbuch mit 20 Tiefsinnkarten, Adeo Verlag Asslar 2014

37 Haußecker, Otto (Hg.): Gebete verändern den Tag – Morgen- und Abendgebete. Schriftenniederlage des Evang. Jugendwerkes für Württemberg Stuttgart 1987, S. 41

38 Jung, Eva: Postkartenbuch mit 20 Tiefsinnkarten, Adeo Verlag Asslar 2014, s.o

39 Reinhard Mey in seinem Lied: What a lucky man you are

40 Heimowski, Uwe: Ich bin dafür! 44 Mutmacher für den Alltag. Neufeld Verlag Schwarzenfeld 2008, S. 14ff

41 Haußecker, Otto (Hg.): Der Herr segne dich – Segenswünsche für Lebenssituationen. Schriftenniederlage des Evang. Jugendwerkes in Württemberg GmbH Stuttgart, S. 32